노후설계전문가 핸드북

박성희(朴星姬)

박영story

머리말

평균수명이 증가하고 노인인구가 급속히 증가하는 고령사회의 진입을 앞두고 현재의 노인들은 노후에 대한 설계없이 그저 집 안에 갇혀 하루를 소일하며 시간을 보내고 있다. 현재 65세 이상의 노인인구는 2013년 613만 명을 넘어섰으며 1955~1963년 사이에 태어난 약 700만 명 정도의 베이부머세대들이 모두 노년기에 진입하게 되는 2023년경에는 초고령사회로 진입하게 된다. 2026년이 되면 노인인구가 전체 인구의 20%를 차지하게 된다고 추정하고 있다.

현재의 어르신들은 과거 교육기회를 보장받지 못한 채, 일제 강점기 및 6.25 한국동란을 겪고, 남북한이 나뉘는 정치적 혼란 속에서도 경제발전을 이끌어 낸 주역들이다. 그러나 아직도 새로운 삶의 기회로서 노년기를 맞이하지 못하고 있다. 이것은 어르신들이 노년기에 대해 이해가 부족하고, 사회에서는 노인들을 결핍의 대상으로 낙인하고 있어 행복한 노년에 대한 정체성을 만들어 내지 못하고 있기 때문이다. 이에, 역량있는 노후설계전문가의 양성은 매우 시급하다.

인생 100세 시대가 도래하여 인생 2모작을 해야 하는 평생학습시대가 도래했다. 이러한 측면에서 본 서는 행복한 노후설계를 안내해주는 노후설계전문가들의 교육을 위해서 집필되었다. 현재 노인교육사, 평생교육사, 복지관 리더 및 자원봉사자, 노인생애설계상담사로 불리는 노후설계전문가들이 노인복지관이나 평생학습관, 노인센터, 정신건강증진센터, 노인대학, 노인교실, 경로당, 양로원, 지역사회 내의 성당, 교회, 사찰 등에서 어르신들을 만나며 자신의 역량을 개발하며 다양한 방법으로 행복한 노년기를 안내하고 있다. 현장에서 일하고 있는 노후설계전문가들이 노년에 대한 지식을 습득하고 정서적으로 어르신들의 말벗이 되어 주며 문제해결자로 성장하기를 희망하면서 책은 다음의 내용을 토대로 서술하였다.

먼저 좋은 노후설계전문가가 되기 위하여 스스로를 성찰해 보는 기회를 갖도록 노인 리더의 역할과 기능을 소개하였고, 또래 노인들의 정다운 벗이 되어 줄 수 있도록 노인 이해의 기초와 노인상담 이론을 안내하였다. 황혼이혼 및 부부관계의 단절이 증대되고 있는 점에 주목하여 행복한 부부관계 만들기를 소개하였고, 배우자의 사망시 또래 노인들과 함께 살아갈 수 있는 노인공동주택 운동의 시작과 현황을 안내하였다. 경제적 어려움을 겪는 노인들의 취업 안내와 상담 방법, 사회참여와 자원봉사, 노년기 건강 생활, 알코올 중독 및 우울·자살 상담 등을 안내하면서 건강한 노년기를 위한 노화의 과정을 설명하였다. 책의 마지막 부분에는 삶의 의미 찾기와 생애사 만들어가기, 인생에서 축적한 삶의 경험을 어르신들이 살기좋은 마을만들기와 공익단체 활동에 참여하기를 희망하면서 소개하였고, 정신 건강을 위하여 인생 2모작을 위한 성공적인 노후를 설계해 나가는 방법을 소개하였다.

더불어 살아가는 고령사회는 시민의 힘으로 만들어진다. 이 책을 통하여 많은 노후설계전문가들이 적극적인 참여 활동을 통하여 고령사회의 문제를 다양한 아이디어를 통해 해결해 나가는 역량을 키워가기를 진심으로 기대해 본다. 자신의 삶뿐만 아니라 또래 어르신들과 함께 성공적인 고령사회를 이끌어 가게 되기를 희망해 보면서, 어려운 시기에 출판을 맡아주신 박영스토리 관계자님께 진심으로 감사드린다.

2014년 8월 24일

아름다운 금강(錦江)이 흐르는 공주에서

저자 박성희(朴星姬)

차례

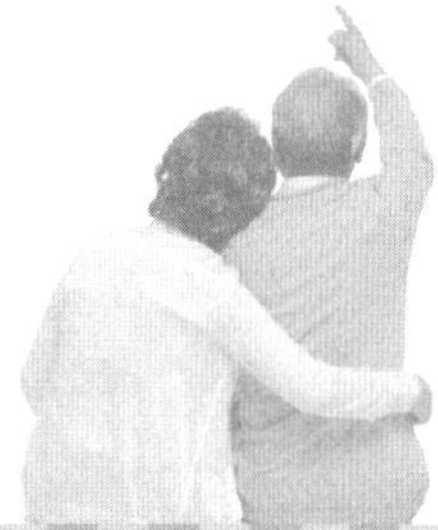

제 1 장 좋은 노후설계전문가 되기

제 2 장 노후설계전문가의 역할

제 3 장 노인 이해의 기초 I

제 4 장 노인 이해의 기초 II

제 5 장 노인상담 이론

제 6 장 행복한 부부관계 만들기

제 7 장 노인 공동주택: 시니어 코하우징

제 8 장 노년기 취업 및 상담

제10장 노년기 건강 생활

제11장 알코올 중독 및 우울·자살 상담

제 1 장

좋은 노후설계 전문가 되기

1장 좋은 노후설계전문가 되기

1 성공적 노화

발테스부부(Baltes & Baltes, 1989)는 노년기를 성공적으로 보낼 수 있다고 주장한 최초의 독일 학자들이다. 노년기에도 다른 인생의 시기처럼 발달을 계속할 수 있다면 성공적인 노화를 달성해 갈 수 있다고 보았다. 노화로 인해 기능이 상실되면 보충을 통하여 충족시키고, 자신이 하고 싶은 것을 선택하면서 성공적인 노화가 가능하다고 보았다. 따라서 성공적인 노화란 다양한 개인차를 경험하게 되는 노인이 자신이 가장 소중하다고 생각하는 것을 자기주도적으로 결정해 나가며 선택적으로 기능의 상실을 보충시켜 나갈 때 성취된다.

즉, 걸음이 느려져 과거에는 5분 안에 상점에 갈 수 있었다면, 이제는 충분한 시간을 두면 도착할 수 있으며, 짧은 시간 안에 신문을 읽을 수 있었다면 노년기에는 넉넉한 시간을 두면 신문을 읽을 수 있으므로, 성공적인 노화가 가능하다고 보았다. 의학의 발달로 걷기가 힘든 노인이 지팡이나 휠체어를 타고 산책하거나, 시력이 약해졌다면 돋보기를 쓰고 글을 읽고, 이가 없다면 틀니를 해 넣어 식사를 제대로 할 수 있음을 사례로 들 수 있다. 이처럼 성공적 노화는 퇴화된 기능을 선택을 통해 보충하고, 자신이 하고 싶은 것을 선택해서 해 나갈 때 이루어진다.

2008년 45~64세까지의 연령층을 대상으로 실시된 노후설계의 필요성에 대한 조사결과에서는 응답자의 75%가 노후 설계가 매우 필요하다고 응답하였다(이소정, 2008). 이처럼 인생 100세 시대에는 은퇴 후 새로운 인생의 기회를 계획하도록 지원하는 노후설계전문가의 중요성이 날로 커지고 있다.

2 6가지 노후설계전문가 유형

1) 예술형 노후설계전문가

예술형 노후설계전문가는 생각이 개방적이어서 자유로운 환경에서 일하는 것을 좋아하므로, 음악, 그림, 사진 공예 등에 종사하는 사람들이 많다. 이들은 혼자서 일하는 것을 좋아하고 창조적인 활동에 큰 가치를 두어 자유롭고 풍부한 상상력을 갖고 예술을 만들어 내는 것을 즐긴다.

2013년 희수(77세)를 맞은 김종학 화백은 1979년 설악산으로 들어가 30여년을 보냈기 때문에 '설악의 화가'로 알려져 있다. 아름다운 자연그리기를 과업으로 평생동안 즐긴 김종학 화백은 야생화와 들풀 그리기를 좋아했다. 그러나 노년기에 그릴 수 있는 그림은 따로 있다고 생각한다.

"내가 젊었던 20~30대에는 사실 뭐가 뭔지도 모르면서 그림을 그렸다. 40대로 넘어가면서 그림을 조금 알게 되었고, 50대가 되니 해야 할 작업이 보였다. (중략) 70대가 되니 이제 그릴 수 있는 그림이 따로 있다는 것을 알게 되어 이제 그걸 그리려고 한다. 지난 50년은 일장춘몽 같이 지나갔다."(동아일보 2013년 7월)

그림뿐만 아니라 조각에 도전하고 싶다는 포부를 밝히기도 한 김화백은 그림 이외에도 목기, 보자기 등 민예품을 모은 수집가이기도 한데, 고령화시대에 새로운 예술의 장르인 조각에 도전해보려는 목표를 갖고 있다(동아일보 2013년 7월). 이러한 시도는 노인들이 새로운 일을 시작할 수 있다는 잠재력을 소지하고 있으며 새로운 것을 학습할 수 있다는 능력을 소지하고 있음을 알려주는 좋은 사례라고 할 수 있다.

김화백은 노년기에 자신이 평생동안 전념했던 그림에서 벗어나 독창적이며 자유와 창조력을 바탕으로 조각이라 새로운 영역을 개척해 보고자 하는데 이와 같은 창조성은 노년기에 절정에 달하게 된다.

홍길동이란 소설의 작가인 교산 허균은 글쓰는 재주가 매우 뛰어나 붓만 들면 한 번에 거침없이 글을 써 내려갔다고 한다. 조선시대 명가의 아들로 태어나 과거에 급제했지만 사회를 비판하는 홍길동을 통해 사회제도의 모순을 비판하였다. 그러나 이같은 혁신적 사상은 조선사회에서는 대역죄가 되어 허균은 1618년 능지처참이라는 극형을 받았고, 연좌제가 적용되어 강릉에 있는 아버지 초당 허엽의 묘소도 부관참시 되었다. 중국을 다녀오며 1만 5천냥을 내고 4,000권의 책을 사오는 책벌레 허균은 신분의 구별없이 모두가 자기 꿈을 실현시켜가는 이상적인 시민사회를 글로 표현하였다.

노년기에는 젊은이가 보지 못하는 사회 모순을 지적하고 자신의 이상주의적 사상을 글, 그림, 무용 등으로 창작해 낸 예술형들이 많다. 이처럼 예술형 노후설계전문가는 창조적인 문화활동을 통해서 노후를 창조적인 시기로 만들어가는 것이 특징이다.

2) 현장형 노후설계전문가

현장형 노후설계전문가들은 매우 엄격하고 육체적으로 강인하며, 외향적이어서 사회 문제 해결을 위해서 실제 현장에서 일하는 것을 좋아한다. 나폴레옹은 독서를 통하여 리더로 성장하였으며 근대 및 시민사회로 진입하는 프랑스 혁명을 주도한 현장형 리더였다. 나폴레옹은 전쟁터에서도 마차에 책을 잔뜩 실은 '진중문고'를 갖고 다니며 가슴에 책을 넣고 읽었으며, 말을 타고 이동할 때도 책을 보았다고 한다. '젊은 베르테르의 슬픔'이란 괴테의 소설에 반해 전쟁 중에 괴테를 만나기 위해서 먼 거리를 돌아갔는데, 이러한 나폴레옹을 괴테는 '악마 중의 악마'라고 불렀다. 세인트헬레나 섬에 유배되어 사망할 때까지 6년간 8천권의 책을 읽었다고 한다.

옛 소련의 대통령인 미하일 고르바초프는 1931년에 러시아 농부의 아들로 태어나 모스크바 법대에 입학하였으며, 댄스파티에서 부인 라이샤를 만나, 결혼생활을 시작하였다. 공산당에 입당하여 1985년 54세로 소련의 최연소 지도자가 되었다. 재임 중에는 소련의 개방정책인 혁신(페레스트로이카)을 추진하였고, 소련 붕괴 이후 냉전을 종식시킨 공로로 1990년에는 노벨평화상을 수상하였다.

2013년 82세가 된 고르바초프는 1999년 혈액암으로 67

세의 나이로 사망한 부인 라이샤를 생각하면서 자신의 삶을 자서전으로 출간하였다. 1996년 출간된 책에서 고르바초프는 연방 해체를 추진한 옐친 전 대통령을 비판하는 정치적 견해를 주로 서술하였으나, 2013년 발간한 자서전에서는 과거와는 달리 자신의 삶과 내면의 모습을 보여주고 있다. 46년의 세월을 함께 한 부인을 잃고 난 후에, 과거를 추억하며 아내는 "매우 예뻤다. 우아하고 매력적이며 정말 여성스러웠다"라고 애정을 나타내고 있다.

사회주의자였던 고르바초프는 "나는 역사의 문을 내 손으로 두드렸고, 그 역사의 문들은 나와 함께 땀 흘린 사람들과 내 앞에서 하나씩 열렸다"(고르바초프, 2013)라고 회상하고 있다. 고르바초프는 현재 모스크바에서 자신이 설립한 사회정치연구소의 소장으로 일하고 있다.

이처럼 현장형 노후설계전문가들은 자신의 신념 등을 현장에서 펼치며 창조적인 노년기를 보내기 위해서 새로운 것을 실천하며 도전하기를 선호한다.

3) 탐구형 노후설계전문가

조선시대의 정조는 왕궁 침실 벽을 온통 책으로 진열해 놓고 책 속에 묻혀 잠을 잤다고 한다. 그는 광기 어린 애서가였으며 조선을 문치의 나라로 만들어 가기 위해 탐구한 정치가였다.

노벨은 1833년 스웨덴 스톡홀름에서 태어나, 철도, 도로, 항만, 교량 터널 등의 건설에 필수적으로 사용되는 다이너마이트를 생산하여 세계적인 부자가 되었지만, 자신의 인생은 사람들에게 늘 들볶이면서 사는 삶으로 표현하고 있다. 우울증에 시달리면서 자신을 염세주의자라고 하였으며, 음식보다는 철학을 사랑하는 초이상주의자로 표현하였다. 노벨은 책을 읽으며 끊임없는 지적 상상력과 열정을 얻었고, 연구자이며 발명가로서 학습을 계속하였다. 덕분에 위기마다 자신의 문제를 잘 극복해 나간 기발한 사업가였다. 전 세계를 상대로 장사하여 억만장자가 된 노벨은 1896년 이태리 별장에서 뇌출혈로 사망하였다. 그는 사망하기 전, 유산을 안전한 유가 증권으로 바꾸어 투자하고 기금을 설치하여 매년 그 이자로 그 전 해에 인류를 위해 최대의 공헌을 한 사람들에게 노벨상을 수여하도록 유언하였다. 유언장의 내용 중 노벨상 제정과 관련된 부분은 다음과 같다.

"돈으로 바꿀 수 있는 나의 나머지 모든 유산은 다음과 같이 처리한다. 유언 집행자는 유산을 안전한 유가증권으로 바꿔 투자하고, 그것으로 기금을 설치하여 그 이자로 매년 그 전 해에 인류를 위해 최대의 공헌을 한 사람들에게 상금형식으로 수여해야 한다. 물리학, 화학, 생리학 또는 의학 분야에서 가장 중요한 발견이나 획기적인 발견을 한 사람에게 수여하고, 이상주의적인 경향이 가장 두드러진 작품을 창안한 작가에서 문학상을, 국가 간의 우호, 군대 폐지 및 감축에 기여한 인물에서는 평화상을 수여한다. 물리학상과 화학상은 스웨덴 과학아카데미가, 생리학, 의학상은 스톡홀롬의 카롤린스카연구소가, 문학상은 스톡홀름 아카데미가, 평화상은 노르웨이 국회가 선출하는 5인의 위원회가 각각 수여한다. 수상자를 선정할 때는 후보자의 국적을 고려하지 않고, 가장 적합한 인물에게 수여할 것을 특별히 당부한다"

1885년 11월 27일 파리에서 알프레드 베르나르 노벨(한국생물과학협회, 2007).

노벨의 유언장이 공개되자 가족과 친지들은 상속권을 주장하였고, 스웨덴 정부는 스웨덴 국민에게만 노벨상이 수여되어야 한다고 목소리를 높였다. 또한 노벨 평화상 선정 기관으로 관계가 좋지 않은 노르웨이가 선정된 것에 불만을 드러냈다. 그러나 유언 집행자로 지명된 솔만과 리예크비스트가 수많은 갈등을 해결하고, 노벨재단을 설립한 후, 노벨상은 노벨 사망 5년 후인 1901년 12월 10일 노벨의 서거일에 최초로 수여되기 시작하였다. 노벨상은 1901~2012년까지 총 830명과 23개 단체에 약 10억원씩 수여되었다.

탐구형 노후설계전문가들은 사회에 산적해 있는 문제를 해결해 가는 것을 좋아한다. 주로 연구소 등에서 삶의 질 향상을 위해 연구하기를 선호하며, 자기 주도적으로 과학 서적을 탐독하고 새로운 기술 및 기계 개발에 과학적 지식을 적용하기를 선호한다.

4) 사회형 노후설계전문가

사회형 노후설계전문가는 사람을 중심에 두고 생각하므로 인간이 행복하게 살아가도록 삶의 질 향상을 위해 노력한다. 사람을 중심으로 생각한 지도자 중에는 경주 최부자집이 있다. 12대에 걸쳐 만석꾼을 배출한 경주 최부자집은 한해 거두어들이는 3,000석의 쌀 중 1,000석 만을 자신이 소유하고 나머지는 과객이나 어려운 이웃들에게 나누어 주었다고 한다. 최부자집 가문은 지역사회와 함께 살아가려는 철학과 리더십을 소지하고 공존하기를 실천하였다.

결핵균을 발견하고 세균학 연구 방법론을 개발한 독일인 로버르트 코흐도 사회형 지도자라고 할 수 있다. 코흐는 전염병에는 각기 원인이 되는 병원균이 있다는 세균 병인설을 과학적으로 증명하면서 현대 질병 치료의 기초를 세웠다. 그러나 코흐의 결혼생활은 순탄치 않았다. 평범한 개업의로 살기를 희망하는 부인은 의사생활에 만족하지 못하는 코흐를 위해 28번째 생일에 현미경을 선물하였다. 현미경으로 코흐는 1870년경, 소의 탄저병은 탄저균에 의해 유발됨을 증명하면서 연구에 빠져 결국 프라츠 부인에게 이혼을 당해 버렸다. 연구에 박차를 가한 코흐는 결핵균을 발견하고 이 균을 사람에게 주사하여 투베르쿨린 반응 결과를 결핵 치료에 사용하였으나 임상실험의 결과는 거의 효과가 없는 것으로 나타나 실행하기도 하였다. 1893년 실의에 빠져 있는 코흐는 자신을 위로해 주는 18세 여배우인 프라이베르크와 재혼하였다. 행복을 다시 찾은 코흐는 소의 돌림병인 우역, 말라리아, 흑수열, 재귀열, 페스트 등에 관한 세균학적 연구를 계속하였다. 세균학의 아버지로 불리는 코흐는 인류를 위협하는 불치병이었던 결핵의 치료와 예방의 길을 제시하여, 급속한 산업혁명 속에서 굶주리며 열악한 환경에서 고된 노동에 시달리는 노동자들의 생명을 구했다.

5) 진취형 노후설계전문가

진취형 노후설계전문가들은 설득력을 갖고 있으며 시대가 요구하는 과업을 훌륭히 수행해 내는 능력이 있다. 다른 이들과 함께 일하는 것을 선호하며 사회문제를 해결하려는 요구가 강하다. 언변이 뛰어나서 탁월한 주도성을 갖고 있으며, 모험적이며 위험한 업무를 택하면서도 자신이 정한 일대의 과업과 사회가 정한 목표를 달성하려는 강한 욕구를 소지하고 있다. 진취형 리더들 중에는 정치인, 경영인 등이 많이 있는데 이들은 재력과 물질의 소유를 중시한다. 진취형 리더의 사례로 독일인 위젠탈을 살펴보자.

위젠탈 센터는 나치의 강제수용소에서 살아남은 유태인 시몬 위젠탈(2005년 96세로 사망)이 설립한 나치전범 추적기구이다. 위젠탈은 수용소에서 89명의 일가 친척을 잃고 부인과 단둘이 살아 남은 후, 미국으로 건너가 자신의 직업인 건축업을 그만 두고 유태인 전범 색출에 일생을 바쳐, 지난 50년간 1,100명의 나치 전범을 색출, 법정에 세웠다. 40만명의 유태인들이 회원으로 활동하는 시몬 위젠탈 센터는 미국 정계나 국제 인권운동 분야에서 강력한 영향력을 미치고 있다. 위젠탈 센터 간부는 북한의 인권 상황을 '홀로코스트'에 비유하면서 국제사회의 관심을 촉구하는데, 2012년도 북한인권법 제정에 앞장섰던 마이클 호로비츠도 유대인이다. 위젠탈 센터의 가장 큰 업적은 유대인 학살(홀로코스트)을 고안해 낸 아이히만을 잡아서 이스라엘 정부에 넘긴 일이다. 전범 아이히만은 26세 때 나치 친위대에 가입한 후, 유대인을 찾아내 집단수용소로 보내는 책임자가 되었다. 미군에 잡혔으나 1946년 포로수용소를 탈출해 중동지역을 전전하다가 아르헨티나에서 이름을 바꾸고 살았다. 학교 성적이 좋지 않아 실업학교를 졸업하면서 유대인 대학살의 책임자가 되었으나 1961년 이스라엘에서 공개 재판에 회부된 후, 1962년 5월 31일에 처형되었다.

노년기에는 시몬 위젠탈처럼 인본주의 사회 건설에 장애가 되는 문제를 해결하고 개혁하는데 참여하는 노후설계전문가가 되어야 할 것이다.

6) 관습형 노후설계전문가

1397년 태종의 셋째 아들로 태어난 세종은 22세에 세자로 책봉되었다. 조선의 4대 왕이 된 세종은 나라가 발전하려면 먼저 덕망이 있고 학식을 갖춘 인재를 길러야 할 것을 다짐하며, 조직의 관습을 바꾸어 간 관습형 지도자였다. 지식과 도덕성을 소지한 인재가 깨끗한 정치를 할 것으로 믿고, 집현전을 늘려 젊고 재주가 있는 어진 연구자들을 전임학사로 일하게 하여 나라발전의 기초를 닦았다. 특별한 경사가 있을 때나 3년에 한 번씩 치루는 과거를 통해서는 인재선발에 어려움이 있다고 보아 과거 제도의 모순을 수정하기도 하였다. 그는 글 재주보다는 어진 성품, 덕행을 갖춘 사람이 관직에서 일하도록 지방관이 인재를 추천하는 도천법을 만들었다. 왕위에 오른 뒤에는 자신의 세자 등극을 반대하여 태종의 노여움으로 귀양살이를 간 황희 정승을 영의정으로 다시 등용하였다. 황희 정승이 죽먹기를 좋아하자 이를 본받아 궁중 생활에서 검소와 절약을 실천하였다고 한다. 과학에도 많은 관심을 갖고 이천과 장영실로 하여금 해시계와 물시계, 측우기를 만들도록 하여 백성들의 삶에 이용하도록 하였다. 백성이 학습하도록 고려사, 농업기술에 관한 농사직설, 부모에게 효행을 실천하도록 효행록, 유교를 널리 알리기 위해서 효자, 열녀, 충신의 이야기에 그림을 넣은 삼강행실도, 최초의 한글 책인 용비어천가 등을 1445년에 발간하기도 하였다. 춘궁기 때에는 나라에서 쌀을 빌려주고 추수가 끝나는 가을에 받아들이는 환곡법을 써서 백성들의 어려운 생활을 도와주려고 노력하였다. 형벌을 줄 때는 노인이나 어린이는 특별히 보호하여, 70세 이상의 노인이나 15세 미만의 아동이 살인이나 강도같은 큰 죄를 짓지 않았으면 가두지 못하게 하였으며, 80세 이상의 노인이나 10세 이하의 어린이는 사형에 해당하는 죄를 지었더라도 교도소에 가두지 않았다. 왜구를 다스리기 위해서 쓰시마 정벌에 나서 계해조약을 맺고 매년 쌀과 콩을 200석씩 하사하여 조선으로 침략하지 않도록 설득하였다. 그러나 세종의 가장 큰 업적은 글자를 쓰고 읽지 못하는 백성을 위하여 언문청을 설치하고 한글을 만든 것이다. 세종대왕은 어진 정책을 펼치면서 백성들의 편에서 도움을 주고 삶의 질을 높이기 위해 관습을 바꾸어 나가는 지도자의 역할을 성공적으로 수행하였다.

고령사회를 앞두고, 사회관습을 개혁하여 삶의 질 향상을 위해 앙가지망과 문제의식을 소지하고 해결해 가는 노후설계전문가가 많이 배출되어야 한다.

3 인생 2모작을 지원하는 노후설계전문가

은퇴 후에 많은 노인들이 삶의 의미를 만들어 내지 못하게 되면 상실감으로 가득찬 노년기를 보내게 된다. 따라서 인생 100세 시대에는 노인들이 삶의 의미를 만들어 내고 계속적인 자기 개발을 하도록 지원하는 노후설계전문가의 역할이 중시되고 있다. 노후설계전문가는 노인들이 활기찬 노후를 보낼 수 있도록 다음과 같은 능력 개발에 힘써야 한다.

1) 자기주도적 학습능력 소지

노년기에 자아실현을 달성해 내려면 자신이 의미있다고 생각하는 활동을 찾아 능력을 개발시켜 가는 자기주도적 학습에 힘써야 한다. 자신을 유능하고 가치 있고 성공적으로 평가하는 높은 자존감을 유지해 가려면, 스스로 자신의 삶을 긍정적으로 평가할 수 있는 능력을 개발시켜 나가야 한다.

2) 높은 자아존중감 소지

쿠퍼스미스(Coopersmith)는 자아존중감은 개인이 스스로를 평가하는 태도 속에 나타나는 자신에 대한 가치의 판단으로, 로젠버그(Rosenberg)는 사고, 감정, 의지, 체험, 행위 등의 여러 작용을 주관하며 통일하는 주체인 자아에 대한 긍정적인 태도로써 정의하였다. 즉 자아존중감은 개인이 스스로를 가치있는 존재로 평가하는 것이며, 현존하는 자신을 존경받을 수 있는 존재로 의식하는 것을 말한다. 브랜든(Branden)은 우리 인생에서 필수적으로 소지해야 하는 자아존중감은 자신이 생각하는 능력이 있으며 역경에 맞서 이겨낼 수 있는 능력이 있다는 자신에 대한 믿음이며, 스스로 가치있는 존재임을 느끼고 필요한 것과 원하는 것을 주장할 자격이 있으며, 행복해질 수 있는 권리가 있다는 것에 대한 믿음으로 보았다.

새티어(Satir)는 인간의 기본 속성으로 다른 사람과 구별된다는 유일성을 인식하는 과정에서 자아존중감이 발달하는데 이러한 자아존중감은 부모, 또래와의 관계 속에서 학습되고 형성된다고 보았다.

자아존중감(Self-esteem)은 한 개인이 자신을 얼마나 좋아하는가와 다른 사람들이 자신을 가치 있다고 평가해 주는 정도에 대한 느낌이다. 자아존중감이란 자기가 자신에게 가지는 애착, 사랑, 신뢰, 존중과 같은 것을 소지하고 자신의 내면적 가치에 따라 자신의 삶을 살아가려는 노력이다. 노후설계전문가란 자신의 본질적인 가치를 어떠한 방법을 통하여 찾아 갈 수 있는지 끊임없이 탐구하면서 자아존중감을 높여가야 한다.

3) 의사소통 능력 소지

자아존중감은 자신에게 부여하는 긍정적인 가치이다. 자아존중감이 높으면 정상적이고 수용적인 의사소통을 하게 되나, 자아존중감이 낮으면 빈정거리기, 변명, 회피, 사실을 부정하는 방어적 의사소통을 하게 된다.

좋은 노후설계전문가가 되려면 자신을 긍정적으로 평가하고 자아존중감을 향상시키려는 노력을 계속해야 한다. 타인과의 의사소통 과정에서 자존감이 높으면 자신, 타인, 그리고 우리가 처한 상황 모두를 중요시하고 존중하며 의사소통하는 노후설계전문가가 될 수 있다. 그러나 자존감이 낮으면 이 세 영역 중의 하나 또는 그 이상을 무시하게 되어 의사소통 과정에서 갈등을 일으키기 쉽다. 최근 3세대 가족 간의 갈등이 증가하고 있으므로, 노후설계전문가는 자신의 의사소통 능력을 향상시키고, 3세대 가족 간의 갈등 해결능력을 소지하도록 노력해야 한다.

4) 취업 지원 및 삶의 질 향상 능력 소지

경제적 활동력은 성공적인 노화를 위해 매우 중요하다. 경제적 활동력은 직업을 가지고 활동하는 자신뿐만 아니라 사회적 차원에서도 중요한 의미가 있다. 개인적 차원에서는 경제력을 유지하는 직업 활동, 건강 유지 및 계속적인 사회적 활동의 참여라는 의미가 있다. 또한 사회적 측면에서는 고령사회에서 증가하는 노년층을 인적자원으로 활용함으로써 지속발전 가능 사회를 만들어 갈 수 있다는 것에 의의가 있다. 좋은 노후설계전문가는 취업지원을 통해 안녕(well-being), 복지(welfare), 만족도(satisfaction), 행복감(happiness)의 향상을 지원하여 노년기 삶의 질 향상을 이끌어 가는데 기여할 수 있어야 한다.

5) 건강 증진 및 사회활동 참여 능력 소지

노년기에는 신체적 기능과 정신적 건강이 감퇴될 수 있다. 노인들은 자원봉사활동에 참여하면서 사회구성원으로 사회에서 유리되지 않고 사회참여를 계속해 나가면서 적극적인 노년기를 보낼 수 있다.

6) 공동체 사회 만들기 능력 소지

우리나라에서도 최근 지역을 재개발하거나 마을 만들기와 같은 지역사회 운동이 활성화되고 있다. 전주에서는 60대 이상의 여성들이 낡은 물건을 재건축하여 새로운 가치로 재탄생시켜 세대공동체 활동의 모델이 되었다. 뛰어난 솜씨를 바탕으로 젊은 작가들과 함께 하늘정원에 공방을 만들어 지역주민이 애용하는 공간으로 탈바꿈시켰다. 직장에서 은퇴한 후, 삶의 경험이 축적된 노인들은 젊은이들과 함께 잘 살아가는 공동체 만들기의 주체가 되도록 안내할 수 있어야 한다.

토의 거리

1. 나는 어떤 유형의 노후설계전문가인가?

조원들이 돌아가면서 자신의 관심, 특징, 장점을 이야기 해보고, 노후설계전문가 유형을 토의해 보자.

나의 관심, 특징, 장점을 적어보자

____

____

나의 노후설계전문가 유형

____

____

2. 내가 살고 있는 지역사회에서 가장 시급히 해결되어야 할 노인 문제를 논의해보자

브레인스토밍의 방법을 이용하여 되도록 많은 의견을 적어보자.

____

____

시급히 해결되어야 가장 중요한 것을 3가지만 적어보자

____

____

____

3. 노-노(老-老)케어 시대가 도래하였다. 함께 살아가는 고령화사회를 만들어가기 위한 노인교육 프로그램을 만들어 보자.

제목

____

교육 내용

____

제 2 장

노후설계 전문가의 역할

2장

노후설계전문가의 역할

1 인간의 전 생애 발달 이론

심리학자 에릭슨(Erikson, 1959)은 인간이 전 생애에 걸쳐서 발달한다는 것을 처음으로 제시하였다. 인생을 8가지 발달 단계로 나눈 에릭슨은 각 발달 단계마다 인간이 달성해야 할 과업이 있으며, 노년기에도 발달은 계속된다고 보았다. 에릭슨은 노년기에 우리가 발달시켜야 하는 과업으로 "자아통합"(Ego Integrity)을 제시하였다. 노년기에는 지금까지 살아온 생애를 되돌아보는 자아성찰성이 증가하는 데 이때에 스스로 자신의 삶을 무의미한 것으로 평가하게 되면 절망감에 빠지게 된다. 그러나 자신의 삶을 '현재 그리고 지금의 시각'에서 과거와는 다른 새로운 의미를 붙여 강점을 찾게 되면 계속 발전할 수 있는 자아통합감을 갖게 된다. 이러한 측면에서 노년기에 자아통합을 실현하려면 자신의 삶의 맥락에 맞는 자기주도적인 학습을 계속해야 한다.

노년기는 개인이 자신의 삶을 되돌아보고 평가해 보는 시기이다. 제2차 세계대전 이후 세계 경제가 부흥하면서, 인간의 평균수명이 대폭 늘어나 인류 역사상 최초로 누구나 노년기를 맞게 되었다. 전 생애 발달이론이 발표되면서 그동안 학습이나 발달의 대상으로 인식되지 못하였던 노년기는 "새로운 인생의 기회"로서 주목되고 있다(Tews, 1993). 노후설계전문가는 자신은 물론이거니와 주변의 노인들이 새로운 인생의 기회로서 노년기를 보내도록 안내하는 역할을 수행해 나갈 수 있어야 한다.

표 1 에릭슨의 인간 발달 단계

심리사회적 갈등	시기	미덕	악덕	중요한 관계	심리사회적 과업
신뢰감: 불신감	0-1세	희망	탐식	어머니	갖는다, 키운다
자율성: 수치심	2-3세	의지	분노	부모	기른다
주도성: 죄책감	4-5세	목표	탐욕	가족	놀이를 하며 따라한다, ~처럼 행동한다(놀이)
근면성: 열등감	6-11세	능력	시기	학교, 이웃	무엇인가(~에 열중)한다
정체감:역할혼미	12-18세	충실	자만심	동료, 지도자	누군가가 된다
친밀감: 고립감	19-24세	사랑	정욕	배우자	이성과의 관계에서 자신을 잃거나 발견한다
생산성: 침체성	25-54세	돌봄	무관심	분화된 노동과 가사일의 분담	자녀를 양육하고 가족을 돌본다
통합성: 절망감	54세이상	지혜	우울	인류	성찰을 통해 자아를 찾는다

출처: Erikson(1959). Identity and the Life Cycle.

2 노후설계전문가의 역할

노후설계전문가는 변화하는 문화와 사회 속에서 노인이 발전하며 균형을 찾아가도록 성공적인 노년기로의 전이 과정을 지원해 주는 사람이다. 따라서 노인이 학습할 수 있는 기초능력을 소지하여 미래를 새로운 삶의 기회로 바꾸어 나갈 수 있도록 안내하고 지지해 줄 수 있어야 한다. 노인의 삶을 안내해 가는 노후설계전문가는 임파워먼트 되어야 하는데, 이것은 스스로 힘 기르기를 통하여 역량을 개발해 나갈 때 달성된다. 즉 새로운 삶의 기회를 만들어 가려는 정체성을 소지하고 끊임없이 자기 주도적으로 학습해 나가는 평생학습자가 될 때 성공적으로 역할을 수행해 낼 수 있다.

1) 새로운 정체성 만들기를 지원

노년기는 성장과 발달의 시기이므로 사회의 구성원은 노인을 부족한 것이 많은 결손의 대상으로 낙인해서는 안 된다. 산업사회를 지나 지식사회로 불리는 사회에서는 효 사상에 기반하여 자녀로부터 부양을 받았던 과거와는 달리, 신체적, 정신적, 경제적으로 쇠퇴해 가는 고령노인들은 자녀로부터 부양을 기대하기 힘든 시대에 살고 있다. 노후설계전문가는 노인들이 소지한 능력과 잠재력을 개발하여 품위 있는 노년기의 삶을 살아 가도록 삶의 방향을 안내할 수 있는 능력을 습득해야 한다.

거시적 측면에서 보면 70년대 중반 이후부터 경제적 효율성과 경쟁을 중시하는 신자유주의가 사회를 지배하게 되면서 노인을 결손의 대상으로 낙인하는 경향은 심화되었다. 인본주의적 정신에 기초하여 노인을 교육복지적 측면에서 돌보고 지원하기 보다는, 노인을 청년들과 자유 경쟁시키며 성과중심적으로 평가하기 때문이다. 노인들은 교육복지 같은 공적 체계에 의해 노년기의 안정된 삶을 보장받기 보다는, 자신의 능력으로 경제적, 신체적, 심리적, 사회적 문제를 극복하도록 방치되어 있다. 우선, 거시적 측면에서 노인 정책과 관련된 문제를 생각해 보자.

첫째, 노인의 경제력을 국민연금 수급 실태를 통해 살펴보자. 국민연금 등에 가입하여 연금을 납부하고 현재 국민연금을 수급하고 있는 노인의 수는 매우 적으며 금액도 얼마 되지 않아 생활비를 충당하기는 매우 부족하다. 2012년 국민연금 총 수급자는 328만 명이지만 이중 65세 이상의 국민연금 수급자 수는 약 184만 명 밖에 되지 않는다. 65세 이상 인구대비 남성의 45%인 112만명, 여성의 20%인 71만명만 국민연금을 받고 있어(국민연금관리공단, 2012), 여성노인은 남성노인보다 빈곤한 상태에 있음을 알 수 있다.

가구원별 최저 생계비는 2012년도 1인 가구인 경우 55만원, 2인 가구 94만원, 3인 가구 121만원이다(국민연금연구원, 2013). 그러나 2012년 12월을 기준, 전체 연금 수급자 중 10~20만원을 받는 수급자가 36.10%로 가장 많으며 30만원 미만의 연금 수급자도 65.11%로 나타나, 경제적으로 빈곤한 노인이 많은 것을 알 수 있다.

둘째, 암이나 치매 같은 질병 치료를 위한 의료 및 건강 지원이 적어 개인의 사적 부담이 많은 것, 노년기에 혼자 의생활 및 식생활을 감당할 수 없는 경우에도 기본 생활 안전망이 구축되지 못해 노인들은 방치되어 있는 경우가 많다.

셋째, 직업을 통하여 자신의 존재를 인정받아 온 노인들은 퇴직 후 사회적 지위를 상실하여 자아존중감을 잃어 버리고 스스로의 가치를 부정하게 되어,

개인적 측면에서도 노인의 정체성은 매우 위협되고 있다. 이것은 정체성이 사회적, 역사적, 문화적 맥락을 떠나 형성되는 것이 아니라, 심리사회적인 상호작용을 통하여 구성되는 것이어서 노년기는 쇠퇴기라는 낙인을 내면화하는 사회화 과정에 기초하여 만들어 지기 때문이다.

이러한 요인들은 노인이 긍정적인 자아상을 만들어 가는데 부정적인 요인으로 작용할 수도 있어 노인이 새로운 인생의 시기로서 정체성을 새롭게 만들어 가는데 방해가 되기도 한다. 따라서 노인이 일과 퇴직 사이의 중간 과정에서 긍정적인 정체성을 만들어 가려면 자기주도적인 노력이 필요하다. 정체성은 개인의 행위와 사회구조를 연결시키는 매개자적인 역할을 수행하므로 사회는 노인에 대하여 갖고 있는 부정적인 노인상을 긍정적인 노인상으로 바꿔나가야 한다.

성공적인 노년기를 보내려면 개인은 살아온 일생에 대하여 최선을 다했다고 생각하며, 노후설계전문가는 건전한 노인상을 만들어 가도록 새로운 정체성 형성을 지원해야 한다.

2) 자기결정력 향상을 위한 임파워먼트 지원

정체성이란 자기결정에 의해 자신의 삶을 경영해 나가는 힘(임파워먼트)을 소지하고 있을 때 만들어진다(Schäuble, 1995). 자기결정에 의해 노년기를 살아가는 삶의 경영능력이란 자아실현에 열중하는 각 개인이 삶의 맥락 속에서 개인적인 삶의 의미를 만들어가는 것이다(Nies & Munnichs, 1986). 사회변화가 급속하게 진행 될수록 노인은 "유년기-활동기-휴식기"라는 삶의 일반적인 주기에서 점점 이탈하게 되고, 이에 따라서 자신의 생애사적인 맥락에 따라 구성되는 다른 사람과는 구별되는 고유한 생애사를 갖게 된다(Beck, 1986). 이러한 사회 변화 과정 속에서 노인의 삶에는 단절이 일어나고 불안정성이 증가하여 정체성이 불안해지게 되므로, 노인들은 스스로 자신의 문제를 해결해 나가는 힘을 길러나가야 한다.

3) 삶의 주체가 되도록 지원

노년기를 자기 창조의 시기로 보는 노년심리학(Gerontopsychology)에서는 노인 스스로 자발적으로 학습에 참여할 때, 자기 삶의 주체가 되어 행복한 삶의 주인공이 될 수 있음을 강조한다. 행복한 노년기를 만들어 가려면 노인은 남은 인생을 긍정적으로 평가하고, 자아실현을 목적으로 노년기를 계획하고 성공적으로 만들어가려는 노력이 필요하다. 노년기에 행복감을 소지하여 웰빙하려면 지나온 삶을 되돌아보고 인간적으로 너그럽게 수용할 수 있어야 하며, 따뜻한 사람이 되려고 노력하는 자기 수양의 과정, 즉, 학습이 요구된다.

4) 풍부한 경험에 의한 문제해결 능력 함양을 지원

노인은 자신의 삶 속에서 다양한 문제를 해결해 나가는 과정에서 풍부한 삶의 경험을 소지하고 있으므로, 이들의 경험은 존중되어야 한다. 따라서 노년기에도 노인은 자신이 생활하였던 직장에서의 경험, 자녀양육에서의 경험, 일상생활에서의 경험 등을 바탕으로 하여 사회참여의 기회를 확대시켜 나가야 한다. 즉 자원봉사의 영역이나 새로운 학습의 장에서 자신들이 소지한 경험적 지식들을 계속하여 적용 및 개발해 갈 수 있어야 한다. 노인기에는 외적인 기준보다는 내적인 주관성에 기반을 두고 자신을 평가하는 특성이 있다. 따라서 노인이 스스로의 잠재력을 개발하여 성공적인 미래를 준비할 수 있도록 자기 개발에 참여하도록 지원해야 한다.

노인이 해결해야 할 문제는 개인이 살아온 삶의 맥락에 따라서 상이하다. 노후설계전문가가 노화와 관련된 문제를 상담하려면 이에 필요한 유용한 지식과 기술을 계속해서 습득해나가야 한다.

5) 품위있는 노년을 지원

노인이 사회의 짐으로 간주되는 것은 생산성을 발휘하지 못하는 노인이 경제력을 소지하지 못해 청년층의 부양 부담을 키우기 때문이다. 이러한 경향은 한국에서 뿐만 아니라 경기 침체기에 들어선 외국에서도 마찬가지 이다.

2001년 독일에서는 세대 간의 응집력에 대한 조사가 실시되었다. 첫째, '부모와 자식은 서로 부양책임이 있는가?'에 관한 조사에서는 16~34세 이하의 청소년은 74%가, 노인은 85%가 그렇다고 대답하여 세대 간에는 9%의 격차가 나타났다. 둘째, '노년기는 스스로 해결해야 한다'라는 질문에 청소년들의 21%가, 노인들은 11% 가 그렇다고 대답하여 세대 간 격차는 무려 10%나 벌어졌다. 이외에 '노인을 가족이 간호해야 한다', '상황에 따라서 간호할 수 있다', '가족이 노인을 돌보아야 하는 것은 아니다'라는 설문 결과에서는 청소년들보다 노인들이 가족에게 거는 기대가 높게 나타났다. 이같은 세대 간의 응집력에 관한 설문조사 결과는 <표 2>로 정리될 수 있다.

표 2 세대 간의 응집력

설문의 내용		평균	나이		
			청년(16-34세)	중년(35-59세)	노인(60이상)
부양 문제	부모 부양은 부모와 자식이 동일하게 분담해야 함	80.3	74	82	85
	부모 스스로 해결	15.3	21	14	11
부모는 가족이 돌봐야 함	가족이 부모를 돌보는 것은 의무	47.3	34	49	59
	상황에 따라서 가능	43.3	52	43	35
	가족이 부모를 돌볼 필요는 없음	6.4	10	6	4

출처: Lowenstein & Ogg(2003), OASIS.

우리나라 여성가족부에서도 2013년도 2월 통계청의 사회조사결과를 활용해서 15~24세 청소년의 의식변화를 분석 발표하였다. 2013년도 청소년 통계에서는 '부모는 가족이 돌봐야 한다'고 생각하는 청소년은 2002년 67.1% 로 절반이상이 가족이 부모부양의 책임이 있다고 보았지만, 2012년에는 35.6%로 10년사이에 확연하게 줄어들었다. 대신에 '가족, 정부, 사회가 함께 돌봐야 한다'고 생각하는 응답은 2002년 20%에서 2012년 50%로 두 배 이상 증가하여(여성가족부, 2013), 청년들은 공적 지원시스템을 통한 부모부양을 선호하고 있음을 알 수 있다.

그림 1 청소년 부모 부양의식의 변화

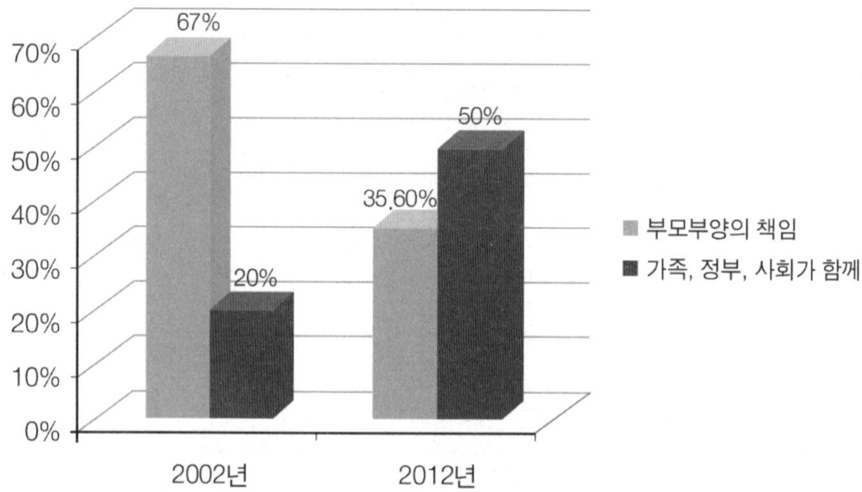

출처: 여성가족부 2013년도 청소년 부모 부양 의식변화 분석.

가족 간의 응집력에 관한 연구 결과는 세대 간의 경쟁과 갈등이 점점 심화됨을 지적하는데, 이것은 급변하는 사회문화가 가장 주요한 원인이다. 일부 학자들은 세대 간의 전쟁이라고 볼 수 있는 부양의식에 관한 문제는 그 시대의 가치와 문화적인 특징을 소통시키는 교육을 통하여 해결할 것을 주장하지만 아직도 학자 간에는 이견이 많다.

그러나 부모와 자녀로서 살아가는 시기가 대폭 늘어나고, 과거보다 경제적 수준이 높아지고 있어 세대 간의 연대의식을 높이고 상호작용적인 세대 간의 화해를 촉진시키는 노인교육이 매우 필요해지고 있다. 이것은 21세기가 인본주의 사회를 지향하기 때문에 자녀가 부모를 돌보는 제도뿐만 아니라, 부모를 돌보는 경우 성인자녀가 직장에서 휴가를 낼 수 있도록 가족정책적 측면에서 제도화가 시급히 요구된다.

노년기 삶의 상황이 개인마다 매우 다양하고 사회는 개인화가 촉진되는 과정에 있으므로 이러한 문제해결 방법은 세대간 특징에 따라서 다르게 나타난다. 세대 간 부양문제의 해결은 첫째, 정부가 헌법에 보장된 개인의 행복을 보장하기 위해서 거시적 측면에서 물적, 인적, 사회적 자원을 활용하여 돌봄의 역할을 충분히 수행하도록 지원하고 둘째, 청년들이 일찍부터 노년기를 준비할 수 있도록 일상적 측면에서 은퇴교육을 지원함으로써 해결할 수 있다.

특히 간병이 필요한 노인들은 그들이 소지한 자원을 기초로 자유롭고 가치 있는 인간다운 삶을 보내도록 지원되어야 한다. 미국의 정치철학자인 롤스(Rawls)는 모든 사람은 자유에 대해 동등한 권리를 갖는다는 "자유 우선의 원칙"과 최소 수혜자에게 최대한의 이익을 보장하기 위해서 우선적으로 분배하는 "우선분배의 원칙"을 강조하였다. 롤스의 정의론에 기반하여 소외된 노인에게는 분배의 우선권을 가장 먼저 보장하여 공정한 지원을 해야 한다. 노년기의 삶의 질 보장에 관한 문제는 탈 중심적 다원화 사회로 표현되는 포스트모던 사회에서 누구나 인간답게 살 수 있는 환경을 만들어가는 인본주의와 관련된 문제이다. 인간의 수명이 점차 증가하는 고령사회에서 모두가 행복한 노년기를 만들어가도록 지원하려면, 각 노인의 개인적인 삶의 맥락에 맞는 개별적인 지원과 국가 및 지자체의 정책적 지원이 함께 이루어져야 한다. 이러한 두 가지 측면의 지원이 이루어질 때, 노인들은 열려있는 미래를 자유롭고 품위 있게 보내게 될 것이다.

3 세대 간의 균형

청년층과 노년층 세대 사이의 응집력은 인간관계와 매우 밀접한 연관이 있다. 인간 수명의 연장과 저 출산 경향으로 세대 간의 균형은 위기에 처해 있다. 사회가 갖고 있는 한정된 자원으로 노인을 돌보고 청년층에게는 어떻게 투자해야 하는가? 부양할 노인의 수는 많고 세금을 부담하는 청년층이 줄어들면 세대 간 계약을 통한 연금 시스템은 해체 위기에 놓이게 된다. 그러나 이러한 문제는 3세대 간의 신뢰를 기반으로 한 세대간 계약을 통해 해결해 가야 한다.

3세대는 아동, 성인 그리고 노인으로 구분된다. 세대 간의 균형이란 청소년, 어른, 노인 사이의 균형을 의미하며 모든 연령층에 있는 사람들이 인간다운 삶의 질을 누리는 것을 말한다. 우리나라에서 세대는 전쟁을 경험한 전쟁 세대, 경제 성장을 이끌어 온 베이비부머 세대 그리고 1990년대 이후에 태어난 풍요의 세대 등 3세대로 구분된다. 같은 시대에 태어나 역사적인 체험을 공유한 세대는 같은 정신을 소유하게 된다.

독일의 미래세대 권리보호재단(Stiftung fuer die Rechte zukuenftiger Generationen)은

이미 세대 간 전쟁이 시작되었으므로, 지속적으로 세대간 계약이 지켜지도록 법률 조항이 제정될 것을 주장한다(www.srzg.de). 세대 간 균형이란 과거, 현재, 또 미래에 태어날 세대들이 지금과 같은 연금제도 속에서 노후를 보장받는 시스템이 유지되는 것을 말한다. 미래는 환경 오염과 자원의 고갈로 인해서 생태적인 문제에 직면하게 되지만 우리는 지속가능한 사회 발전을 원칙으로 삼고, 노후보장에 힘써야 한다.

1) 지속가능발전의 원칙

사회통합을 위한 노인지원은 신자유주의에 기반한 성장 패러다임에서 누구나 노년기에 삶의 질을 보장받는 형평성에 기반한 동반성장 패러다임으로 바뀌어야 한다. 1987년 세계환경개발위원회에서 언급된 '지속가능발전(Sustainable Development)'의 개념은 "미래의 후손들이 그들 스스로의 욕구를 충족시킬 수 있게 하는 능력과 여건을 저해하지 않으면서 현재의 우리 스스로의 욕구를 충족시킬 수 있도록 하는 성장"을 의미한다(환경부, 2004: 1). 지속성장성에 대한 개념을 노인문제에 적용시켜 보면 첫째, 가장 소외된 노인세대에게 기본적인 요구가 충족되도록 최우선 순위를 둘 것, 둘째, 기술 발달과 사회 체제의 구축은 현재와 미래의 요구를 모두 충족시켜는 발달을 핵심 개념으로 삼는다. 즉, 지속가능발전은 생태학적 안정성을 유지하고, 경제성장을 통제하며, 사회적 형평성의 증대를 통합하는 개념이므로, 노인세대와 젊은 세대 간의 격차를 감소시키고 노인이 소지한 자원 중에서 활용되지 못하는 자원을 재발견하여 삶의 질 향상을 위해 노인세대의 삶의 질 보장을 위해 최우선으로 노인의 성장을 지원하는 패러다임이다.

2) 정의로운 고령 사회의 건설

기원전 400여 년 전 많은 나라가 난립했던 중국에서 공자는 그 나라의 정치가 잘 되고 있는 지의 여부, 장래가 있는 가의 여부를 한 가지만 보고 판단했다. 시장에 등짐을 지고 다니는 노인이 많이 있는 나라는 정치를 잘 못하는 나라로 보았다. 공자는 사회구성원이 갖고 있는 노인에 대한 인식과 실제 일상 생활에서 이루어지는 부양 형태가 노인의 지위를 알려주며 그 나라의 정치와 미래상을 암시한다고 보았다.

고대 로마제국에서는 60세 이상의 노인들을 '디폰타니'(depontani)라 불렀는데 이것은 다리에서 떨어져 죽는 사람이라는 뜻이다. 노인이 되면 액물시하여 다리에서 떼밀어서 익사시킨 것으로 알려져 있다(이규태, 조선일보). 로마는 경제적으로 풍요로워지면서 여성들이 출산을 기피하게 되었고, 노인이 소지한 삶의 경험을 무시하게 되면서 노인유기가 심화되어, 미래 사회를 이끌어갈 유아와 사회문제 해결에 지혜를 보태 줄 노인이 줄어들어 인구가 절대적으로 감소되면서, 결국 멸망에 이르렀다.

남태평양 일부 섬에서는 부양하기 어려운 부모를 야자나무 위에 올려놓고 자식들이 흔들어 추락시켜 사망에 이르게 했다고 한다. 일부 나라에서 80세가 넘은 노인을 무조건 살해하는 풍습도 있었다. 시대에 따라 노인은 인권을 누리지 못하고 침해당한 경우가 많았다.

일제 강점기와 6·25전쟁을 경험한 세대는 줄고 있으며, 베이비부머 세대가 노년기로 진입하고 있다. 세대 간 균형이란 전쟁 세대, 베이비부머 세대, 전후 세대 모두가 자기 성장을 위한 동일한 기회를 갖거나 동일한 생활 수준과 삶의 질을 보장받는 것을 말한다. 그러나 전후 세대는 전쟁 세대보다도 풍요로운 교육의 기회, 디지털매체를 사용할 수 있는 능력, 여가를 즐길 수 있는 능력을 소지하고 있어 세대 간 불균형은 심화되고 있는데, 이러한 세대 간 불평등이 교육기회의 확대를 통해 해소되도록 해야 한다.

세대 간의 균형이란 연령이나 세대에 관계없이 누구나 인간답게 살도록 안전을 보장받는 것을 말한다. 모든 세대가 균형되게 살려면 소외되는 세대가 없도록 사회의 모든 구조가 사회정의에 기반하여 소외된 계층에서 우선 지원하는 안전망 시스템이 구축되어야 한다. 지금의 노인 세대는 풍요를 즐기는 젊은 세대처럼 교육 기회나 문화적인 삶의 혜택 그리고 전쟁없는 평화로운 시절을 보내지 못했기 때문에, 현재의 노인 세대에게 우선적으로 가장 많은 혜택을 지원하는 우선 분배가 이루어져야 할 것이다.

4 새로운 삶의 기회가 되도록 생애설계 안내하기

내가 걷는 길은 험하고 미끄러웠다.
그래서 나는 자꾸만 미끄러져 길바닥에 넘어지곤 했다.
그러나 나는 곧 기운을 차리고 내 자신에게 말했다.
'괜찮아. 길이 약간 미끄럽긴 해도 낭떠러지는 아니야.'
-에이브러햄 링컨 미국 대통령-

1) 영성의 발달을 지원

인생의 제4기인 사망기에 새로운 삶의 질을 지원하는 두 가지 방법에는 종교에 의지하는 전통적인 방법과 자기 주도적으로 학습해 나가는 혁신적인 방법이 있다.

첫째, 종교는 인생의 제4기인 사망기를 앞두고 있는 노인을 위해 매우 중요한 역할을 담당해 왔다. 일반적으로 사망기를 앞두고 있는 노인들은 절대자에 대한 존재를 다시 발견하려는 영성을 발달시키게 된다. 고령자들의 신앙심은 다양하며 종교적 의식과 관련된 행위도 매우 불균형적이지만, 그럼에도 불구하고 자기 초월적인 것, 희망, 자극과 요구는 증가하고 있다. 이에 따라 노년기에는 문화생활을 즐기는 것이 영성 발달에 좋은 방법으로 알려져 있다. 즉 책이나 싯구 및 노래, 찬가 등을 가능한 많이 기억하는 것들이 자신의 정체성을 존속시키는데 큰 도움이 된다. 자신의 염원을 마음 속으로 되새기며 혼자 사는 것에 매우 큰 의미를 만들어 내기도 한다. 능력과 축복이 계속되기를 염원하면서 사망기를 맞이하는 것은 자신의 고유한 체험을 높이는데 도움이 된다.

사망기를 앞두고 있는 대부분의 노인들은 식사를 하거나 세수, 몸 씻기 등의 일상생활을 하는데, 간병인이나 가족의 도움을 받게 된다. 이때에 노인들은 갑자기 타인의 도움이나 간병이 필요하게 되는데 이것을 쉽게 수용할 수 있어야 한다. 이런 의미에서 노년기에 영성을 소유하는 것은 삶의 질을 높이는 좋은 방법이 된다.

둘째, 행복한 삶을 만들어가려면 인생의 제4기인 사망기에도 적극적이며 긍정적으로 자신의 문제를 극복하도록 노력하는 학습을 계속할 것을 노인교육학자들은 제시하고 있다. 적응력이란, 죽음의 문제를 해결해 가는 새로운 행위능력을 말하며 인식을 새롭게 하고 죽음을 수용하는 새로운 정체성을 확립해 나가는 것이다. 사망기에도 능력을 개발하고 의식을 변화시켜 새로운 정체성을 만들어 가려면 새로운 사람들과 만남을 계속하고 자신을 스스로 반성하는 자아성찰을 계속해야 한다.

사망기를 앞둔 고령의 노인들이 평생교육기관을 방문해서 강의를 듣는 것은 신체적, 건강상의 이유 때문에 매우 어렵다. 그러므로 후기 노년기에는 자신이 거주는 곳에서 주변인의 도움을 받으며 자기성장을 계속해 나가는 것이 좋다. 노년기의 자기주도적 학습은 개인적 목적에 따라 다양하지만, 일반적으로 가족 및 친지, 친구 등과 서로의 안부를 주고받는 집중적인 만남과 소통은 매우 좋은 방법이 된다.

2) 생애설계 안내하기

현대사회 속의 개인은 행동하는 주체로서 자신의 삶의 경험, 개인 삶의 역사들을 만들어나가고 있다. 현대화 과정을 급속히 겪고 있는 우리나라 노인들은 인생주기에 의해서 정해져 있는 자기역할에 충실하며 순응하기 보다는 자기의 삶을 적극적으로 계획하며 헤쳐 나가는 적극적인 행위자로 나타나고 있다.

노후설계전문가는 노인들이 새로운 생애사를 만들어 가도록 지원해야 한다. 노인이 자신의 삶의 이야기를 구술하면서 새로운 정체성을 지닌 인생의 기회를 새롭게 만들어 가는 노인으로 성장하도록 지원해야 한다. 자신이 살아온 삶의 과정에서 자신 만의 장점을 발견하고 새로운 긍정적인 시각을 갖도록 지원할 수 있어야 한다. 일상생활에서는 동시대의 노인들이 역사적으로 경험

양로원에서 생활하는 노인을 개인적으로 방문하여 컴퓨터를 가르쳐 주며 대화하는 독일의 노후설계전문가

한 일제 강점기 및 6.25 전쟁 등과 같은 집합적인 경험들이 개인의 유일한 경험으로 새롭게 짜여지도록 지원해 주는 것도 매우 필요하다. 이것은 자아를 성찰해 가는 과정에서 노인이 노년기를 살아갈 수 있는 새로운 삶의 에너지를 얻기 때문이다.

개인의 인생 이야기는 개인적인 삶의 기록이 될 뿐 아니라, 사회 속에 살고 있는 노인들의 공통적인 삶의 경험으로 공유될 수도 있다. 노인들이 구술하는 인생 이야기는 '지금 현재의 시각에서' 과거를 성찰해 보는 과정을 통하여 경험이 재구성되기 때문에 노인이 과거에 경험한 실제적인 삶과는 차이가 있다. 그러나 노인들이 삶의 이야기를 구성해 나가는 능력은 노년기에 자아통합을 위한 자아를 만들어 가는 것, 이러한 자아를 발전시켜 가는 자기주도적인 학습의 과정으로 볼 수 있다(박성희 2002; 2008).

생애사는 인생의 한가지 발달단계만을 연구하는 것이 아니고 지금까지 살아온 개인의 전 인생이야기를 통하여 삶 전체를 다시 성찰해 보고 노후를 설계하도록 해주는 것이 특징이다. 노인의 생애사 만들기를 익혀 삶의 주인공 되기를 원하는 노인들이 자신의 삶을 계획하고, 자신의 선택에 의하여 삶을 발전시키며 자아실현하려는 과정을 지원해 주는 노후설계전문가가 되어야 한다.

토의 거리

1. 노년기는 3가지의 인생시기로 다시 나누어진다. 60(65)~70세 까지를 초기 노인, 71~80세 까지를 중기 노인, 80세 이상의 노인은 후기노인이라고 한다. 다음 사례를 보고 초기 노년기, 중기 노년기, 후기 노년기에 적당한 운동, 여가활동 및 교육 활동 등을 안내해 보자.

나는 60세가 넘어 퇴직하고 건강하게 운동과 취미활동을 하고 있고, 배우자도 50대 후반인데 문화센터에 다니며 운동과 수채화를 배우고 봉사활동도 하면서 부지런히 지내고 있어요. 나는 내가 65세가 되더라도 스스로 노인이라고 생각하지는 않을 것 같아요. 그런데, 언젠가는 나이가 많아져서 나중에는 운동이나 취미활동이나 봉사활동을 하는데 어려움이 생길 것인데, 이때는 자식들도 모두 결혼을 해서 곁에 없을 것 같아요. 고령의 노인들은 모든 활동을 중지한 채 무료한 삶을 계속해야 하나요?

1) 초기 노인

2) 중기 노인

3) 후기 노인

2. 노인들이 성공적인 노년기를 보낼 수 있다는 것은 어떤 의미인지 조원들과 토의해 보자. 이 중에서 성공적인 노년기를 보내는 데 가장 중요한 3가지를 합의해서 정리해 보자.

노후설계전문가의 지도 방향

노인이 자신의 삶을 성찰하면서 미래의 계획을 세우도록 지원하는 것이 가장 중요하다. 과거의 삶이 아니라, '지금 그리고 현재' 상황에서 자신의 삶을 행복하게 꾸미고 다가 올 미래에 대해서 희망을 갖는 것이 중요함을 안내해 주어야 한다. 자신의 삶을 뒤돌아보고 자신의 삶의 맥락 속에서 장점 등을 찾아내도록 안내하고 이끌어가야 한다.

제 3 장

노인 이해의 기초 I

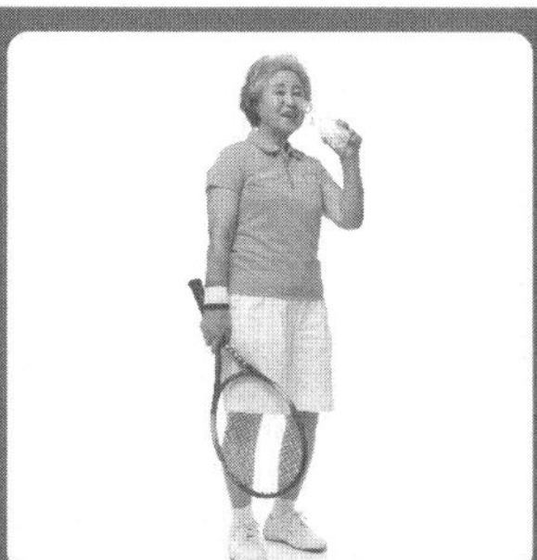

3장
노인 이해의 기초 I

1 노인상담의 개념

1) 노인상담의 개념 및 목표

노년기에는 고령이라는 이유로 취업을 하거나 각종 단체에 가입하여 활동하는 것이 어려워 사회구성원들로 부터 차별이나 배제를 당하게 된다. 이러한 현상을 1969년 로버트 부틀러(Butler)는 연령차별주의(ageinsm)라고 명명하였다.

노인상담은 노년기에 관한 전문적인 지식과 훈련을 받은 상담자가 노인들이 경험하게 되는 다양한 문제를 의논하고 해결점을 찾을 수 있도록 도와주는 과정이다. 따라서 노인상담은 노인이 앞으로 일어날 수 있는 문제를 예방하고 노후생활에 적극적으로 참여하여 자신의 꿈을 실현해 나갈 수 있도록 자아실현을 지원하는 것이다. 이런 측면에서 노인상담은 상담자가 노인의 문제 해결을 적극적으로 안내하는 것뿐만 아니라 스스로 노년기의 문제를 해결하도록 지원하는 자기성장의 과정이 된다. 노인의 정신건강을 지원하려면 상실을 극복하고 문제를 해결해 가는 대처방식을 발달시켜야 한다. 즉 노후설계전문가는 노인이 자신의 삶의 맥락에 맞는 문제해결과정을 통해서 어려움을 극복할 수 있도록 대처방법을 알려주며, 노인들이 정신 건강을 유지하도록 안내할 수 있어야 한다. 노인상담은 인간관계 중심적 상담이 토대가 되는데 최근에는 코칭, 멘토링, 힐링 등으로 다양하게 표현되기도 한다.

상담은 내담자인 노인이 문제해결을 위한 목표를 설정해가도록 동기를 촉진시켜 주는 것이다. 또한 노인이 행동을 변화시켜가도록 촉진하고, 의사결정력과 대인관계 능력의 증진, 잠재적 능력 개발을 통하여 자율적이며 책임성을 소지한 노인이 되도록 안내하는 것이다. 이 과정에서 상담자는 노인이 안정된 삶을 살아가도록 정서적 측면을 지지하여 스스로 성장하도록 지원해야 한다. 인본주의에 기초를 두고 있는 상담은 인간은 성장하고, 생각하며, 느끼고, 꿈꾸고, 창조하는 능동적인 삶의 주체임을 중시한다. 이것은 노인들이 지금까지 우리가 알고 있는 것보다 훨씬 더 자유롭고 창조적인 존재이며 성장과 자기실현을 위한 역량을 소지하고 있기 때문이다.

표 1 노인 상담의 목표

자기 성찰을 통한 자기 인식 및 자기성장을 지원
계속적인 발달을 위한 자기주도적 문제해결 능력을 지원
노후 설계를 위한 사발적인 목표 설정을 지원

2) 상담, 코칭, 멘토링, 힐링의 개념

(1) 상담

노후설계전문가는 노인이 직면하고 있는 문제점을 해결하도록 안내해 줄 수 있는 상담 능력을 소지해야 한다. 자기 성장이란 노인 스스로 자아존중감을 확대시키며, 다른 사람들과 원만한 대인관계를 맺어 가는 능력의 신장, 자신의 모습인 자아를 수용하여 정서적인 안정감을 증대시키는 것, 정확한 현실 감각을 증진시켜 가는 것, 자신을 객관적으로 보는 능력을 확대시켜 자아통합을 이루어 가는 것이다. 자아통합은 다음과 같이 지원되어야 한다.

자아존중감의 확장 지원: 주위 사람들을 배려하며 자신이 살아가는 환경에 능동적으로 적응하며 액티브 에이징을 위하여 다양한 활동에 참여하도록 안내해야 한다.

대인관계 능력의 확장 지원: 이웃과 친밀한 관계를 맺을 수 있도록 각종 모임,

체육활동, 봉사활동 및 교육에 참여하도록 안내한다.

자아 수용 및 정서적 안정감의 확장 지원: 자신의 모습인 자아를 수용하고 자신의 내면을 타인에게 표현하도록 안내한다. 또한 자녀 및 배우자의 사망 등 노년기에 극복하기 어려운 상황에서도 지금-현재를 적극적으로 살아가도록 정서적 안정감을 지원하는데 중점을 두어야 한다.

현실 감각 능력의 확장 지원: 현실을 인식하고 이에 맞게 행동하는 능력을 증대시켜 나가도록 지원한다.

자아 성찰 능력의 확장 지원: 타인에게 비추어진 자신의 상태를 알아가도록 지원해야 하는데, 이것은 자신을 객관적으로 평가할 수 있는 능력의 증진을 말한다.

삶의 의미 찾기 지원: 노년기에 의미 있는 삶의 목표를 결정하고 목표를 실천해 나가도록 지원해야 한다.

(2) 코칭

코칭(coaching)은 도움이 필요한 노인이 교육 훈련을 받는 것으로 이해되어 왔으나 최근에는 그 범위가 확대되어 가족 구성원으로서 능력의 향상, 부모-자녀 간의 관계 향상까지도 포함된다. 따라서 노인이 능력을 최대한 발휘하여 개인적 성취감을 달성하도록 지원하는 것뿐만 아니라 가족 관계를 돈독히 지원하기 위해서 문제해결능력을 향상시켜 주는 코칭이 적용되고 있다. 이런 의미에서 코치로서의 노후설계전문가는 노년기에 예상되는 어려움을 잘 극복할 수 있도록 노인과 대화를 이끌어가며 효과적인 해결을 위해 피드백을 제공할 수 있어야 한다.

(3) 멘토링

상담이나 코칭보다는 좀 더 넓은 부분에 대해서 전반적인 안내를 해주는 것이 멘토링(mentoring)인데 상담사의 역할을 수행하는 멘토(mentor)는 인생의 선배라고 할 수 있다. 멘토링은 노인이 실생활에서의 문제를 해결해 가도록 실제적인 도움을 제공해 주는 것이다. 멘토는 노년기의 변화를 예견하고 능동적으로 대처하도록 지원하며 노인의 역량을 강화시켜가는 역할을 수행할 수 있어야 한다.

(4) 힐링

힐링은 치유를 뜻한다. 누구나 한가지씩은 마음의 병을 가지고 있기 때문에 자신의 내면에 있는 마음을 타인에게 이야기 하게 되면 무의식 영역에 있던 마음의 병이 자연히 치유될 수 있다. 노인이 마음의 문을 열고 자신의 삶에 대한 이야기를 하게 될 때, 힐링이 될 수 있으므로 노후설계전문가는 노인이 자신의 내면 깊숙이 쌓아두고 남에게 하지 못했던 이야기를 이끌어 내도록 경청의 능력과 공감의 능력을 소지해야 한다.

3) 노후설계 상담의 영역

(1) 경제적 영역

직장에서 퇴직한 후, 수입이 감소되면 경제적 측면에서 어려움을 겪게 된다. 경제적인 준비가 부족하면 가정 내에서 자녀 및 배우자와의 관계가 위축되어 부부 및 가족 갈등이 유발되고, 삶의 질 유지에 어려움을 겪어 삶의 의미가 상실되기도 한다.

대한상공회의소가 서울 지역 직장인 1000명을 대상으로 2006년 7월 조사한 직장인 노후 대책에 관한 실태조사에서는 노후 대비 수단으로 저축 및 이자소득이 34.2%, 개인연금, 22.7%, 국민연금 17.7%, 부동산 임대료 11.8%, 퇴직금, 6.8%, 주식 4.3%를 이용하는 것으로 나타났다(www.korcham.net).

2012년 노후준비 실태조사 결과에서는 노후를 준비한 노인들이 전체 노인의 27%밖에 되지 않는 것으로 나타났다. 노후준비가 부족한 이유는 과거에는 노년에 대한 시민의 인식이 낮았고, 노후준비를 지원할 공적인 인프라도 크게 부족하였기 때문이다. 현재 65세 이상의 노인 중 공적 연금 수급자는 34.8%밖에 되지 않아(통계청, 2013), 노후의 경제적 설계에 대한 교육 및 상담은 매우 시급히 지원되어야 할 영역이다.

(2) 정서적 영역

노년기에는 슬픈 감정, 불면증, 의욕 상실 등이 증대하여, 불안, 우울, 분노, 비통, 죄의식 등에 사로 잡히기도 한다(권석만, 민병배, 2000). 일반적으로 우울한 성향과 내향성은 증가한다. 성 역할 지각이 변화하여 남성노인에게는 여성성이 증가하며, 여성노인에게는 남성성이 증가한다. 또한 경직성이 증가하여 자기 고집이 세어지고, 과거 및 생에 대한 회상성이 증가한다. 친근한 사물에 대한 애착심이 증가하고 시간 전망이 변화하고 유산을 남기려는 경향과 의존성이 증가한다(윤진, 1985).

정서적 영역에 관한 노인들의 문제는 절망, 불안, 스트레스, 낮은 자아존중감, 소외와 고립 등으로 나타난다. 또한 심리적 질병으로 어떤 것에 집착하여 상식에서 벗어난 행동을 아무렇지도 않게 하는 정신적 장애인 편집광적 신경증, 불안이 원인이 되는 신경증 그리고 우울증 등이 나타날 수 있다. 정서적·심리적 영역의 상담은 노인들이 현실적으로 적응하도록 도움을 제공해야 한다. 노화는 누구에게나 진행되는 점진적인 과정이므로 노화로 인한 두려움을 갖지 않도록 예방에 특히 힘써야 한다.

일반적으로 노인들이 겪게 되는 우울 및 자살에 관한 상담을 최근에는 정신건강증진센터에서도 지원한다. 2011년 인천 부평구 정신건강증진센터에서는 노인자살예방을 위한 '문지기(gate-keeper)교육'을 실시하여 지역주민들이 문지기의 역할을 하도록 지원하였다. 최근에는 정신건강증진센터에서 노인치매 보호 및 자살예방을 위해 지역사회의 전문의료기관 및 대학 등과 협약을 맺어 정신건강을 지원하고 있다.

노년기에 찾아오는 우울증, 치매, 자살 등을 예방하기 위해 정신건강증진센터에서는 다양한 예방사업을 실시하고 있는데, 경로당을 돌며 신체·정신 건강을 위한 통합건강서비스를 지원하는 것 등이 이에 속한다. 특히 고령 노인들이 증가하자 건강가정지원센터에서는 자살예방팀을 만들어 홀로 사는 노인의 우울증이 매우 높게 판명되면 전문 의료기관과 연계하여 지속적인 치료와 돌봄을 지원하고 있다. 일제 강점기와 전쟁을 겪으며 국가가 빈곤한 시기에 유년기를 보낸 노인들은 매우 힘든 유년기를 보냈으며, 자신들을 위해서 살았다기 보다는 가족을 위해서 희생한 경우가 많은데 노인들이 겪는 우울 및 자살은 일반적으로 다음과 같다.

"혼자 있으면 자꾸 눈물이 나고 가슴이 답답해 오는 경우가 많아요, 내 삶을 생각해 보면 실패한 인생같아서 혼자 끙끙 앓는 시간이 많아져요. 어려운 가정

생활이었지만 부모로서 자식들을 최선을 다해서 길렀는데 ... 돌봐줄 형편에 있는 자식들도 없고 몸은 여기저기 아픈데 혼자서 생활하기가 너무 힘들어요, 집안 일, 빨래, 농사, 다 혼자서 해야 하는데, 할멈은 벌써 10년 전에 세상을 뜨고, 그래서 자살을 여러 번 생각하게 되었죠"

이같은 생각을 하는 혼자 사는 독거노인들이 정신건강증진센터에서 상담을 받고 나면 친구들과 어울리는 시간을 늘려나가면서 한결 편안하게 생활하시게 된다. 이것은 상담을 받으면서 노인들이 노후를 살아가는데 자신감을 갖게 되고 자신에 대한 소중함을 발견하게 되기 때문이다.

(3) 신체 및 건강 영역

일반적으로 50세 이후부터 체력과 건강상태는 점진적으로 약해진다. 만성질환을 소지한 노인들이 증가하고 있어 매년 노인의료비는 청소년층의 3배가 넘으며 큰 폭으로 증가하는 추세에 있다. 신체 및 건강 영역의 상담 내용은 퇴행이나 관절과 같은 고령화로 인한 통증, 골다공증, 난청, 뇌졸중, 백내장, 중풍, 치매 등과 같은 노인성 질병에 대한 질문, 보조기구나 의료기기에 관한 상담, 지역에서 이용할 수 있는 재활과 관련된 정보, 예방을 위한 정보 등으로 구성된다. 치매 같은 정신계 질환에 대한 관심이 크게 늘어나면서 질병의 치료와 예방 및 질병 요인들, 간병인 문의 병원, 진단 절차, 요양원 시설에 대한 정보들을 요구하는 상담도 늘어나고 있다.

그러나 노인이 신체적 퇴화 및 질병에 관한 상담을 의뢰한 경우에도 외과적인 상담뿐만 아니라, 정신건강을 위한 심리적 상담을 반드시 병행하는 것이 좋다. 신체적 영역을 상담할 경우에는 노인의 정신적·사회적 건강을 동시에 살펴야 하고 노인의 심리적 변화에 따른 건강 상의 변화에도 주목해야 한다.

특히 노후설계전문가는 노인이 건강한 노년기를 보낼 수 있도록 다양한 운동을 지도하고 운동기구의 이용이 가능한 시설 등도 안내할 수 있어야 한다. 일반적으로 걷기 및 수영 등을 꾸준히 하여 웰빙하도록 안내하고, 당뇨와 고혈압 등 일반적인 식이요법에 필요한 체크리스트 등을 만들어 식이요법을 실천하고 꾸준히 운동하도록 관심을 갖고 지도해야 한다.

(4) 사회적 영역

은퇴 후 사회의 지위가 상실되면 소속감이 상실되며, 연령 차별과 편견으로 인해 사회에 참여할 수 있는 기회가 감소하게 된다. 그러나 사회활동 등에 참여하고 싶은 욕구를 소지한 노인들은 증가하고 있다. 최근에는 노년기의 고독감을 줄이거나, 취미활동, 친구를 사귀거나 학습 욕구를 채우고자 평생학습 기관 및 복지 기관을 이용하는 노인들이 증가하고 있다. 노인들의 사회활동은 지역 및 종교기관에서의 봉사활동, 가족이 함께 하는 봉사활동, 자연보호 운동, 동아리 활동 등으로 다양해지고 있다.

노인들은 자원봉사 활동에 관한 구체적인 정보, 선호단체 및 기관 안내를 요구하기도 하며, 교육과 여가를 할 수 있는 교육기관과 학업 및 취업을 할 수 있는 기관들을 문의하기도 한다. 이런 경우에는 평생학습관, 도서관, 노인 대학, 노인복지회관, 노인 교실 같은 학습기관에 관한 정보를 제공하고 경로당, 노인 휴양소, 취미교육기관 같은 사귐을 위한 기관에 관한 정보를 제공할 수 있어야 한다.

(5) 법률 영역

노인상담 중에서 법률 상담도 중요한 영역을 차지하고 있다. 노인과 관련된 법률 영역에서는 재산 분할, 상속, 증여, 분가, 공문서 작성 및 발송 방법, 유언장 작성 및 무의미한 연명치료를 거부하는 사전의료지시서 작성에 관한 문의 등이 대부분을 이룬다. 재산 분할의 경우는 재산을 증여하는 과정에서 발생하는 양도세법, 상속세법에 대한 문의가 많다.

최근 자녀가 독립 세대를 형성하는 경우와 노인 당사자가 독립 세대를 형성하는 분가가 늘어나면서 국민기초생활보장수급자 등록 여부를 묻거나 시신 기증이나 장기 기증과 같이 가족의 동의가 필요한 신체 기증과 관련한 문의도 늘고 있다. 현대사회가 복잡해지고 노인들이 법률 영역에서 자문을 구하는 경우는 앞으로 늘어날 전망이어서 노후설계전문가는 법률 영역에서의 지식도 습득해야 할 것이다.

가. 할머니와 큰 아들간의 재산 분쟁

큰 아들과 함께 사는 할머니는 일찍부터 치매 증상을 보이셨다. 그러나 큰 아들은 어머니를 잘 모시지 않는다. 6.25때 아버지가 돌아가신 후 아버지 명의의 땅은 대부분은 아들 명의로 변경되었고 나머지 일부가 어머니의 명의로 되어 있었다. 신도시에 있었던 땅은 재개발이 되면서 땅값이 많이 올랐다. 치매를 앓고 있는 어머니는 큰아들에게 그 재산은 원래 아버지의 것이니 내 것이라고 하고, 큰 아들은 내 명의이니까 내 것이라고 다투고 있다. 1남 1녀의 나머지 자녀들도 그 땅은 원래 아버지의 땅이니 자신들에게도 상속분이 있다고 하며 재산 문제로 갈등 관계에 있다.

큰 아들의 명의로 땅이 되어 있으니 땅에 대한 권한은 큰 아들이 갖게 된다.

이러한 경우 큰 아들이 나머지 형제들에게도 가족 간의 우애를 생각해서 땅을 나누어 줄 수도 있지만 그렇지 않은 경우, 유산상속을 받지 못한 자녀와 어머니는 법적으로 상속을 보장받으려면 유류분 소송을 제기해야 한다. 소송을 하려면 장기간 동안 많은 서류를 준비해야 하며 엄청난 수임료를 주고 변호사를 사야 한다. 따라서 치매증세를 보이는 어머니가 돌봄을 받으려 지내실 수 있도록 치매전문병원이나 노인병원 등으로 어머니를 모시도록 큰 아들을 설득하는 것이 해결 방법이 될 수 있다.

나. 상속 포기와 생명보험금 수령 여부

남편이 사업을 하다가 많은 채무를 남기고 사망하였다. 남편 명의의 집이 있으나 집을 처분해도 다 갚을 수 없기 때문에 상속을 포기하려고 한다. 그런데 남편이 생전에 배우자인 저를 수령인으로 한 생명보험에 가입한 사실을 알게 되었다. 만약 상속을 포기한다면 생명보험금도 포기해야 하는지요?

출처: 법무부 보도자료, 2008.

남편이 부인을 특정 수령인으로 지정하여 보험에 가입했다면 보험금 수령은 상속에 의한 것이 아니라 보험계약의 효과에 의한 것이므로 부인이 상속을 포기하더라고 보험금은 수령할 수 있다.

다. 혼인 외 자녀의 상속 자격

> 저는 혼인 외의 자녀로 미혼모로 지내오신 어머니의 호적에 올라있었으나 자라면서 아버지의 존재를 알게 되었다. 어머니를 설득하여 아버지를 상대로 인지청구 소송을 하는 중에 아버지가 사망하였다. 다행이 여러 증거가 확보되어 있어서 인지청구는 받아들여 졌고, 저는 아버지의 혼인 외의 자식으로 호적에 오르게 되었다. 아버지는 상당한 재산을 남기고 돌아가셨는데, 아버지에게는 2남 1녀의 자녀가 있다. 저도 아버지의 재산을 상속받을 수 있는지요?
> 출처: 법무부 보도자료, 2008.

상속 개시 후에 생부의 자녀로 인지되거나 재판이 확정되어 공동상속인이 된 자녀도 그 상속재산이 아직 분할되거나 처분되지 아니한 경우에는 당연히 다른 공동상속인들과 함께 분할에 참여할 수 있다. 그러나 인지 이전에 다른 공동상속인이 이미 상속재산을 분할 기타의 방법으로 처분한 경우에는 사후에 자녀로 인지된 자는 다른 공동상속인들의 분할 기타 처분의 효력을 부인하지 못하며 다만 이들에게 그 상속분에 상당하는 가치에 대한 가액의 지급을 청구할 수 있다(민법 제 1014조, 대법원 1993.8.24. 선고).

라. 부양료 청구 상담

고령시대로 접어들면서 부모에 대한 부양 문제로 가족 간 갈등을 겪는 경우가 증가하고 있다. 내담자가 자녀인 경우에는 다른 형제들이 부모를 외면하는 경우 부양의무를 나눠 질 수 있는지에 대한 상담이 많다. 한편, 내담자가 부모인 경우에는 쇠약해지고 경제적으로 곤궁해진 자신을 성인이 된 자녀들이 돌보지 않는다며 호소하는 경우가 증가하고 있다. 자녀가 있으면 정부로 부터 월 최대 약 43만원 정도인 생활보조금을 지급받지 못하기 때문에 자녀들을 상대로 생활비나 치료비 등 부양료를 청구할 수 있는지를 상담하는 것이다(한국가정법률상담소). 2002년 68건이었던 부양료 청구소송도 2010년 203건으로 늘어났다(대법원, 2010).

다음은 이혼 후 왕래를 하지 않고 살아가는 아버지가 50대 아들을 상대로 부양료를 청구한 사례이다.

> 부모님은 30년 전부터 별거하여 오다가 5년 전 이혼하였다. 나는 부모님 별거 직후 결혼하였고, 결혼 후부터 계속해서 어머니에게 생활비를 지급하여 왔다. 당시 아버지는 가진 재산도 많았고, 늘 자기 자신만을 위해 살던 분이라 서로 왕래도 하지 않고 지냈다. 그런데 아버지가 재산을 모두 탕진하였는지 얼마 전 나를 상대로 3천만 원의 부양료를 지급하라는 부양료 청구 소송을 제기해왔다. 다른 형제들이 있기는 하나 다른 형제들은 경제적인 능력이 전혀 없다. 어떻게 해야 하는가?
>
> 출처: 한국가족법률상담소 http://lawhome.or.kr.

부양료 청구 상담을 할 때는 다음과 같은 내용을 반드시 살펴보아야 한다.

- 유년기 성장기의 관계 파악: 자녀와 아버지 사이에는 생활부조에 의한 부양의무가 성립되므로, 아버지가 아들에 대하여 충분한 부양의무를 이행했는지 파악해야 한다.
- 아들 학비 제공 여부
- 아들과 아버지의 연락 여부
- 청구소송을 제기할 때의 상황 파악, 욕설 여부 등
- 현재 아들과 배우자의 월수입 총액 파악
- 월 지출 정도를 파악(미성년 자녀 양육 및 교육비, 기타 부양가족의 생활비 및 요양 지출비, 본인 및 가족의 병원비, 대출여부 및 대출 이자 부담 등)
- 부양권리자인 아버지는 자력으로 근로나 생활이 불가능 상태여야 함
- 부양의무자인 아들이 아버지에게 부양료를 지불하고도 현재의 생활을 유지할 수 있는 경제적 능력이 있는지 계산해 봐야 한다.

법률구조공단에서는 생활능력이 없는 부모들의 부양료 청구 소송을 무료로

대리해 주고 있다.

(6) 가족 갈등 상담

가족 간의 갈등은 다양한 형태이지만 대표적으로 노인 학대와 폭력을 휘두르는 할아버지의 사례는 다음과 같다.

가. 노인 학대

2013년에 보건복지부와 중앙노인보호 전문기관의 조사 결과에 의하면 전국 24개 노인보호전문기관에 접수된 노인 학대 신고는 2012년 3,424건으로 2008년 2,274건, 2007년 2,038건 보다 증가하고 있음을 보여준다.

2008년 노인학대 가해자 유형을 보면 아들이 55.5%, 며느리가 11.8%, 딸 10.4%를 차지해 자식들이 노인이 된 부모를 학대하는 경우가 전체의 77.7%를 차지하고 있다. 학대 가해자는 가족과 친·인척 등 친족이 약 90%로, 아들이 53.1%로 가장 많고 며느리 12.4%, 딸 11.9%, 배우자 7.6%로 나타난다.

2008년에는 60세 이상 노인이 자신보다 나이가 많은 노인을 학대하는 '노-노(老-老) 학대' 사례가 전체의 20.5%를 차지하여 노인 간 학대도 점차 급증하고 있음을 알 수 있다. 노인 학대는 대부분 가족 구성원 간 갈등이 88.2%로 가족 내부의 갈등이 주요한 원인을 차지한다. 이중 51.1%가 피해 노인과 가해자 간 갈등이었고 37.1%는 피해 노인의 자녀, 형제, 친·인척 간의 갈등이 원인으로 집계됐다. 나머지 11.8%는 노인을 부양하는 가족의 경제적 어려움이 학대 요인으로 나타났다.

학대 유형별로는 언어 및 정서적 학대가 41.4%로 가장 많고, 방임 24.7%, 신체적 학대 19.4%, 경제적 학대가 11.1%를 차지한다.

학대받는 노인의 성별은 여성이 68.1%로 전체의 3분의 2를 차지했으며, 피해 노인의 연령분포는 60~64세 5.5%, 70~74세가 23.7%, 75~79세 20.9%, 80~84세 19.8%, 85~89세 10.1%로 나타나, 70대 노인의 학대율이 가장 높은 것을 알 수 있다. 노인 학대 기간이 1년 이상 장기화된 사례는 전체의 63.1%로 나타나, 학대의 심각성을 알 수 있다.

노인 부부는 함께 시골에서 거주하였다. 그러나 결혼한 지 10년이 된 큰아들이 할아버지 78세, 할머니가 73세가 되던 해에 서울에 있는 자신의 집에 부모님을 모셔와 1년 동안 함께 거주하였다. 그러나 큰 며느리가 시부모님과 함께 사는 것을 싫어해서 시아버지는 혼자서 시골로 다시 내려가셨고, 시어머니는 중풍으로 몸 한쪽이 마비되어서 잘 움직이지 못하고 요실금을 하는 상태라서 그냥 같이 살았다.

이러한 상황을 본 45세 난 딸이 부친이 혼자서 추운 겨울에 시골에서 생활하는 것도 안쓰럽고 모친의 병세가 악화되어 며느리의 정서적 학대가 심해지는 것을 보면서 자신은 출가 외인이라 오빠에게 이러한 문제를 지적하는 것도 어렵다고 해서 부모님을 어떻게 하면 좋을 지를 상담해 왔다.

방임을 포함한 노인 학대는 동일가구에서 생활하고 있는 노인의 가족구성원인 배우자, 성인 자녀, 그리고 기타 부양자나 친지에 의하여 행해지는 신체적, 정서적, 재정적 착취 및 방임과 노인 자신에 의한 방임을 모두 포함한다.

노인 학대는 학대가 발생하는 공간에 따라 가정 학대와 시설 학대의 두 가지로 구분된다. 가정에서 일어나는 노인 학대는 노인과 가족 관계를 맺고 있는 성인 자녀, 배우자, 친지 등의 보호 제공자가 행하는 학대이고, 시설 학대는 노인이 이용하는 요양원 같은 시설에서 발생하는 학대이다.

학대 유형은 신체적 학대, 언어적 학대, 심리 및 정서적 학대, 재정적 학대, 방임 학대 등 5개 유형으로 구분된다. 구체적인 학대의 행위는

- 노인을 유아처럼 다루는 것, 노인을 가족과 친구로부터 격리시키는 것, 외출시키지 않는 것, 돌보지 않는 것, 말을 걸지 않는 것, 무시하고 대답하지 않는 것, 노인만 따로 식사를 드시게 하는 것, 창피를 주는 것, 비웃거나 조소하는 것, 재앙을 가져오는 사람으로 취급하는 것 등이다.

이러한 학대가 계속되면 노인은 다음과 같은 징후를 보인다.

- 고개를 숙이고 있는 경우가 많고 웃는 표정을 짓지 않는다.
- 눈가에 눈물이 고여 있으며 절망이나 동요를 보인다.
- 다른 사람과 말하려 하지 않으며 걱정하는 모습을 보인다.

- 눈이 쑥 들어가 있다.
- 가족의 안색을 살피며, 가족을 피하게 된다(김미혜, 2004).

나. 폭력 할아버지

> 할아버지는 몸은 건강하신 데 눈에 보이는 사람마다 폭력을 휘두르신다. 아들과 할머니는 물론 며느리는 특히 심하게 구타한다. 더구나 술을 드시면 폭력성은 더욱 심해진다. 할머니는 현재 할아버지를 피해 다른 자녀의 집에 거주하고 있다. 가족들은 가족 회의를 한 후에 다음과 같이 결정하였다.
>
> 할아버지가 적당한 치료를 받으며 성격을 고칠 수 있는 요양병원 등이 있는지, 그리고 돌아가실 때까지 폭력성이 있는 할아버지가 거처하실 요양원이 있는지 상담해 왔다.

노인의 삶의 질 보장에 가장 큰 영향을 주는 것은 가족 관계의 질이다. 가족에 대한 의존성과 정체성이 강한 우리나라 노인들에게 가족은 중요한 영향을 미친다. 노인과 성인 자녀 사이의 긍정적 관계는 다양한 위기를 맞게 되는 노인

그림 1 노인상담의 영역

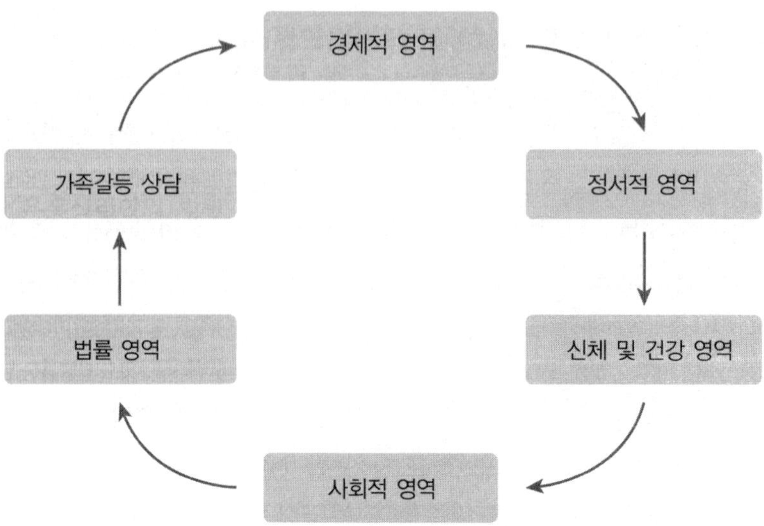

이 문제를 해결할 때 믿고 의지할 수 있는 기초적인 안정감을 제공해 준다. 그러나 고령 사회에서 부모 부양 및 치매에 걸리신 부모 부양 문제 등으로 가족 간의 갈등이 증가하고 있어 가족 간의 갈등은 노인상담의 중요한 영역으로 등장하고 있다. 노인부양에 대한 부담이 늘어나면서 노인을 방임 또는 학대하는 일뿐만이 아니라 자녀에 대한 부양료 청구 소송도 늘어나고 있다. 가족상담의 경우에는 가해자와의 관계를 신중히 고려해야 하며, 개인 상담과 가족 모두가 참여하는 집단상담 등을 복합적으로 병행하는 것이 좋다.

2 상담 기법

1) 관심 집중

인간 관계를 잘 유지하려면 상담 초기단계에서는 상대방에게 관심을 기울여서 내담자와 상담자 간에 래포가 형성되도록 해야 한다. 친밀한 관계가 형성되어 상담이 시작된 후에는 계속적으로 상담자는 내담자에게 관심을 기울여야 한다. 내담자에게 관심을 집중하려면, 상담사는 내담자를 바로 바라보고, 개방적인 자세로 상담에 임해야 하며, 내담자를 향해서 상체를 기울이고, 시선을 맞추며, 편안한 상태에서 내담자가 상담하도록 관심을 기울여야 한다.

2) 무조건 공감

상담자는 상담을 할 때 내담자인 노인의 시각에서 문제를 이해하고 감정을 공유해야 하는 데 이것은 공유를 공감(empathy)이라고 한다. 인본주의 심리학자인 로저스는 공감은 타인의 경험을 이해할 수 있는 능력과 다른 사람의 경험을 자신의 경험인 것처럼 느끼며, 이에 대해 정서적으로 반응할 수 있는 능력이라고 보았다. 공감이 효과적으로 이루어지면 내담자는 안정감을 느끼고 자신이 이해받고 있다는 느낌을 갖게 되므로 상담이 잘 진행된다.

3) 무조건 존중

상담사는 내담자의 연령, 성별, 인종, 경력 등에 관계없이 인간이라는 이유만으로 상대방을 존귀하고 가치있는 존재로 수용해야 하는데 이것을 무조건 존중이라고 한다. 무조건적 존중이란 내담자 스스로가 가치감을 느낄 수 있도록 상담사가 내담자를 존중하고 긍정적 태도로 상담에 임하는 것을 말한다.

4) 일치성

상담자가 내담자의 이야기를 진지하게 경청하지 않게 되면 상담은 효과적으로 진행되기 어려워진다. 로저스는 상담사가 내담자에게 전하는 진실성을 일치성이라고 하였다. 일치성은 상담사가 정직하고 투명하게 내담자의 시각과 감정 등을 개방적으로 수용하는 것을 말한다. 대부분의 내담자는 자신들의 사고와 감정이 혼란한 경우에 상담사를 찾아오게 되므로 상담사가 일치성을 보이는 것은 매우 중요하다. 즉, 일치성이란 상담사가 내담자의 감정들을 왜곡됨이 없이 인식할 수 있는 능력이라고 할 수 있다.

5) 구조화

내담자는 상담자에게 많은 것을 의지하게 된다. 구조화란 상담이 진행되는 방식, 목표, 책임과 한계 등에 대해 상담자와 내담자가 함께 정의하고 합의하는 과정이다. 따라서 초기 상담의 과정에서 구조화가 제대로 이루어지지 않아 내담자가 기대했던 문제를 상담사가 모두 해결해 주지 못하게 되면 내담자의 적대감이 커지게 된다. 따라서 상담에 대한 과잉 기대나 오해가 사전에 만들어지지 않도록 상담 시간, 내담자와 상담사의 역할, 상담의 목표, 상담의 기간, 지원의 범위 등을 명확히 합의하여, 상담계획을 구조화해야 한다.

6) 성찰

내담자의 말과 행동에서 표현된 기본적인 감정, 생각 및 태도를 상담사가 새롭게 덧붙여서 설명해 주는 것이다. 상담사는 내담자의 이야기 중에서 핵심적인 내용을 짧고 간단하게 재 진술하거나 바꾸어 설명함으로써 상담의 내용을 성찰해 가도록 해야 한다. 내담자는 상담사가 성찰해 주는 내용을 통해 적극적으로 자신의 내면을 탐색할 수 있는 자아성찰의 기회를 갖게 된다.

7) 명료화

내담자가 이야기하는 내용 중에서 모호한 부분들에 대하여 상담사는 그 뜻을 명확하게 다시 해석해 줄 수 있어야 한다. 내담자는 자신의 생각이나 감정을 정확히 표현하는데 어려움을 겪는다. 따라서 상담자는 내담자의 이야기 중에서 의미를 잘 알아듣기 어려운 경우에는 "예를 들어서 다시 한번 말씀해 주세요", "아까는 이렇다고 하시고 지금은 이렇다고 하시는데, 어떠한 감정이 더 맞는지요?" 등으로 내담자가 자신의 감정 및 생각 등을 정리해 가도록 명료화의 과정을 사용해야 한다.

8) 요약

내담자가 이야기를 하는 동안 상담사는 내담자가 전하려는 이야기를 매회 상담이 끝날 때 마다 요약해주는 것이 좋다. 요약을 하는 목적은 내담자가 자신의 생각을 정리하고 새로운 문제해결을 위한 대책을 세우도록 하는 데 있다. 지난 주에 상담한 내용을 요약하고 상담을 시작하게 되면 상담의 연속성을 유지할 수 있어서 좋다. 요약을 하는 기본적인 목적은 대화의 내용 및 감정의 핵심을 파악하는 것이므로 상담자는 내담자의 이야기의 맥락, 감정, 생각 등에 주의를 기울여 상담의 핵심을 파악해야 한다.

9) 직면

직면이란 내담자가 설명하는 것 중에서 모순되는 부분이 있거나 의문점이 있을 때 내담자에게 그 내용을 다시 설명하도록 하여 내담자의 이야기가 일정한 방향성을 갖도록 촉진하는 것이다. 때로는 직면은 내담자가 지닌 감정의

오류를 수정해 나가는데 효과적일 수도 있다. 내담자가 한 인물이나 사건에 대해 두 가지 상반된 감정을 갖는 것은 과거의 사건이나 인물에 대한 경험을 다시 지각하는 것을 두려워하거나, 자신의 잘못 등을 인정하기 어렵기 때문이다. 따라서 직면의 방법을 사용할 때는 적절한 시기를 잘 선택해야 한다. 내담자의 두 가지 상반된 감정이나 사고 등을 지적하려면 두 사람 사이에 충분한 신뢰가 쌓여 있어야 한다. 충분한 신뢰가 쌓인 상태에서 상담사가 직면을 사용하면, 내담자는 자신의 내면을 성찰해 보고 변화하거나 성장할 수도 있지만, 충분한 신뢰가 형성되지 못한 경우에는 내담자의 저항이 너무 크게 나타나서 상담이 실패로 끝날 수도 있다.

10) 해석

내담자가 내면의 이야기를 하고 있으나 그것에 대한 의미 등을 아직 파악하지 못하고 있는 경우에 해석을 사용할 수 있다. 상담사는 내담자의 말과 행동의 의미가 무엇인지 추측하여, 내담자가 말과 행동에 의미를 갖도록 해야 한다. 해석의 방법은 내담자가 자신의 문제를 객관적인 측면에서 바라볼 수 있을 때, 즉 내담자가 상담사의 말을 수용할 수 있을 때 사용해야 한다. 따라서 상담 초기에는 내담자의 감정이나 내용에 초점을 두는 반영을 주로 사용하며, 해석은 중간 단계 이후에 사용하는 것이 좋다. 내담자 내면 세계에 접근하려면 초기에는 반영 및 명료화의 방법을 주로 사용하다가, 중기에는 직면이나 해석의 방법을 사용하는 것이 좋다.

11) 질문

상담을 할 때 질문은 매우 중요한 역할을 한다. 적절한 시기에 활용되는 질문은 상담을 촉진하기도 하지만 너무 자주 질문을 하면 상담을 방해하기도 한다. 좋은 질문은 개방적이고 명확하게 그리고 이해하기 쉬운 말로 해야 한다. 질문의 종류에는 폐쇄형 질문과 개방적 질문의 두가지가 있다. 폐쇄형 질문은 '예', 또는 '아니오' 와 같이 구체적이고 제한된 정보를 얻고 싶을 때 사용한다. 그러나 내담자의 느낌과 생각을 알고 싶거나 상담의 내용을 심화시키고자 할 때는 "그 부분을 좀 더 자세히 말씀해 주시겠습니까? 또는 그 일은 어떻게 일어나게 되었지요?" 등으로 개방형으로 질문해야 한다. 질문은 한번에 한가지만을 물어보는 것이 좋으므로 한꺼번에 여러 가지의 질문을 하지 않도록 한다. 질문을 한 후에는 내담자가 생각해서 이야기하도록 충분히 시간을 주어야 한다.

3 상담 지침

1) 노인상담의 특수성

노인상담의 특징은 다른 상담과는 달리 내담자의 연령이 상담자보다 높은 경우가 많으며 노인 내담자의 저항이 매우 강하다는 것이다. 상담자와 내담자 간에 살아온 인생의 역사 및 체험이 매우 상이하여 공감이 어려울 수도 있다. 이러한 경우에도 젊은 상담자는 노인 내담자를 존중하면서 상담에 응해야 한다. 또한 노인들은 새로운 삶에 대한 의지와 변화의 요구가 상대적으로 약하고 남은 삶에 대하여 의미를 부여하기 보다는 죽음과 연결시키려는 경향이 있으며 가족과 보호자의 지지가 약한 것도 특징이다(이호선, 2012). 따라서 노인을 상담할 때는 상담자가 이야기하는 특정한 부분에만 초점을 둘 것이 아니라, 전체적인 삶의 영역까지 확대해서 상담을 해야 한다. 이것은 노년기 문제가 다양한 복합적 요인들로 얽혀져 있기 때문이다. 노인의 문제를 해결할 때는 노인 내담자의 변화뿐만 아니라 노인의 가족까지도 함께 변화시키도록 노력해야 한다.

노인상담은 노년기를 새로운 삶의 기회로 인식하도록 새로운 패러다임이 요구되고 있으며, 노인을 상담할 때는 인본주의 원칙에 따라서 삶 그 자체를 존중하면서 진행해야 한다.

2) 역전이

상담자는 내담자의 미해결된 문제가 건드려질 때 신경증적인 갈등이나 감정을 나타내면서 자신을 방어하게 된다. 상담사가 노인을 상담하는 상황에서 정서적으로 반응하게 되는 역전이 감정은 내담자의 문제를 해결하지 못하는 미해결 갈등에서 기인한다. 상담자는 미해결된 문제로 인해 감정적인 방어의 형태로 내담자에게 불안감을 보일 수 있다. 이러한 역전이의 문제점을 이해하고 상담자는 내담자의 감정에 통합적으로 접근하여 안정된 상태에서 내담자를 상담해야 한다.

4 좋은 상담가의 조건

1) 높은 자존감을 소지

자존감이란 스스로 자신을 어떻게 보고 어떻게 느끼는 가에 관련된 것인데, 칼슨(Carlson, 1995)은 자존감은 특별히 자신에게 부여하는 긍정적인 가치를 의미한다고 보았다. 자존감이 높으면 정상적이며 비방어적인 의사소통을 하게 되나 자존감이 낮으면 역기능적 의사소통이나 빈정거리기, 변명, 회피, 부인 등을 사용한 방어적 의사소통을 하게 된다.

그림 2 낮은 자존감의 소지자

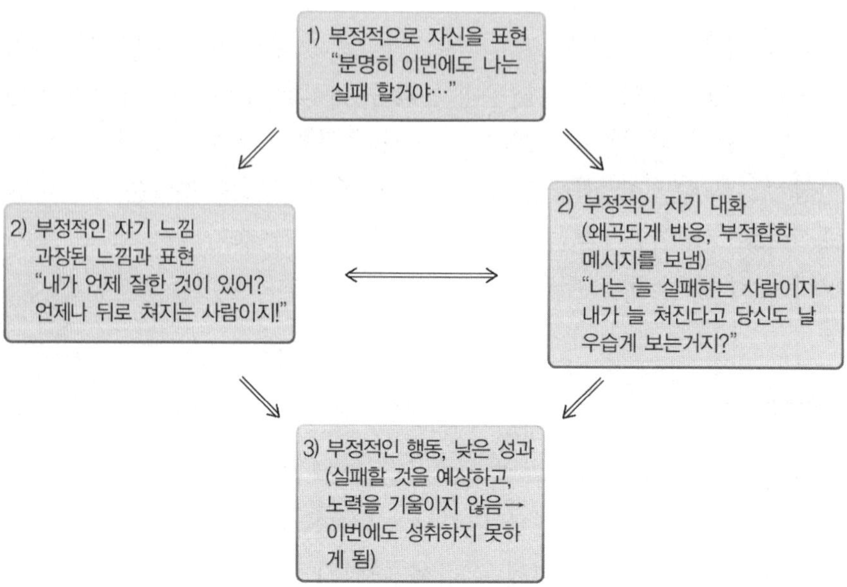

(1) 낮은 자존감의 소유자

자존감이 낮은 사람은 자신이 다른 사람의 사랑과 관심을 받을 만큼의 가치가 없다고 느끼기 때문에 관계 형성 과정에서 큰 어려움을 겪을 수 있다. 일반적으로 자존감이 낮은 사람들은 의미 있는 사람으로 받은 부정적인 메시지를 자신을 평가할 때 적용시켜 자신을 부정적으로 해석하여 행동하게 되므로 성과물을 나타내지 못한다.

스스로 자신의 감정을 잘못 예측하는 경우는 다음과 같다: 고령이라는 이유만으로 때로는 취업 면접 등에서 노인들은 다음과 같은 느낌을 갖게 된다. 대부분의 고령자들은 두려움보다는 분노 및 위협을 느끼게 되어 맞서 싸우고 싶은 욕구를 증가시킨다. 자존감이 낮은 고령자는 자존감이 높은 고령자와는 달리 취업의 어려움에 대하여 책임을 느끼거나 죄책감을 갖게 된다. 이같은 죄책감은 결국 고령자 스스로 자신이 나쁜 사람이라는 신념을 갖도록 한다. 이들은 긍정적인 말에도 긍정적으로 반응하지 못하고 충고, 격려, 제안 같은 말들을 무시하거나 거절하는 메시지로 해석한다. 따라서 마음의 상처를 받고 분노를 터뜨리거나 방어하는 태도로 반응하게 된다. 따라서 자존감이 낮은 사람은 불안하며 자신을 믿지 않게 된다. 이들은 남들에게 크게 기대하거나 기대한 것을 얻을 수 없을까봐 크게 두려워하고 기대한 것을 얻지 못하게 될 때 실망감과 불신감을 증대시킨다.

(2) 높은 자존감의 소유자

자존감이 높은 사람은 자신에 대해 긍정적으로 생각하고 품위, 정직, 강인함 및 사랑을 느낀다. 자신의 가치를 인정하고 인간 관계가 좋으며 경우에 맞게 사람을 상대할 수 있다. 확고한 자기 가치감을 소지하고 있어 더욱 충만한 사람이 되고, 만족스러운 인간 관계를 획득하여 책임감, 성실, 정직, 정열, 사랑 그리고 능력의 소지자로 발전하게 된다. 인간은 자존감이 높을수록 창조적으로 일할 수 있으며, 야심이 커지며, 파괴적인 인간 관계보다는 유익한 관계를 맺으며, 다른 이들을 존경과 선의, 친절로 대하게 된다. 자존감이 높을수록 현재의 삶에 즐거움을 느끼고 삶의 역경을 헤쳐 나가는데 긍정적인 조건과 환경을 갖게 된다.

2) 긍정적인 자아 개념을 소지

자아존중감은 자아 개념(self)으로 이해되는데 자아개념은 자신에 대한 인식과 지식뿐만 아니라 개인적 자질, 능력, 성향, 감정과 태도 등을 포함한다.

조지 허버트 미드(Mead)와 윌리엄 제임스(James)는 주관적 자아(I)와 객관적인 자아(me)를 구분하였다. 주관적 자아인 나(I)는 나를 인식의 주체자(knower)로 느끼고 지식을 소유한 행동하는 주체로서 적극적으로 나를 구성하는 일부분이 된다. 객관적 자아(Me)는 개인의 인성을 구성하는 기초가 되는 데 '거울에 비취어진 자기'라고 할 수 있으며 타인에게 비취어진 자아라고 할 수 있다. 이러한 자아개념은 오랜 시간 동안 지속되는 개인의 객관적인 성향이다. 자아개념은 타고난 성향적인 기질과 환경과의 상호작용 속에서 만들어지는 사회적 정체성이 서로 상호 작용하면서 만들어진다(박성희, 2004). 자아 개념을 결정하는 사회적 요인들은 다음과 같은 것들을 포함한다.

(1) 낙인효과로 나타나는 사회적 정체성

사회에서 말하는 주류에 포함되지 못하고 다문화, 국적, 연령, 성별, 교육수준, 사회적 지위, 피부색, 종교의 요인으로 소수 그룹에 속하는 사람들은 주류와는 다른 가치관이나 행동양식 등을 갖고 있어 상호작용 속에서 소외되거나 배제되는 경우가 많다.

• 사회적 낙인과 자성예언: 일상 생활에서 노인이 경험하는 상호작용 속에서 취득하게 되는 역할은 자아상(Selbstblid)을 결정한다. 우리나라에서 노인에게 기대하는 역할은 사회와는 분리된 소극적 역할이다. 이러한 사회적 낙인은 무의식적 행동에 영향을 주어 노인이 '나는 이제 쓸모가 없어졌구나'와 같은 자성예언이나 피그말리온 효과 등으로 나타나 적극적인 노년이 아니라 결핍된 노년기의 자아상을 만들어 내는데 영향을 준다.

짐바르도(Zimbardo)는 사회적 역할이 사회의 요구에 의해 습득된다는 데 착안하여 스탠포드 감옥에서 실험을 실시하였다. 짐바르도는 실험 참가자들에게 수개월 동안 원래 개인적 성향과는 반대되는 경비 등의 특정한 역할을 배분하였다. 경비의 역할을 효과적으로 수행해 낸 집단은 자신의 경향과는 상이함에도 불구하고 자신에게 주어진 역할을 잘 수행해 내면서 실험 후에도 습득된 역할을 계속적으로 수행하는 것으로 나타났다. 이러한 연구결과는 사회 속에서 노인이 습득하는 자아상이 자신의 일상생활 속에서 그대로 반영되어 계속적으로 영향을 미치는 것을 증명해 준다.

(2) 사회적 비교

페스팅거(Festinger)는 각 개인들이 다른 사람과의 비교를 통하여, 자신의 능력과 특성을 평가한다는 사회 비교 이론을 주장하였다.

성공과 실패: 개인이 나타내는 행동과 표현은 자신이 소지하고 있는 자아상의 형성에 영향을 미친다. 실패를 거듭하는 노인은 자신의 능력이 적으며 가치도 없다고 느끼게 된다.

문화: 동양에서 집단 문화는 사회구성원이 소속감을 느끼도록 하는데 강한 영향을 끼친다. 그러나 이와는 달리 노인은 은퇴 후 소속감보다는 소외감을 많이 느끼게 된다. 소속감을 느끼게 되면 다른 사람의 의견과 공동체적 복지에 더 많은 중점을 두고 자아를 형성해 나가므로 상호 의존적인 자기를 만들어 나가게 된다. 예를 들어, 자아개념 속에는 자신과 조직문화가 연결되어 있는데 사회의 구성원으로 노인들은 공통으로 소지하고 있는 사회참여 및 생산성 등과 같은 가치관을 상실하게 되고 이어서 자아개념도 상실하게 된다. 그러나 개인적 문화가 발달한 서양사회에서는 개인의 성과와 특징에 의하여 문화가 구성되므로 노인들은 독립된 주체적인 자아개념을 만들어 갈 수도 있다. 따라서, 우리나라의 노인이 노년기에 사회 구성원으로 소속감을 느끼고 계속적인 자기 개발을 하도록 하려면 노인을 위한 교육과 상담 등이 활발해져야 할 것이다.

스포트라이트 효과: 노인들의 자아 개념은 우리가 살고 있는 사회 환경 속에서 노인과 사회구성원간의 상호작용으로 구성되는데, 이것을 스포트라이트 효과(Spotlight effect) 또는 조명 효과라고 부른다. 즉 사람들은 실제로 많은 사람들이 자신의 외모와 행동에 관심을 보이고 있다고 생각한다. 그러나 다른 사람들은 내가 생각하는 것처럼 나에게 큰 관심을 보이지 않는다. 노인 스스로 "오늘은 정말 창피하고 부시시하고 부끄러웠다"라고 생각해도 주변사람들은 나에게 많은 관심을 보이지 않는다는 것을 알고 자신을 남과 비교하기 보다는 자신감 있게 살아가야 할 것이다.

3) 노년기의 변화를 예견하고 문제해결능력 개발

(1) 노년기의 변화를 예견하고 감정 조절 능력 개발

특정 상황에서 자신의 변화를 예측하고 감정을 조절할 수 있는 능력을 소지한 사람은 매우 드물다. 따라서 행복한 노년기의 주인공이 되려면 노년기에 일어날 수 있는 신체적인 퇴화, 친지 및 배우자의 사망 등 여러 가지 변화를 예측하고 이러한 변화에 대처할 수 있는 문제해결능력을 개발해야 할 것이다. 이러한 측면에서 자기주도적인 학습이 원칙이 되는 노인교육은 매우 필요하다.

(2) 행동을 예측할 수 있는 능력 개발

특정한 위기 상황에서 자신의 행동을 예측할 수 있는 능력을 소지한 사람은 매우 적다. 일반적으로 우리가 "교통사고나 강도를 당한 사람을 얼마나 도와줄 수 있는지"를 물어보면 대부분의 사람들은 "도움을 제공할 것이다"라고 대답한다. 그러나 조사결과와는 달리 실제 위기 상황에서는 피해자에게 도움을 제공하는 사람들은 매우 적다. 이러한 실험은 전기 충격 연구에서도 밝혀지고 있다. 실험에서는 질문에 대해서 틀린 대답을 하는 사람에게 벌로 최소한의 전기 충격을 가하도록 했다. 그러나 이러한 실험이 계속될수록 대부분의 사람들은 이전에 가한 충격보다 훨씬 더 강한 충격을 가하는 것으로 나타났다. 따라서 노인들은 노년기의 문제를 자녀나 친지들이 해결해 줄 것을 기대하기 보다는 스스로 해결하는 자기주도적인 학습자가 되어 노화의 과정을 예측하고 문제해결능력을 향상시켜 나가야 한다.

(3) 인지 부조화이론

사람들은 대부분 자신의 행동을 실제보다 "미화시켜 이야기" 하는 속성이 있다. 페스팅거의 부조화이론(dissonanz)은 사람들이 개인의 신념, 태도, 가치관이나 행동을 할 때, 자신의 인지적 부조화를 줄이기 위해 노력하고 있음을 잘 설명해 준다. 예를 들면 부모님이 일상생활을 혼자서 수행해 가는 것이 어렵게 되면, 큰 아들인 자신이 모시는 것이 옳다고 머릿속으로 혼자 생각할 수 있다. 그러나 대부분의 경우에 큰 아들은 부모님을 양로원으로 보내게 된다. 이때에 자신의 행동을 합리화하기 위해서 "아무도 없는 빈 집에서 식구들이 귀가할 때까지 기다리시는 것보다는 같은 노인들과 대화도 하고 노인복지사나 노인요양사가 부모님을 잘 보살펴드릴 수 있다"고 생각하는 것이다. 사람들은 부조화를 합리화시켜 이야기하거나 사회적으로 비교하면서 합리화시키려는 속성을 갖고 있다.

인지부조화를 설명하는 우화에는 여우와 포도 이야기가 있다. 목이 말랐던 여우는 숲 속에서 우연히 포도나무를 발견하고는 따 먹으려고 하였다. 그러나 포도가 너무 높게 달려 있어서 따 먹지 못하게 되자 포기하면서 "저 포도는 너무 시어서 땄더라도 못 먹었을 거야" 라고 자기합리화하였다. 대부분의 사람들은 담배가 몸에 좋지 않을 것을 알면서도 계속해서 담배를 피운다. 이러한 부조화를 합리화시키는 법으로 "난 그냥 내 낮은 혈압을 높이기 위해 담배를 피우는 거지 담배가 좋아서 피우는 것은 아니야!" 하고 말하기도 한다. 사회적으로 다른 사람과 비교하면서 자신의 행동을 합리화시키기도 하는데 "다른 사람들은 나보다 훨씬 더 담배를 많이 피우지!" 나는 다른 사람에 비하면 아무것도 아니야" 라고 하면서 자신을 관대하게 평가하기도 한다. 또한 다름과 사람과 선택의 가치를 비교하면서 자신의 행동을 합리화시킬 때는: "내가 산 차는 최고야, 다른 차들은 너무 추하며 비싸!"라고 하면서 자신의 행동을 합리화하기도 한다. 이러한 인지 부조화적인 성격을 노후설계전문가들도 소지하게 될 수 있으므로 좋은 상담사가 되려면 인지부조화를 늘 염두에 두고 성의있게 상담에 응해야 할 것이다.

토의 거리

1. 다음의 상담 사례를 보고 어떤 영역에 중점을 두고 상담해야 하는지 상담을 위한 계획을 짜 보자.

> 내담자: 1940년 생, 남성 노인, 고등학교 졸업, 이혼 후 미혼의 성인 자녀들과 생활
>
> **어린 시절**
>
> "어린 시절 나에게는 잘 살아보겠다는 희망, 나의 방도 갖고, 집에는 머슴도 있고, 자가 우물이며, 사랑방도 있는 부유한 가정을 이루는 것이 꿈이었다."
>
> **학창시절**
>
> "친구들이 상급학교에 진학하는 모습이 그렇게도 좋았던지, 6년을 놀던 나는 고교시험을 합격하고 아버님을 졸라 대었다. 3일간 단식으로 불효한 나에게 빚을 내어 등록금을 마련해서 학교에 보내주신 아버님을 나는 지금도 이 세상에서 가장 존경하고 있다."
>
> **성공과 실패**
>
> "19××년 공무원시험에 응시하여 합격의 영광이 가련한 나에게도 찾아주었다. (생략). 부동산가격의 상승으로 재정이 확보될 무렵 19×× 직장을 그만두고 사업을 해보겠다는 생각으로 전업하였다. 00동에 룸 살롱을 맡아 장사를 시작하였지만, 사업에 문외한인 나는 현상유지가 어렵고, 매일 밤 취객들의 진상처리로 싸워야 했고, 되는 일이 없어 2년 만에 문을 닫았다. 골프장을 운영하였으나, 실패하고, 부동산 소개업으로 전환하였지만, 부동산 침체로 단 한건도 하지 못하고 손을 떼게 되었다, 가방 공장을 시작하였으나, 수출 단절 등으로 2년 만에 공장이 해체되고, 00호텔의 상무로 일하면서 2년 동안 충실히 노력하고 경영하였으나, 전과자 아닌 전과자가 되고 말

았다."

백수의 길

"사업도 투기도 나의 운에 맞아야 하고 조급하게 행동하면 아무것도 이루지 못한다는 것을 배웠다. 놀면서 조금이나마 절약하는 것이 내가 할 일이며 백수로써 편히 사는 길을 터득하도록 노력하였다. (생략) 급하게 이루려는 것은 나의 그릇을 모르고 무작정 담으려는 어리석은 짓이라는 진리 속에서 자고 먹고 쉴 곳이 있는데, 부질없는 욕심이 한없이 나를 힘들게 하였다."

인생의 전환점

"동전 한 닢 가지고 갈 수 없는 인생 무슨 욕심이 그다지도 많았던가. 이 모든 것 훌훌 털어버리고 남은 인생 남을 위해 살아갈 뿐이다."(중략)
"내 일생의 종말이 온다 해도 오늘도 배움터에서 싸우며 희망의 한그루 나무를 심으려 한다."

노년기의 건강과 일에 대하여

어느날 아침, 각혈을 하면서 쓰러졌다. "아, 나는 이것이 마지막 인생길 인가 보다. 무엇을 위해 지금껏 발버둥치고 살아왔던가, 단 며칠이라도 움직이다 죽었으면 하는 간절한 소망이 뇌리를 스치고 지나간다. (생략) 신은 나에게 시련도 주었지만 치료할 수 있는 병을 준데 대해 감사할 따름이며 고맙게 생각하고 모든 것을 받아들일 것이다. 나의 마지막 가는 길 입고 갈 수의에는 호주머니도 없다. (중략)
앞으로 난 무엇을 하면 살아가야 하는가?

1) 노인의 문제를 찾아내고 역할에 대해서 생각해 보시오

노인의 문제 ____________________

노후설계전문가의 역할 ____________________

2) 상담의 목표를 설정해 보자.

2. 상담 기법 중 적극적 경청이란 무엇인가 논의해 보시오,

3. 상담 기간을 정해 보시오.

4. 노후 설계의 방향을 제시해 보고 두 사람씩 조를 만들어 서로의 방향을 피드백해 보자.

제 4 장

노인 이해의 기초 II

4장
노인 이해의 기초 II

상담이란 목적을 갖고 진행하는 대화이다. 상담은 자신에 대한 이해와 통찰력을 높이고, 자신의 이야기를 통하여 자신과 환경을 새롭게 자각하고, 삶에 실제적인 변화를 만들기 위해 새로운 자각을 통해 실천하는 과정이다. 좋은 노후설계전문가가 되려면 상담의 과정을 충분히 알고 있어야 한다. 좋은 노후설계전문가는 노인의 행동에 대한 동기를 이해하고 노인이 스스로 자신의 삶의 의미를 창출해 내도록 지원하기 위하여 욕구를 탐색해 내는 능력을 갖추어야 한다. 즉, 노후설계전문가는 노인이 자신의 욕구에 기반한 행복한 노년기를 계획하도록 자신을 성찰해 내고 삶의 동기를 촉진시켜 가는 대화를 이끌어 갈 수 있어야 한다.

1 노인의 특징

1) 수면 상태의 변화

노년기에는 불면증이 나타나 밤에 잠을 잘 이룰수 없게 되는 것이 일반적이다. 수면의 종류는 몸이 잠을 자는 체수면(REM)과 뇌가 잠을 자는 뇌수면(NREM)의 두 가지로 나누어진다. 체수면과 뇌수면은 약 한시간 반을 주기로 규칙적으로 출현하며 하룻 밤에 체수면은 4~5회 정도 출현한다(한국재가노인복지회 편, 1998).

숙면을 취하려면 방안의 온도가 적당해야 하고 주위는 조용하며 밝지 않아야 한다. 음식을 많이 먹은 경우, 커피에 많이 들어있는 카페인 및 알코올성 주류 등을 많이 마신 경우에는 잠자기가 어렵다. 밤잠을 잘 자려면 낮잠을 너무 오래 자지 말고 가벼운 운동 등을 하고 따뜻한 물로 목욕을 하는 것이 좋다. 하지만 불면이 계속되면 불면의 원인을 파악해서 고쳐 나가야 한다.

2) 체온의 변화

노인은 성인의 체온인 36.5도보다 1도 가량 낮아 감기에 자주 걸리고, 각종 질병에 시달리게 된다. 체온이 1도 낮아지면 면역력은 30%나 약해지므로 체온이 저하되지 않도록 보온에 주의해야 한다.

3) 시각, 청각, 지각의 변화

노화의 정도는 개인에 따라 큰 차이가 나타나지만 시각과 청각 및 피부의 감각은 일반적으로 성인의 경우보다 민감성이 줄어들게 된다.

노화로 인하여 시력의 저하가 일어나면 쉽게 넘어지며, 백내장 등이 생겼을 경우에도 시력의 저하가 일어난다. 시야가 좁아지기도 하며 밝고 어두움을 잘 구별하기 어려워져서 방이 어두워져도 불을 잘 켜지 않고 바깥이 환한 경우에도 불을 잘 끄지 않게 된다.

청각의 감소로 귀가 어두워지기도 하는데 노인들은 타인과 의사소통이 잘 되지 않는 경우에는 답답해하며 초조함을 나타내기도 한다. 큰 목소리로 이야기하며 방금 한 말을 다시 또 묻는 경우, 등 뒤에서 불러도 대답을 하지 않는 경우라면 청각이 매우 떨어져 있다고 생각해야 하며, 치매로 오인하지 말아야 한다.

노년기에는 체온조절이 잘 되지 않아 추위를 많이 타게 된다. 또한 피부가 건조해 져 가려움증이 많아지고 몸을 부딪치며 멍이 쉽게 들며 온도에 대한 반응이 느려져서 화상을 입기 쉬우므로 특별히 주의해야 한다.

4) 식사 및 배설 상태의 변화

노년기에는 소화 기능이 저하되어 설사나 변비가 쉽게 일어나므로 균형잡힌 식사를 해야 하며 수분의 부족은 탈수증을 일으키는 원인이 되므로 물을 자주 마시는 습관을 가져야 한다. 과식하지 않도록 하며 식욕이 저하되는 경우에는 조리법 등을 달리하여 좋은 식사환경에서 정서적으로 안정된 상태에서 식사를 하도록 해야 한다. 식욕 증진을 위해서 적당히 운동해야 하며 전신 운동이 잘 되지 않는 경우에는 복무를 마사지를 하면 식욕 증진에 도움이 된다.

5) 감정의 변화

노년기의 특징은 각 노인의 상태가 다양성을 보이는 것이다. 따라서 건강한 노인에게는 감정의 변화가 별로 나타나지 않으나 그렇지 못한 노인에게는 감정의 변화가 심하게 나타나는 것을 관찰할 수 있다. 건강하며 활기찬 생활을 하지 못하는 경우, 표정이 어두워지며 차분함이 없어지고 화를 자주 내기도 한다. 고집이 세어지며 자기중심적인 행동을 하는 것도 일반적인 경향이라고 할 수 있다.

2 상담의 과정

1) 상담의 준비

내담자는 자발적으로 상담사를 찾아오는 경우와 타의의 안내에 의해 비자발적으로 상담소를 찾는 두 가지 경우로 나뉘어진다. 자발적인 내담자는 스스로 긴장이나 갈등, 불안, 부적절감 때문에 문제를 해결하려는 욕구가 커지며 자신의 성장 및 변화에 대한 동기가 높으므로 상담 과정에 적극적으로 참여하며 자기를 쉽게 개방한다. 그러나 자발적인 내담자라고 해도 상담에 대한 두려움, 낙인에 대한 염려, 앞으로 전개될 상황에 대해서 불안감을 갖고 있으므로 상담사는 내담자의 자발성을 격려해주고 자기 성장을 할 수 있도록 지원해 주어야 한다. 그러나 타의에 의해 상담실을 찾은 내담자는 자신의 현재의 상태가 상담을 받을 만한 정도는 아니라고 생각할 수 있다. 마지못해 상담사와 마주한 비자발적 내담자는 초기 상담관계에서 자기 개방에 소극적일 수 있다. 따라서 상담사는 내담자가 자신의 문제를 충분히 인식하고 수용하도록 초기상담에 역점을 두고 이끌어 가야 한다.

2) 첫 만남

내담자와 상담자는 문제가 잘 해결될 수 있을 것이라는 서로에 대한 기대를 갖고 있기 때문에 첫 만남은 매우 중요하다. 그러나 일반적으로 상담사와 내담자 모두 서로에 대해 잘 알지 못하기 때문에 양쪽 모두 불안한 상태에 있다.

상담자는 첫 만남에서 내담자의 비언어적인 행동을 관찰하면서 상담을 시작해야 한다. 상담자는 상담실에 내담자가 들어오면 내담자가 앉아서 상담할 자리를 안내해야 하며, 겉옷이나 모자 등을 놓을 자리도 알려주어야 한다. 그러나 상담자에게 적대적인 내담자는 상담사의 자리에 앉으려 하기도 하고, 상담사를 탐색하기 위해서 상담실을 조심스럽게 둘러보기도 한다. 이러한 내담자의 불안감을 충분히 이해하고 첫 만남에서 상담사는 "여기까지 오시느라 고생 많이 하셨습니다, 시간에 맞추어 오셔서 감사드립니다. 어떤 일로 오시게 되었나요?" 등의 인삿말로 친밀감을 나타내며 상담을 시작해야 한다. 첫 만남에서는 서로에 대한 호감이 형성되도록 상호적인 개방을 통하여 래포가 형성되도록 많은 이야기를 나누는 것이 좋다.

3) 상담 초기

첫 만남 이후 내담자와 상담사 간에 래포가 형성되었으면 상담초기에 상담의 구조화를 시작해야 한다. 상담에 대한 구조화란 상담의 목표를 설정하고 상담의 범위, 기간을 합의하고, 내담자와 상담사의 역할을 정하는 것 등을 합의해 나가는 것을 말한다. 상담초기에 상담사는 내담자의 문제를 충분히 탐색해 내야 할 뿐만이 아니라 심리적인 상태도 파악할 수 있어야 한다. 상담초기에 이루어지는 상담과정을 살펴보면 다음과 같다.

(1) 내담자의 생활 환경 탐색

내담자의 생활 환경을 이해하려면 내담자의 나이, 학력, 가족 관계, 종교, 거주 형태 등을 알아야 한다. 내담자의 전반적인 문제, 시급히 해결되어야 문제, 과거 상담에 대한 정보, 행동양식 및 말하는 습관, 사고 과정 등을 잘 관찰하고 가족 관계 및 가족 내의 갈등 등을 파악해야 한다. 가족 이외의 친구, 동아리, 종교기관에서 역할 및 또래 관계 등에 관한 사회 환경 정보 이외에 유년기의 발달 과정 및 충격적인 사건이나 경험, 과거 직업 등 되도록 많은 정보를 수집해 가면 내담자 이해에 많은 도움이 된다.

(2) 협동적인 상담 관계 형성

성공적인 상담을 진행해 가려면 내담자와 상담사 간에는 친밀하며 협동적인 관계가 만들어져야 한다. 때로는 내담자가 상담사에게 자신의 노후에 대한 문제를 모두 해결해 줄 수 있을 것이라는 높은 기대를 하는 경우도 있으므로 상담사는 이러한 문제를 충분히 인지하고, 만약 내담자의 기대가 실현되기 어려운 비현실인 것이라면 시급해 수정해 가도록 해야 한다. 내담자가 상담에 대해 높은 기대 등을 하지 않도록 상담 초기과정에서는 구조화가 반드시 이루어져야 한다.

노후설계전문가는 노인을 상담할 때 상담 사례를 다음과 같은 순서로 기록해 두어야 한다. 상담일지를 써두면 상담과정 중에서 노인이해를 위한 구조화를 쉽게 할 수 있다. 상담일지에는 상담 시작일, 첫 면접에서 관찰된 행동 및 면접 내용 등도 기록해 둔다. 내담자 인적 사항에는 내담자 개인 정보와 가족 관계, 상담 경험의 유무 등을 적어 놓는다. 내담자의 핵심적인 문제가 무엇인지 적고 내담자의 성장 배경 등에 대해서도 파악해야 한다. 매 회기 상담이 진행될 때마다 상담진행 횟수 등과 내담자의 특이사항 등을 기록한다. 노인 이해를 위한 상담을 잘 이끌어 가려면 상담 목표를 잘 설정해야 한다. 이때는 내담자가 제시한 상담 목표, 내담자가 판단한 상담 목표 그리고 합의된 상담 목표 등도 적어두고 상담진행의 계획 및 절차 등에 대해서도 합의해야 한다. 상담자가 주로 활용한 상담 기법을 적어두고 초기, 중기, 후기별 주요 접근 방법 등도 기록한다. 매회기 면접이 진행될 때마다 내담자의 반응 및 개입 방법의 성과 등도 기록하여 성공적인 상담을 위한 참고 자료로 사용해야 한다. 상담이 거의 끝나갈 때는 상담의 종료 방법이 합의 종결인지, 중단인지, 타 전문가에 의뢰된 것인지도 기록해 두어야 한다. 전반적으로 상담 과정의 주요 내용을 매 회기마다 요약하여 적어 두고 종결 또는 중단시 내담자의 상태와 상담 목표의 달성 정도 등도 기록해 두어야 한다.

(3) 내담자에 대한 자료 수집 과정

상담사는 내담자에 대한 자료를 수집하는 과정에서 내담자가 자신의 경험을 이야기할 때 적극적으로 공감하는 태도를 보여 협동적이며 신뢰로운 상담 관계를 발전시켜 나가야 한다. 협동적인 상담 관계는 내담자와 상담사 간에 상호 신뢰, 개방성, 안정감이 만들어질 때, 상담사가 앞으로의 상담에 희망을 불어넣어줄 때 향상된다. 내담자가 상담사의 전문성을 인정하고 매력과 신뢰성을 느낄 때 내담자에 대해 많은 정보를 수집할 수 있다. 내담자의 정보를 수집하는 과정에서 무조건적인 일치와 긍정성 그리고 수용을 보여주며 신뢰를 형성해 나가는 것은 매우 중요하지만, 내담자가 자신의 단점 및 문제점만을 이야기하는 경우에는 상담사가 개입해야 한다. 상담사는 내담자가 자아존중감을 상실하지 않도록 "당신이 가장 잘하는 것은 무엇입니까? 누구를 가장 좋아하세요?" 등으로 상담의 분위기를 반전시키는 방법도 적절히 사용할 수 있어야 한다.

(4) 상담의 구조화 과정

상담의 초기 과정에서 상담을 구조화시켜 가는 과정에서는 상담이나 내담자에 대한 비밀을 보장하고 상담의 목표를 명확히하고 상담의 범위를 결정하여 내담자가 너무 많은 기대를 하지 않도록 한다. 상담사는 문제를 해결할 수 있는 자신의 능력 속에서 상담의 조건이나 한계 등을 언급하고 상담시간 및 회기 등에 대해 합의해야 한다. 상담의 구조화가 잘 계획되어야 상담의 방향이나 초점을 맞추어 효율적인 상담을 진행해 나갈 수 있다.

상담 초기에는 허니문 상태가 자주 발생하기도 하고, 내담자가 자신의 문제를 진단해줄 것을 요구하기도 하므로 다음과 같은 점에 주의해야 한다.

내담자는 상담사를 만나서 자신의 갈등이나 문제 등 매우 사적인 이야기를 자신의 감정과 함께 표현하게 된다. 내담자의 자기 개방은 상담 초기에 자신의 감정을 카타르시스(정화)시키게 되므로 상담사에게 특별한 감정을 느낄 수 있는

표 1 상담의 구조화 사례

구분	내용
성명	000
생활환경적 특성	남편과 사별, 현재는 아들며느리와 동거, 농사일을 거들면서 용돈을 벌음, 재미있는 교육을 받기 위해서 용돈이 필요함. 체력이 약해지면서 대상포진에 걸림, 아들며느리가 자신의 질병에 대해서 무관심하다고 생각함
내담자의 문제	1932년생 현재 만 81세 여성노인, 유년기에 교육을 받을 기회를 상실함. 한글을 배우지 못해, 문해교실을 다니면서 한글을 배우고 있음. 열심히 한글을 배우시고 배우는 재미에 행복함. 현재의 걱정은 하루하루 체력의 약화를 느끼며 최근에는 대상포진에 걸려 고통을 겪는 중인데, 함께 사는 아들며느리가 무관심한 것을 이해하고 수용하기 어려움, 그것을 생각하면 매우 우울함
상담의 목표	우울한 마음을 없애고 밝고 행복한 노후 설계
상담의 범위	자녀가 부모를 부양하는 것이 어려운 시대가 되었음 현재 나의 삶의 주체는 나 자신 임을 인식하도록 지원하는 것. 자녀에 대한 서운함을 자녀에게 표현해보기 자녀와 소통하는 기회를 만들어가기 현재 자녀를 수용하고 이해하기 '현재-여기'에서 나의 삶에 의미를 만들기 위해 노후의 꿈 정해보기
상담의 조건	노인이 자신의 문제에 대하여 되도록 많이 이야기 할 것을 약속 현재 가장 원하는 행복한 노후에 대해 설명해 나갈 것을 약속
상담의 시간 및 회기	매주 월요일 10시, 8회기 노인복지관 상담실

허니문 상태로 이어진다. 특히 상담이 4~5회기를 지나게 되면 내담자는 상담사가 조언과 지시를 통해서 모든 것을 해결해 줄 수 있다고 믿게 된다. 그러므로 허니문 상태로 발전하기 전에 상담사는 구조화를 통하여 내담자의 역할과 상담사의 역할, 책임 등을 명확히 제시해 주어야 한다.

내담자가 자신의 문제가 해결될 것을 기대하며 질문할 때는 서둘러서 문제를 진단하지 말고, 대신에 "권위적인 집안의 분위기가 그런 문제를 가져온 것 같습니다" 등으로 문제의 원인을 다시 재확인하고 수정해 보도록 해야 한다.

4) 상담 중기

초기 상담이 잘 이루어지면 내담자는 상담사를 신뢰하게 되어 자신을 잘 이해하고 수용하는 사람으로 인식하게 된다. 상담이 중간 단계에 이르면 내담자는 자신의 내면에 쌓인 심층적인 이야기를 털어 놓게 된다. 이러한 과정에서 내담자는 자신을 심층적으로 탐색하게 되고 자신을 자각하게 된다. 상담사는 탐색한 자료를 토대로 하여 내담자의 특성을 이해하고 내담자의 성격, 문제의 원인, 주변 상황, 사고하는 과정, 감정의 색조, 패턴 등을 꿰뚫어 볼 수 있어야 한다. 상담의 목적이 내담자의 자기 성장을 지원하는데 있으므로 중기에는 상담자는 내담자가 자신의 행복한 노후 설계를 위해 심층적으로 탐색하도록 촉진해야 한다. 상담 중기에는 내담자의 자기 자각 등이 일어나게 되므로 상담에서 도출된 실천 행동을 계획하고 실행하며 평가하는 과정을 시작하여 상담 후기를 집중적으로 대비해야 한다.

(1) 심층적 탐색

내담자가 상담 초기에는 하지 못한 내면의 심층적인 이야기와 감정들을 표현하게 되므로 상담사는 숨겨진 동기와 무의식 상태를 알 수 있다. 심층적인 대화들이 오고 가므로 상담사는 내담자의 중요한 경험 및 사건들의 의미를 통합적인 시각에서 명확하게 이해할 수 있게 된다. 심층적 탐색의 과정에서 상담사는 내담자의 소망과 요구에 기반한 노후 목표를 세우도록 지지해야 한다.

(2) 내담자의 자기 지각(self-awareness)

내담자는 자신의 비밀스러운 사고, 감정, 타인과의 관계에 대해 심층적으로 탐색하고 개방함으로써 갈등 간의 관련성을 알게 되며 자신의 문제와 관련된 부적응적 사고, 감정, 관계, 생활패턴 등에 대해서도 자각하게 된다. 즉 자기 지각이란 스스로의 가치에 대한 감정을 발견하고 새로운 자기를 인식하는 것인데, 자기 지각은 조하리의 창을 통해서도 설명된다.

그림 1 조하리의 창

	내가 잘 알고 있는 나의 영역	내가 잘 모르고 있는 나의 영역
타인이 알고 있는 나의 영역	① 공개된 영역	② 무의식적 습관(행동, 언어 등)의 은폐된 영역
타인이 모르고 있는 나의 영역	③ 비밀 영역	④ 미지의 영역

조하리의 창은 ① 이름, 나이, 성별 등으로 객관적으로 알려져 있는 나에 대해서 공개된 영역, ② 나 스스로 지각하지 못하고 있는 무의식적인 행동습관, 언어습관 등은 은폐된 영역, ③ 나는 알고 있지만 욕망, 감정, 꿈과 같이 내면성에 관한 타인들은 모르는 비밀영역 그리고 ④ 나도 모르고 다른 사람들도 알지 못하는 무의식적 소망이나 콤플렉스 등을 설명하는 미지의 영역 등으로 구성되어 있다.

상담중기에 이르면 내담자는 자기 지각을 통하여 미지의 영역을 좁혀갈 수 있게 된다. 내담자는 자신의 행동이나 사고의 과정 등을 자각해 내가면서 자신의 행동 방식과 무의식적 행동에 내재한 숨겨진 의도 등을 발견하게 되며, 자신이 부여하는 행동의 의미와 타인이 부여하는 의미의 차이, 감정과 행동의 괴리, 사고와 행동의 괴리 등에 대해 자각하게 된다.

상담중기에는 내담자가 자신을 잘 인지하도록 상담사는 심층적으로 공감하기, 피드백 주기, 직면, 즉시성의 활용, 해석 등의 방법을 적극 활용해야 한다.

(1) 피드백 주기

피드백이란 내담자의 사고나 감정 행동에 대해서 상담사가 보고 관찰한 것을 전달하는 것이다. 피드백 주기의 방법에는 두 가지가 있는데 첫째, 현재 모습을 지지하는 수용적 피드백, 둘째, 현재의 모습을 변화시키는 교정적 피드백 기법이 있다. 상담의 전 과정은 내담자의 성장을 지원하는 것이므로 상담사는 내담자의 입장에서 변화와 성장을 돕기 위해 현재의 행동에 대안이 될 수 있는 행동을 제시해 주어야 하며, 내담자가 피드백을 수용할 때까지 기다려야 한다. 피드백은 분명하고 구체적일 때 효과적이지만 내담자가 선택할 수 있도록 "제가 보기에는 그렇게 하는 것도 좋을 것 같습니다" 등으로 방향을 제시하는 것이 좋다.

(2) 직면

내담자가 갖고 있는 불일치, 모순, 생략 등을 상담사가 기술해 주는 것이 직면이다. 이러한 직면은 내담자와 반대되는 입장에 서는 것이 아니라 내담자의 감정을 공유하는 상태에서 하는 것이다.

(3) 즉시성의 활용

상담자와 내담자 간에 이루어지는 상호작용을 즉시성이라고 한다. 상담자는 내담자와 대화를 하는 과정에서 상담자가 경험하게 되는 것을 즉각적으로 활용하여 피드백을 주어야 한다. 내담자가 아직도 상담의 과정에서 부적응적인 특성을 반복하면서 언어적, 정서적으로 표현하게 되면 즉시 개입하여 행동의 변화를 유도해야 한다.

(4) 해석

내담자의 문제와 염려에 대하여 '새로운 자기 참고의 틀'(frame of reference)을 제공해 주는 것이 해석이다. 내담자가 전에는 인지하지 못했던 자신의 내면을 수용하고 새로운 행동과 감정의 변화를 유지해 나가도록 새로운 틀을 제공하게 되면 내담자는 스스로를 재구조화 해 나갈 수 있게 된다.

상담 중기에는 내담자가 자신이 사고, 감정, 행동 그리고 삶의 패턴에 불일치와 모순을 인지하면서 불안해하거나 정서적으로 힘들어하는 저항이 일어날 수 있다. 이때 상담사는 불안해하는 내담자를 안심시켜야 하며 새로운 자기 행동의 틀을 신뢰할 수 있도록 지원해야 한다.

5) 상담 후기

내담자가 자기 자각을 통하여 새로운 행동을 적용해 보고 평가해보는 시기이다. 노후설계전문가는 내담자가 소지하고 있는 경제적 자원, 문화적 자원 및 사회적 자원과 같은 장점을 알게 되었고 노후에 실현해 보고 싶은 꿈에 대해서도 알게 된다. 이에 내담자와 상담사는 앞으로 이러한 꿈을 실천해 나가는 방법을 결정하고 노후 계획을 세워 나가야 할 것이다.

6) 종결과 추후 상담

초기에 결정한 상담의 목표를 내담자가 혼자서 수행할 수 있다고 평가되면 협의하여 상담을 종결해 나가야 한다. 상담사가 상담을 종결한 이후에는 변화를 잘 수행해 나가고 있는지 1~2번 추후 상담을 할 수도 있는데 상담의 과정은 [그림 2]로 나타낼 수 있다.

그림 2 상담의 과정

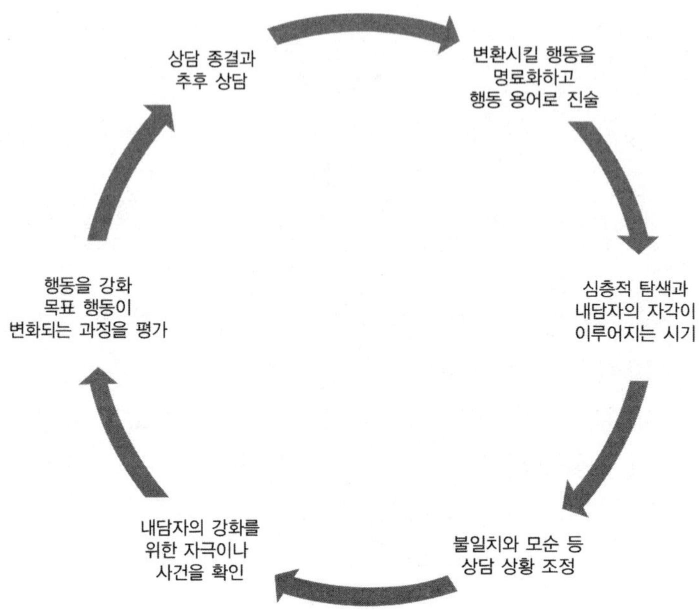

3 인간의 동기

동기(motivation)는 인간이 특정한 행동을 계속하여 하도록 만드는 요소로서 인간이 특정 방향으로 움직이도록 하는 내적 과정이라고 볼 수 있다. 동기는 인간 행동의 방향과 강도를 결정하는 역할을 담당하므로 같은 조건 안에서 인간의 행동이 어떻게 다양하게 나타나는 지를 설명해준다. 동기가 어떻게 일어나며 진행되는지 이론을 통해 살펴보면 다음과 같다.

1) 동기 이론

(1) 본능 이론

본능이란 개인이 원하는 목표를 향해 질주하도록 동기를 부여하여 이끌어 가거나 통제하는 심리적 기능이다. 인간의 행동은 태어날 때부터 가지고 있는 생득적인 경향에 따라서 행동하는 특성이 있는데, 인간의 본능에는 충동, 호기심, 조화를 이루려는 것, 질투, 아껴서 쌓아 두는 성향, 호기심, 가족을 만들어 가기, 정리하기, 놀이, 섹스, 관계맺기, 폭력성, 성과를 내려는 것, 동정심 등이 있다.

본능 이론 연구는 진화론의 영향을 받아 1800년대 말부터 발전하기 시작하였는데, 본능 이론을 연구한 심리학자는 제임스(W. James)와 맥도길(W. McDougall)이다. 본능 이론을 주장하는 학자들은 인간의 행동은 이성이나 의지같은 정신적인 요소보다는 본능에 의해 대부분이 결정된다고 주장한다. 인간의 본능 중에서는 동물들과 동일한 본능도 있지만 인간만이 경쟁심, 호기심, 놀이, 질투, 겸손 등의 본능을 발달시킨다 보았다.

동기는 인간 행동의 원동력이 되어 개인이 원하는 목표를 향해 행동을 강화시킨다. 동기는 생리적 행동, 인지적, 사회적 영역에 뿌리를 두고 있다. 동기는 개인이 잘하는 것을 최적화시키려는 기본적인 충동에 기인하는데 육체적 고통을 최소화하고 즐거움을 극대화시키려는 것이 목적이지만 먹고 자거나 휴식하려는 기본적인 생리적인 욕구로 나타나기도 한다.

동기 부여는 특정 방식으로 행동하거나 행동하도록 하는 내부적 추동(drive)

에 의해서 유지된다고 볼 수 있다. 동기는 사람들이 자신의 환경을 극복해 나가는 과정이 각 개인에 따라서 다양한 것을 설명해 주는데 매우 유효하다. 무학의 어르신들이 한글을 배우는 과정을 보면 개인의 지능도 원인이 되기는 하지만 열심히 공부를 하시는 어르신과 그렇지 않은 어르신까지 동기 강도가 매우 다양한 것을 알 수 있다.

맥도길은 인간이 어떤 행동이나 대상을 보고 정서적 흥분을 일으켜서 목표지향적인 행동을 하는 것을 동기로 보고 이것을 인간이 소지하고 있는 경향성 혹은 본능이라고 하였다. .

(2) 추동

추동(drive)은 욕구에 의해 유발된 심리적 긴장과 각성의 상태로서 그 긴장을 해소시킬 수 있는 행동을 하도록 만든다. 예를 들어 사이버 게임에 중독이 된 학생들이 끼니도 거른 채 밤새도록 컴퓨터 앞에 앉아서 게임을 하게 되면 음식과 잠에 대한 욕구가 생기게 되는데, 이 욕구는 신체적, 정신적 긴장인 추동을 유발시킨다. 학생은 배고픔과 자고 싶은 상태를 벗어나려는 동기에 따라서 게임을 그만두고 잠이 들어버릴 수도 있으나 계속 높은 점수를 얻기 위해서 자고 싶은 욕구를 이기고 계속하여 흥분된 긴장의 추동 상태에서 게임을 지속하게 된다.

(3) 욕구

바람직한 신체적, 심리적 상태에 도달하고자 하는 소망을 의미하며, 바람직한 상태와 현재 상태의 차이를 반영한다. 욕구(need)는 개인이 바람직한 상태를 회복하기 위한 추동을 유발시킨다. 따라서 욕구도 유기체가 행동하도록 만드는 중요한 요인이 되지만 행동을 특정 방향으로 유도하는 방향성 혹은 목표지향성을 가지고 있지 않다는 점에서 동기와 다르다.

인본주의 심리학자인 매슬로우(A. Maslow)는 인간의 욕구를 생리적 욕구, 안전·안정의 욕구, 소속감과 애정에 대한 욕구, 자기존중 욕구, 자기실현 욕구의 5가지로 나누고, 5가지 인간의 욕구는 위계구조를 갖고 있다고 보았다. 그러나 인간의 요구가 엄격한 지침을 가지고 단절되어 있는 것이 아니라 서로 연결되어 있다고 보았는데 5가지 욕구는 다음과 같이 나누어진다.

① **생리 및 생존에 관한 욕구:** 인간에게 있어 가장 기본적인 생존에 필요한 욕구와 보호에 관한 욕구로 호흡, 물, 음식, 의복, 거주지 등을 말한다.

② **안전에 대한 욕구:** 안전에 대한 욕구는 신체적, 감정적인 위험으로 부터 보호되어 안전이 존속되기를 바라는 욕구이다. 경제적 위기에서 해방되는 것, 불완전한 고용의 위기에서 벗어나 경제적 안전이 보장되며, 전쟁 및 자연 재해로부터의 안전, 가정 폭력 및 노인 학대로부터 해방된 신체적 안전에 대한 욕구, 외상 후 스트레스 장애 등에서 벗어난 상태를 말한다. 안전에 대한 욕구는 경제, 사고와 질병같은 부정적 영향에서 보호되는 안전망을 말한다.

③ **사랑과 소속감 등에 관한 사회적 욕구:** 생리와 안전 욕구가 충족되면 인간은 타인에 대한 사랑과 소속감에 관한 욕구를 갖는다. 이러한 욕구는 어린 시절에 특히 강하게 나타난다. 인간은 친밀성에 대한 욕구, 가족이나 조직 속에서 외롭게 살기보다는 사랑받고 소속되려는 욕구를 갖는다.

④ **인정과 평가에 관한 자아존중의 욕구:** 모든 인간은 자부심과 자존심을 소지하고 타인으로부터 존중받고 싶어 하는 욕구가 있다. 존중은 다른 사람에 의해 인정되고 평가되는 모든 인간의 욕망이다. 개인들은 자신의 직업이나 취미활동을 통해서도 평가된다. 자존감이 낮은 사람들은 다른 사람들로부터 존경을 받기 위해서 명성이나 영광을 추구하지만 이런 방법은 자아존중감을 높이는데 도움이 되지 않는다. 자아존중감을 높이려면 개인들은 자신의 내부에서 스스로 자부심을 구축해 나가야 한다. 인간은 자기 평가에 대한 요구가 박탈될 때 열등감을 갖게 되고 이것은 무기력감으로 이어질 수 있다.

⑤ **자아실현의 욕구:** 사람은 자신이 원하는 것이 달성될 수 있도록 계획을 실현시키기 위해서 노력하는 존재가 되어야 한다. 즉 개인이 성취할 수 있다고 자각하는 수준은 잠재력을 실현시키게 되는 기초가 된다. 매슬로우는 욕구의 실현을 위해서는 욕망의 수준이 중요함을 강조하고 이와 같은 욕구의 5가지 위계 구조를 [그림 3]과 같이 나타내고 있다.

그림 3 매슬로우의 욕구의 위계 구조

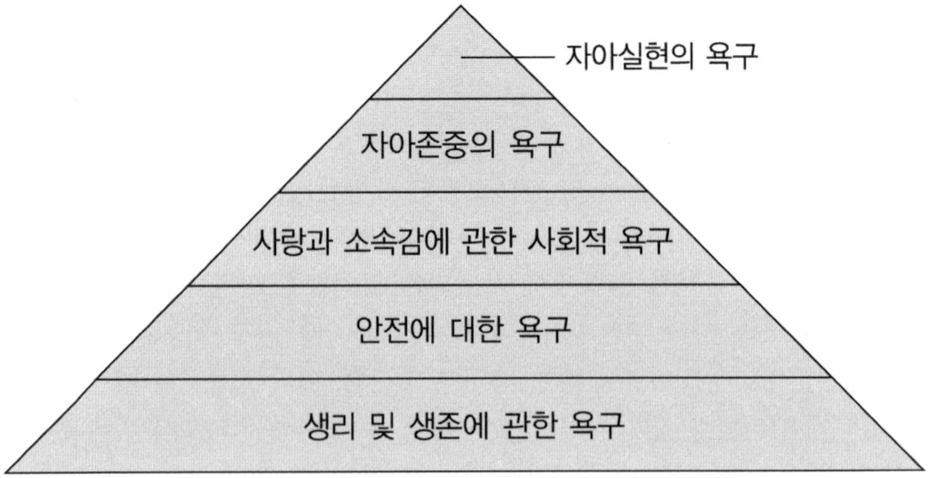

2) 동기의 유형

동기는 내재적 동기와 외재적 동기의 두 가지로 나뉘어진다.

① 내재적 동기: 노인의 내면에서 만들어진 동기로 내재적 동기에 의한 행동은 그 행동으로 인해 만족감이 보상의 역할을 하게 되므로 만족감이 높아진다.

② 외재적 동기: 외재적으로 동기화된 행동은 외적인 보상을 바라거나 처벌을 피하는 것이 목적일 때 행동으로 나타난다. 외재적 동기에 의한 행동은 외재적 행동에 수반되는 보상물이 행동의 근원이 되므로, 활동 자체보다는 보상에 더 큰 관심을 갖는다. 노인복지관에서 열심히 봉사하는 노인들에게 1년에 한번씩 비누 세트를 선물한다면 외재적 동기에 의해서 열심히 일하도록 촉진하는 사례가 된다.

3) 동기의 강화

인간의 동기는 다음과 같은 4가지 방법을 통하여 강화시킬 수 있다.

① 내재적 동기의 강화: 내재적 동기는 도전 의식과 호기심을 유발시키는 과업을 찾게 되었을 때 강화된다. 노후설계전문가는 노인들이 노후에 자신의

꿈을 개발하여 새로운 활동에 집중하도록 노인복지관 등에서 제공하는 프로그램을 안내할 수 있다.

② 노인의 동기유형을 분석하여 높은 관심도를 표현하기: 자신이 원하는 것을 달성하고 성취감을 느끼려는 노인에게는 적절한 자극과 도전을 제공해 주고, 자신의 존재감을 드러내려는 노인에게는 충분한 관심을 표현해 주는 것이 좋다. 다른 노인들과 함께 일하는 것을 좋아하는 노인에게는 함께 일할 수 있는 분위기를 만들어주는 것이 좋다. 또한 의사결정 과정에 참여하도록 하여 자기결정권을 행사할 수 있도록 하고, 권력에 대한 욕구가 강한 노인에게는 경쟁할 수 있는 기회를 제공하여 성취감을 느끼도록 배려해 주는 것이 좋다.

③ 구체적이고 도전적인 목표를 제시하고 실천 과정 피드백하기: 노인들의 내부적 동기가 무엇인지 밝혀낸 후에는 구체적이고 도전적인 목표를 제시해 주고, 실천 과정에 대한 피드백을 제공하여 스스로 성취할 수 있다는 자신감을 갖도록 지지해야 한다.

④ 노인의 유형을 알아내고 유형에 맞게 안내하기: 노인은 특성에 따라 유형으로 나뉘어진다. 공감하고 경청하는 것을 좋아하는 '섬기는 유형의 노인'인지, 자율성을 갖고 혼자서 실천하는 것을 좋아하는 '민주적 유형의 노인'인지를 파악해서 적절한 방법으로 노후 설계를 안내해야 한다.

4 정서

학자들은 정서를 매우 다양하게 정의하고 있다. 일반적으로 정서는 주관적 요인과 객관적 요인 간의 복잡한 상호작용으로 생겨나는데 신경 및 호르몬의 작용을 받아 나타나기도 한다. 정서는 크게 긍정적 정서와 부정적 정서로 나뉘어진다. 부정적 정서로는 두려움, 분노, 질투, 슬픔, 혐오감 등이 있으며, 긍정적 정서에는 애정, 사랑, 행복, 기쁨, 호기심 등이 속한다. 언어로 표현되기 힘든 정서는 얼굴 표정이나 몸짓, 울음 등을 통해 표현된다.

정서적 느낌은 신체적 반응을 수반하기도 한다. 예를 들어 예상하지 못했던 놀라운 소식을 듣게 되면 잠재되어 있던 심장질환이 갑자기 악화되어 심장 경색이 일어나기도 한다. 창피하다고 생각할 때도 얼굴이 빨개지는데 이러한 경우는 정서가 신체적 반응을 일으키기 때문이다.

정서는 인지적 해석을 통해 강화되기도 한다. 예를 들면 합격통지서는 잠에서 일어난 직후 보다는 바쁘게 일을 할 때 받게 되면 기쁨이 더 강렬해 진다.

인간은 대체로 분노, 슬픔, 절망, 공포, 긴장 등 부정적 정서를 유발하는 상황에서도 표정관리를 할 수 있는 능력을 갖고 있다. 그러나 무조건 정서를 억압하게 되면 스트레스가 누적되어 일의 능률이 떨어지거나 생각하는 능력도 저하된다. 따라서 슬픔이나 분노 등이 쌓일 때는 운동이나 음악 감상, 등산 등 즐거운 활동을 통하여 주의를 다른 곳으로 돌리는 것도 좋은 방법이다. 노인들은 이처럼 자신의 정서를 조절하는 능력을 익혀 행복한 노후를 보내도록 노력해야 할 것이다.

1) 치매 노인과의 의사 소통

(1) 치매 노인의 특징

치매 초기 증상의 약 80%는 건망증으로 시작된다. 치매 초기에 있는 노인들은 같은 내용을 몇 번이나 되묻거나 최근에 일어났던 일을 생각해 내는 것이 어려워진다. 경미한 치매는 시간 관념이 애매해 지는 것이며, 중간 정도의 치매는 장소의 관념이 흐릿해 지며, 치매가 더욱 발전되면 가까운 사람의 얼굴을 알아보지 못하게 된다. 치매에 걸리게 되면 성격도 변화한다. 일부 노인들은 본래 자신의 성격과는 달리 정반대로 변하기도 한다. 치매 노인은 일반적으로 상처받기도 쉽고 외롭다는 생각을 자주하게 되므로 불안해지거나, 지능 장애를 겪게 되어 아동과 같은 행동을 자주하기도 한다(한국재가노인복지협회, 1998).

(2) 치매 노인과 의사 소통 하기

자존심이 상하지 않도록 행동해야 하며, 말을 걸 때는 얼굴을 마주 보고 한마디씩 천천히 명확하게 큰소리로 이야기해야 한다. 가까운 거리에서 노인의 눈높이에 맞추어 이야기하며 대화할 때 손을 잡거나 어깨를 만지면서 이야기하는 것이 좋다.

이야기할 때는 명령조로 말하지 말고 과거 생각나는 일 등을 이야기해 보도록 하는 것이 좋다. 노인이 잘하는 것, 좋은 점을 칭찬하고 격려하며 스스로

할 수 있는 일은 노인이 스스로 하도록 지원해 주는 것이 좋다.

될 수 있는 한 본인의 의지나 희망을 존중하여 노인이 원하는 것을 충족시켜 드리도록 해야 한다. 노인이 걷는 속도에 맞추어 산책을 하면서 이야기를 하는 것도 노인에게는 매우 큰 도움이 된다.

2) 독거 노인과의 의사 소통

(1) 독거 노인 돌보기

독거 노인을 방문할 때는 그전에 방문했을 때와 비교하여 변화된 것이 있는지 독거 노인의 행동에 차이가 있는지 등을 관찰해야 한다. 집안의 청소상태 등을 둘러보고 변화된 점이 있는지 살펴보는 것도 중요하다. 노인이 노후설계전문가 등에게 너무 많은 기대를 하지 않도록 자신이 스스로 할 수 있는 것은 혼자서 하도록 격려해주고 스스로 삶의 의미를 찾도록 점검하고 지원해 주어야 한다. 좋은 신뢰 관계가 형성되도록 초조해 하지 말고 상대방의 이야기를 공감하며 들어주는 것이 좋다. 또한 노인의 요구가 잘 충족되도록 메모지와 필기도구 등을 준비하여 노인의 요구 등을 적어 상담에 활용하면 노인이 자신의 요구가 충족되는 것을 느끼게 되므로 좋은 관계를 맺어갈 수 있다.

(2) 신뢰 관계 맺기에서의 유의 사항

독거 노인을 방문할 때는 사전에 전화하여 방문할 것을 알리고 방문 시간을 반드시 지켜야 한다. 할아버지, 할머니라고 부르지 말고 어르신이라고 부르는 것이 좋고 어떠한 도움을 원하는지 잘 듣고 요구를 충족시켜 주는 것이 좋다. 이웃과의 교제가 원만하지 않은 경우에는 쌍방의 조정자가 되는 역할을 해 보거나, 노후설계전문가와 신뢰가 형성된 이후에는 노인복지관이나 주간보호서비스 등을 이용하도록 안내하는 것이 좋다. 이야기를 나눌 때에는 자식과 같은 입장에서 때로는 상담사의 입장에서 노인의 감정을 수용해 주는 것이 좋다.

토의 거리

사례 1

다음 상담 사례를 읽고 조원끼리 상담 과정을 생각해 보고 상담의 목표를 결정해 보자. 상담 목표를 실천하기 위한 좋은 방법도 생각해 보자.

80세 여성 노인으로 현재 ○○○에 거주, 한문과 언문을 집에서 배웠으나 정규학교에 다닌 적은 없다. 남편과 5년 전에 사별하고 슬하에는 3남 2녀가 있다. 자녀들은 모두 결혼하여 도시로 떠나, 현재 동네에서 같이 사는 여성노인들과 여가를 함께 보내고 있다.

유년기에 가장 행복했던 것은 아버지로부터 사랑을 받으며 성장한 것이며, 청소년기에는 일종의 홧병이라고 볼 수 있는 피라는 질환을 앓음(머리가 아프고 어지럽고 가슴이 두근거리는데 일종의 스트레스나 우울증 등으로 피가 엉기는 어혈임).

결혼을 해서 큰 아들을 출산하였을 때 가장 기뻤으나 남편과의 관계는 구름낀 밤하늘의 달과 같이 언뜻언뜻해서 결혼해서 행복했던 때는 없었다. 바느질과 음식을 잘 해 동네 사람들의 한복을 만들어 주고 동네 잔치 때에는 음식 장만에 초대되었다. 이 시기에는 TV나 라디오가 없어서 동네 아낙들에게 홍길동, 조웅전, 설인귀전 등을 재미있게 읽어주고 해석해 주어 인기가 좋았다.

노년기를 되돌아볼 때 후회되는 것은 자식들 교육을 제 때에 시키지 못한 것이다. 인생의 시기 중 현재가 가장 행복하다.

가장 바라는 소원은 자식들 고생시키지 않고 3일만 아프다가 사망하는 것이다. 자식들이 항상 건강하고 형제 간에 화목하고 남에게 폐 끼치지 않고 사는 것이다.

노인도 무식하면 사람이 가치가 없어 보이므로 배울 것이 있으면 항상 배워야 한다고 생각한다.

1. 상담의 목표를 결정해 보자.

2. 행복한 노후설계를 위해 상담 목표를 실천할 수 있도록 조언해 보자.

사례2

상담의 사례를 읽고 노인의 욕구를 나누어 보고 행복한 노후설계를 위해서 구체적으로 지원해야 할 욕구들을 토론해 보시오.

1933년생 여성노인, 큰 아들 가족과 임대주택에 거주

유년기: 내가 12살 때에 총과 칼을 든 일본인들이 우리 마을의 젊은 남자들을 데려갔다. 남자들은 끌려가지 않기 위해 이리저리 도망다니며 낫을 들고 반항하였지만 일본인들은 그런 그들을 비웃으며 총을 쏘았다.

어릴 때에는 일제시대여서 행복한 사건은 기억이 잘 나지를 않는다. 단지 가장 행복했던 것은 또래 여자아이들과 재미있게 놀며 일하던 것이 생각난다. 나는 장녀였기 때문에 집에서 동생들을 돌보고 길쌈과 밭일을 해야 했기에 학교를 다니지 못했는데, 이것이 가장 가장 슬펐다. 해방 후에는 삼팔선 근처에서 살았기 때문에 하루하루가 전쟁터나 마찬가지였다. 그런 상황에서도 먹고 살기위해서 25일 이상은 집 밖으로 나가 일을 하였다. 당시 도로는 매우 지저분하였는데, 50리나 되는 길을 걸어가 친척집 또는 다른 곳에서 일을 하였다.

청년기: 해방 후에는 성별과 나이를 가리지 않고 주위사람들이 학교에 가기 위해 준비하였다. 그 당시 나도 학교에 보내달라고 부모님께 말씀드렸다. 반대하실 줄 알았던 아버지가 매우 호의적인 반응을 보여서 매우 기뻤다. 그러나 내 아래로 두 명이 동생이 있었고 해방 후라 하루 한끼 식사도 여의치 않았다. 어머니가 '네가 학교에 가면 동생들은 누가 돌보고, 길쌈이나 일은 누

가 하느냐'하시며 "여자가 무슨 학교냐"라고 하였다. 정말 학교에 가고 싶었던 나는 단식투쟁을 하며 떼를 썼다. 하지만 풀죽 한 그릇 먹기 힘든 그 때 단식 투쟁은 씨알도 먹히지 않았다. 나는 그래서 내가 밥을 굶더라도 내 자식들은 최대한 가르쳐야겠다고 생각했다.

할머니의 꿈: "배운 게 없는데 어떻게 꿈을 가질 수 있겠니?, 나는 눈뜬 봉사야, 어릴 때부터 시장에 가도 계산을 할 수 없는 나는 바보 같았어"

결혼기: 22세에 ㅇㅇ까지 피난을 내려왔다. 당시 결혼적령기는 16~18세였는데, 당시 20살이 넘자 혼처가 들어오지 않았다. 어느날 애 딸린 남자가 있다는 소식이 들어왔다. 중매로 결혼을 하였다. 남편은 머슴까지 두었을 정도로 부자였고, 대학을 나와 일본에 가서 공부를 한 사람이었다. 이점이 나의 마음을 가장 끌었다. 아마 일찍 돌아가시지 않았더라면 정말 많은 일을 했을 사람이다. 자식은 1남 2녀를 두었다.

가장 행복한 때: 남편이 군청 과장이 되어 먹고 살기 편해졌을 때이다. 남편을 기다리는 그 순간은 매우 행복하였다. 학교근처도 못 가본 나를 정말 잘해주고 아껴주었다. 남편을 만나 고생을 덜 할 수 있었고, 해외여행도 하였다. 남편은 사망한 지 오래되었는데, 항상 생각난다.

중년기: 50세가 되지 않아, 남편이 암 선고를 받고 3년간 투병 생활을 하다가 돌아가셨다.

노년기: 삶을 돌아볼 때 가장 후회되는 것은 배우지 못한 것이다. 엄마로서 자식들에게 많은 것을 가르쳐주지 못했다. 어머니 몰래라도 해방 후에 학교에 갔었어야 했다. 그러지 못한 것이 참으로 한이 된다.

소원: 아들이 좋은 직장인 공무원 일을 그만두고 자동차 판매업을 했는데 부도가 났다. 집안의 땅이 넘어가 집도 잃었다. 아들이 모든 것을 잃고 많은 상처를 받았는데, 얼른 아들이 잘되었으면 좋겠고 손자 손녀도 잘되었으면 좋겠다.

여가 생활: 2년째 수영을 하고 있다. 수영을 다니기 전까지 다리를 쓰지 못했고 허리와 심장이 좋지 못했다. 물 속에서 부담 없이 움직일 수 있다는 게 좋았는데, 수영을 다니면서 건강해졌다. 겨울에는 1주일에 한두 번, 여름에는 4번을 다닌다. 수영하고 나서 나물도 뜯고, 빨래하고 혼자 밥을 먹고 TV를 보다가 일찍 잠을 잔다. 손자들은 밤 11시가 넘어야 집에 온다.

하고 싶은 말: 배우지 못한 어미라 자식들에게 많은 것을 가르쳐주지 못해 미안하다. 두 딸은 잘 지내는데 아들이 걱정이다. 자기 일을 찾고 손자, 손녀도 원하는 곳에 취업이 되었으면 좋겠다.

1. 현재 노인의 욕구를 분석해 보자.

2. 행복한 노후설계를 위해서 지원해야 하는 욕구를 구체적으로 찾아보고, 이러한 욕구를 어떠한 방법으로 채워드릴 수 있는지 토의해 보자.

3. 행복한 노후설계를 위한 여가 활동을 제시해 보시오.

제 5 장

노인상담 이론

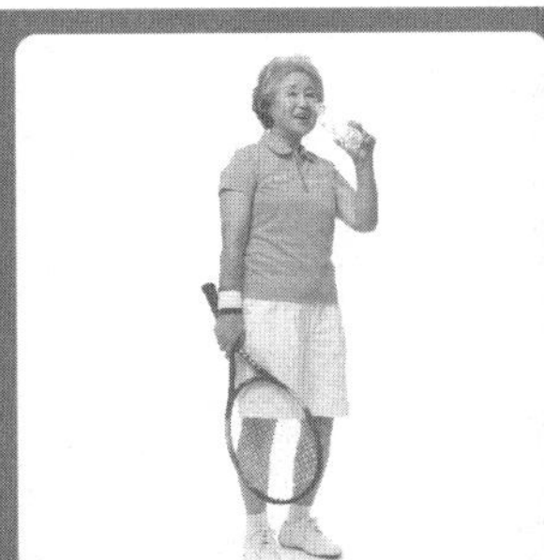

5장 노인상담 이론

노후설계전문가는 상담이론에 대한 지식을 충분히 익히고 있어야 한다. 이것은 노인들이 일상생활에서 겪게 되는 문제가 다양한 측면에서 복합적으로 얽혀져 있기 때문이다. 노인 문제를 해결해 나가려면 부분적인 문제로 접근하기보다는 유년기의 경험 및 성장 과정, 직업 활동, 현재의 질병 여부, 신체적 퇴화 정도, 가족 관계 및 부양 정도, 자존감 등을 이해하고 총체적인 측면에서 접근해야 한다. 노인상담 이론은 노인들이 자신의 문제를 이야기해 가는 과정에서 스스로 성장하고 앞으로의 문제가 더 이상 확대되지 않도록 예방하는 것에 초점을 두어야 한다. 노후설계전문가가 노인과 상담할 때는 노인이 스스로 결정하도록 충분한 시간을 주고 기다려야 한다. 상담은 노인 스스로 성장하도록 행동의 변화를 촉진하며 의사결정력, 대인 관계 능력을 신장시켜 억압에서 벗어나 자유로우며 책임감을 소지한 노후를 설계하도록 지지해 주는 것이다. 상담은 목표 설정, 문제 해결, 성과 다지기 등의 3단계로 진행되어야 한다.

그림 1 상담의 3단계 과정

목표 설정

↓

문제 해결

↓

성과 다지기

1 정신분석적 심리상담

1) 프로이드의 심리성적발달 이론

(1) 정신분석 이론

정신분석 이론은 프로이드(Freud: 1856~1939)가 자신의 제자들과 함께 발전시킨 성격에 관한 이론이자 상담의 방법이기도 하다. 정신분석이론에서는 심리적인 사건이나 현상은 노인들에게 심리적 문제를 야기시키게 된다고 본다. 인간의 부적응 행동은 대부분 무의식 세계에 억압되어 있었던 유년기의 경험이 가장 큰 원인이 된다고 보았다. 정신분석 상담에서는 무의식 세계에 억압되어 있는 갈등을 의식의 수준으로 끌어 올려 내담자가 행동의 동기를 깨우치고 자신을 통찰하도록 하여 긍정적인 성격으로 변화하도록 지원한다.

(2) 상담의 기술

① **자유 연상**: 자유 연상은 "지금 생각나는 것을 모두 말씀해 보세요"라고 질문을 던지면서 시작한다. 내담자가 편안한 자세로 앉아 그 머리에 떠오르는 생각이나 심상, 느낌을 모두 표현하도록 하면 삶의 흔적을 알아낼 수 있다. 제약없이 자유롭게 생각나는 것이나 감정을 이야기하도록 하는 자유 연상은 정신분석에서 꿈의 해석과 함께 내담자 스스로가 자아를 이해하도록 하는 방법으로 사용된다.

② **저항의 분석**: 내담자가 과거에 일어난 중요한 일을 기억해 내지 못하는 것은 과거의 사건에 대해 아직도 심리적으로 저항하기 때문이다. 정신분석이론에서는 이러한 저항의 원인을 알아내고 내담자의 저항을 소멸시키는데 초점을 둔다.

③ **꿈의 분석**: 내담자가 꾸는 꿈의 내용에서 잠재된 상징적 의미를 찾아낼 수 있다. 잠을 잘 때는 내담자의 방어 기제가 약화되어 억압된 욕망과 갈등이

의식세계로 나타난다. 상담자는 내담자의 꿈을 분석하고 해석하여 내담자의 심리적 갈등을 파악해 낼 수 있다.

④ 전이의 분석: 내담자가 유년기에 부모나 가족들에게 애착, 증오, 질투 등의 감정들을 갖게 되면 이것이 상담자에게 그대로 전해지게 된다. 정신 분석에서는 이러한 전이의 원인을 해석하여 내담자 스스로 자신의 불안을 이해하고 저항을 줄여나가도록 지원해야 한다.

⑤ 해석: 내담자가 이야기하는 무의식 세계에 대한 정보에 관한 상징적인 의미에 대해서 상담자가 설명해 주는 것이며, 내담자는 이러한 해석에 의해서 자신의 부적응 행동의 동기를 자각하도록 변화를 시작하게 된다.

(3) 상담의 과정

정신분석 상담에서는 내담자의 부적응 행동의 원인을 자유 연상이나 꿈을 통해 전하는 이야기인 무의식 속에서 찾아내야 한다. 프로이드는 내담자의 가장 핵심적인 갈등이나 소망, 충동 등이 꿈으로 나타난다고 보았고, 이러한 꿈에 대한 해석은 개인의 무의식이 표출되는 것이라고 보았다. 이러한 프로이드의 생각은 오랫동안의 임상 경험을 통하여 얻게 된 사실인데, 꿈과 내담자의 문제가 유사한 구조를 갖고 있다고 보았다. 꿈과 증상은 마음 속에서 있는 두 가지 갈등 간의 힘이라고 보았다. 내담자의 문제 또는 증상은 표현하고자 하는 무의식적인 성적 욕구와 현재의 억압적인 활동 사이에서 타협되는 최종의 산물이라고 보았다. 좋은 상담사는 내담자가 불안을 피하기 위해서 갖고 있는 방어를 이해하고 그의 저항을 극복하도록 지원해주어야 한다. 내담자가 저항을 보이는 것은 상담을 통해서 변화되면 유년기 시절부터 내담자가 지니고 있었던 감정과 사고에서 멀어져야 하기 때문에 유아기의 갈망을 보존하려는 본능이라고 할 수 있다.

2) 아들러의 개인 심리학

아들러(Adler: 1870～1937)는 개인심리학을 창시하였으며 개인이란 나누어질 수 없는 전체로 보아, 모든 행동은 개인이 살고 있는 사회적 맥락 속에서 일어나게 된다고 보았다. 아들러는 인간이 일을 하고 있으며, 인간관계가 원만하며 여가생활을 할 수 있을 때, 만족한 삶을 살아간다고 보았다. 따라서 개인을

이해하려면, 우선 지배형, 기생형, 회피형, 사회적 유용형으로 구분되는 생활양식을 이해해야 한다고 보았다. 아들러는 가족구도(family constellation)와 출생순위는 성격 형성에 중요한 영향을 준다고 보았다. 가족 내에서 의미 있는 위치를 차지하려는 아동의 투쟁이 성인기에도 문제를 일으키는 열등감의 원인이 된다고 보았다. 내담자가 살아가는 가족의 시스템 속에서 개인이 잘못된 지각, 학습 및 목표를 갖게 되면 정신적인 문제를 갖게 된다고 보았다. 따라서 상담이란 내담자와 치료자가 함께 협력하여 지각을 바꾸어 자신에게 맞는 학습과 목표를 설정하는 교육적 지원이 이루어져야 한다고 보았다. 아들러 학파는 저항을 치료하는 방법으로 다음과 같은 방법을 제시하였다.

- 내담자가 사회적 관심을 키워가도록 지원한다.
- 열등감을 감소시켜 낙담을 극복하며 자신이 소지하고 있는 잠재적 자원을 인식하고 활용해 나가도록 지원한다.
- 개인의 생활양식을 변화시키도록 한다.
- 행동의 배후에 있는 잘못된 동기와 가치의 개념을 변화시켜, 고통에서 벗어나도록 한다.
- 타인과 자신은 동등하다는 것을 인식하도록 지원한다.
- 고령 사회에서 자신의 자원을 이용하여 기여하는 인간이 되도록 지원한다.

이러한 아들러의 상담법은 후에 인지적 상담이 발전하는데 토대가 되었다.

3) 융의 분석심리 심리학

융(Jung, 1875~1961)은 스위스의 심리학자로 무의식의 세계를 강조하였다. 프로이드보다 광범위한 정신세계로 무의식을 발전시켰는데 그의 이론을 분석심리 상담이라고 한다. 원초적 이미지인 보편적이고, 전형적인 인간의 경험을 원형(archetype)이라고 명명하였는데 이것은 집단적 무의식을 구성한다. 원형은 직접적으로는 의식화될 수 없지만 신화, 민속, 예술, 종교, 동화 등이 지니고 있는 관점 속에서 간접적으로 관찰할 수 있다. 성격발달에 중요한 역할을 하는 원형의 이미지에는 페르소나, 자아, 그림자, 아니마, 아니무스, 노인, 어린이, 어머니 등이 속한다. 인간은 사회의 인습과 전통에 의한 요구와 그 자신의 내적 원형의 요구에 부응해서 선택에 따라 가면을 쓰고 살아가는데 이것을 페르소나라고 불렀다. 이것은 사회가 인간에게 기대하는 역할이기도 하다. 융은 이와같은 가면을 벗어 던지고 노년기에는 내적인 요구에 의한 자신의 본성을 스스로 찾아가야 할 것을 강조하였다. 융은 남성 속에 숨겨져 있는 여성적인 면을 아니마로, 여성 속에 숨겨져 있는 남성적인 측면을 아니무스로 표현하였다. 노년기에는 여성은 여성으로서, 남성은 남성으로 자신의 본성 속에서 진정한 자아를 찾아야 할 것을 강조하였다.

융이 강조한 원형의 모습을 우리는 그리스 신화에 나오는 여신들에게 발견할 수 있는데, 명상 속에서 나타난 지혜의 여신인 헤스티아(Hestia)의 모습에서 노년의 원형을 발견할 수 있다. 헤스티아는 따뜻함을 나타내는 성격을 갖고 있는 불로 표현되며 화로의 여신이지만 홀로 있는 데서 편안함을 갖는 특성이 있다. 헤스티아는 처녀신으로 때 묻지 않은 완전함과 인내심을 갖고 있다. 헤스티아는 12명의 올림푸스신 중의 하나로 맏이로서 중요한 여신이지만, 조각이나 그림 등으로 형상화되어 있지 않다. 그러나 모든 집의 난로가 중앙에 놓여있듯이 각 집의 중앙에 놓여 있으며, 모든 신전에 바치는 최상의 제물을 받는다. 이러한 여신 헤스티아의 원형은 많은 이들의 정신(영혼)의 중앙을 차지하고 있어 스스로 자신이 누구인지를 생각하도록 하는 자아로 표현된다. 헤스티아를 상징하는 불은 정신과 육체를 따뜻하고 밝게 하는 영혼의 중앙을 밝혀주므로 명상을 통하여 지혜를 찾아갈 수 있었다.

노년기에는 이러한 헤스티아처럼 우리는 각자의 일을 열중해서 하되 서두르지 않고 일의 결과를 즐기며 시간을 보낼 수 있는 여유를 가져야 한다. 또한 명상을 통해서, 노년기에 예기치 않게 겪게 되는 고독한 삶 속에서도 헤스티아처럼 지혜를 만들어 갈 수 있어야 한다.

융의 심리학에서는 무의식이 의식 상태를 보상하는 것으로 보기 때문에 의식적 태도에 따라서 해석은 다양해 질 수 있다. 융의 심리학에서 심리상담은 일반적으로 4단계로 진행되어야 한다(윤가현 외, 1993).

1단계: 내담자가 자신의 인생에 대하여 자세히 말하며 정화해 가도록 고백을 경청해야 한다. 내담자가 상담사와 의식적 또는 무의식적 비밀을 함께 공유하여 문제를 해결해나갈 수 있게 되도록 많은 정보를 이야기하도록 지지한다.

2단계: 명료화단계에서 상담사는 전이 관계뿐만 아니라 꿈과 환상에도 관심을 가져야 한다. 감정적 수준과 지적 수준에서 통찰이 이루어지도록 해야 한다.

3단계: 내담자를 사회에 적응하는 사회적 존재로 만들어 가려면 인내 및 지지가 필요하다. 상담사는 일상생활에서 내담자가 적극적으로 자신의 건강을 증진시키고 자원봉사 등의 역할을 찾아가도록 격려해야 한다.

4단계: 상담을 받는 내담자들이 상담 후에 모두 변화의 단계를 경험하는 것은 아니다. 일반적으로 중년 및 노인들은 자기를 실현시키고자 할 때 변화가 일어난다. 이 단계에서는 꿈과 환상뿐만 아니라 전이에서도 자신의 원형적 심상을 찾아 내담자가 적절한 통합감을 상실하지 않고 진정한 자아를 찾을 수 있도록 상담사는 자신이 원하는 것을 달성하면서 개성적인 자아를 찾도록 영감을 주어야 한다.

따라서 노후설계전문가는 노인 상담의 과정을 통하여 변화의 단계에 이르도록 이끌어가는 것이 매우 중요하므로 진정한 자아를 찾아 자아통합감을 갖도록 지지할 수 있는 경험을 쌓아야 한다.

그림 2 융의 네 가지 심리상담의 단계

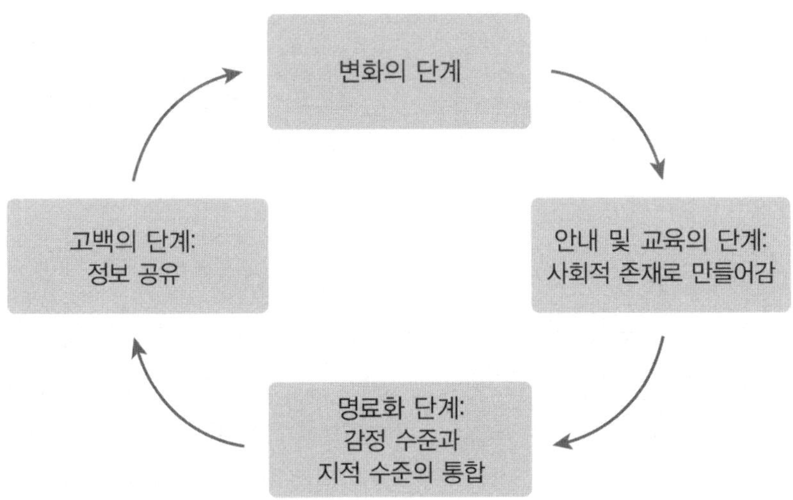

2 경험적/관계 지향적 심리치료

1) 로저스의 인본주의 상담

부버(Buber)의 만남의 철학에 영향을 받은 로저스(Rogers)는 1942년에 상담과 심리치료라는 저서를 발간하였다. 로저스는 당시에 유행이었던 정신분석이나 지시적 상담과는 달리 비지시적인 방법인 내담자 중심의 상담을 진행할 것을 강조하였다.

1902년 미국 일리노이 주에서 출생한 로저스의 아버지는 농장경영자였으나 남달리 엄격하였다. 로저스는 영화를 관람하거나, 카드놀이, 이성과의 교제 등을 모두 금지당한 채 자신의 감정을 표현하지 못하는 억압적인 분위기 속에서 성장하였다. 부모의 지나친 간섭과 지시에 순종하였던 로저스는 자기주관을 갖기 못한 채 성장하였다. 따라서 인간관계가 매우 서툴러 친구도 거의 없이 오직 농장에서 아버지를 도와주거나 가축 사육 등에 전념하면서 성장하였다. 1920년에는 위스콘신의 농과대학에서 신학으로 전과하였고, 대학원에서 임상심리학을 전공하였다.

로저스는 자신의 성장과정에서의 체험을 바탕으로 마음과 마음의 만남을 소중하게 생각하는 인본주의 상담법을 주창하게 되었다. 1951년 "내담자 중심의 치료"라는 책을 발간하게 되면서 로저스의 상담법은 내담자중심의 상담법으로 불리었으나, 이후 내담자 중심의 상담이 개인의 긍정적인 성장 가능성을 지원해 준다는 특징이 강조되어 1974년부터 인본주의 상담으로 불리게 되었다. 인본주의 상담은 모든 인간은 합리적이고, 건설적이며, 성장과 자아실현에 힘쓰는 존재라는 것에 기초하고 있다.

로저스의 인본주의상담이란 "잠재적으로 능력이 있는 개인 안에 이미 존재해 있는 능력을 해방시키는 것"으로 보아 상담이란 개인의 잠재력과 성장 능력을 개발해 주는데 목적이 있다고 보았다. 이러한 로저스의 개념은 노인교육에서 강조되는 자아실현의 의미와 거의 일치한다. 인본주의 상담이론에서 전제하는 기본적인 인간관은 다음의 4가지이다.

- 인간은 문제해결능력을 소지하고 있다

- 인간은 긍정적인 자아개념을 소지하고 있다.
- 인간은 자기실현의 경향을 갖고 있다.
- 인간은 본질적으로 선하고 신뢰할 수 있다.

상담사가 지니고 있는 신뢰는 내담자를 성장시키게 되는 데 내담자를 성장시키려면, 상담사는 내담자가 이야기하는 조건에 무조건적으로 긍정 또는 존중해야 하며 공감하는 태도를 가져야 한다. 이같은 일치성, 긍정적 존중 그리고 공감적 이해는 인본주의 상담에서 가장 기본적인 개념이 된다. 로저스는 상담사가 소지해야 할 것으로 3가지 기본적 개념을 강조하였는데 실제 상담에서는 다음과 같은 태도가 실천되어야 한다.

(1) 일치성

상담사는 상담 과정에서 생각과 행동의 일치성을 보여야 한다. 내담자의 문제를 해결하려면 진정성을 갖고 상담에 임해야 한다. 내담자와의 관계에서 경험하는 순간의 느낌에 의해서 내담자를 이해하고 내담자의 감정이 변화하는 것을 읽을 수 있어야 한다. 이외에, 상담사는 자신이 느낀 감정 들을 솔직하게 전달할 수 있는 능력을 개발해 내야 한다. 이것은 내담자와 상담자 간에 만들어지는 진정성을 통해 내담자는 상담자를 신뢰하고 긍정적인 변화를 위해 노력하기 때문이다.

(2) 무조건적 긍정적 존중

상담사는 내담자의 이야기를 무조건 긍정하며 존중한다는 것은 알리기 위해 판단적인 행동을 하지 말아야 한다. 상담사는 불필요하게 내담자에게 질문을 하지 않으며 내담자의 생각을 수용하여 급하게 해석하지 말아야 한다. 상담사는 내담자를 전적으로 이해하고 진솔하게 수용하여 내담자가 가지고 있는 자기이해와 긍정적인 변화를 위한 능력을 믿어야 한다. 이러한 관계가 형성되어야 내담자는 진정한 자기와 이상적 자기와의 불일치를 극복하고 진정한 자아를 수용하게 된다. 자아를 수용하게 되면 외부적 기준과 내면적 욕구 사이의 불일치를 극복하고 자신이 원하는 진정한 것을 찾게 된다. 이처럼 행동의 기준이 자신의 내부적인 욕구가 아니라 주변의 중요한 타인에 의해서 만들어진 외부적 기준에 따를 것을 요구당할 때, 내담자는 자신을 무의미한 존재로 여기게 되므로 상담사는 내담자의 내적 욕구가 무엇인지를 내담자 스스로 발견하도록 하고 지지하여 진정한 자아를 찾도록 지원해야 한다.

(3) 공감적 이해

내담자의 이야기를 경청하면서 전하는 이야기의 의미와 감정의 세계에 대해서 깊은 관심을 갖는 것을 공감적 이해라고 한다. 상담사는 내담자의 주관적인 세계를 이해하기 위해서 단순히 내담자의 말을 이해하는 것을 넘어서 내담자의 시각에서 이야기의 의미를 도출해 낼 수 있어야 한다. 공감적 이해란 내담자가 지각하지 못하였거나 언어로 표현해 내지 못한 내용들을 상담자가 공감적 이해를 통해서 밝혀내고 전달함으로써 내담자 스스로 자신에 대한 이해의 폭을 넓히고 자아개념을 확장시켜 나가도록 지원하는 것이다.

인본주의 상담은 다음과 같은 과정으로 이루어져야 한다.

그림 3 인본주의 상담의 과정

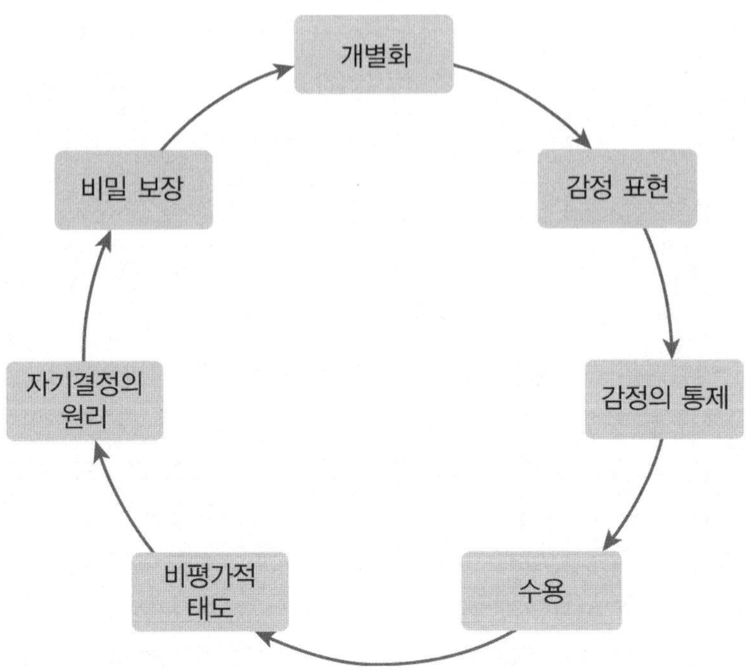

인본주의 상담에서는 인간의 부적응 행동은 다음과 같은 문제 때문으로 생각한다.

① **외부적 기준과 내면적 욕구와의 괴리**

사회나 가족 또는 주변의 사람들이 노인에게 어떠한 형태의 삶을 살기를 기대할 때 우리는 이것을 외적인 가치의 기준이라고 한다. 그러나 노인에게 이러한 외적인 가치의 기준이 자신이 원하는 내면적 욕구와 큰 격차가 날 때, 노인은 심리적인 문제를 갖게 될 수도 있다.

② **진정한 자기와 이상적 자기와 사이에서의 괴리**

노인들은 자신의 성격적 특성에 따라서 스스로에게 바라는 모습을 갖게 되는데, 이것이 이상적 자기이다. 그러나 자신의 내면의 세계에서 요구하는 진정한 자기와 이상적 자기 사이에서 불일치를 느끼게 되면 심리적인 문제가 발생할 수도 있다.

③ **유기체적 욕구와 존중받고자 하는 욕구와의 괴리**

학습하는 것을 좋아하고, 성장할 수 있으며, 건강하고, 성숙한 방식으로 발달하려는 선천적인 동기를 갖고 있는 노인의 욕구가 중요한 타인으로부터 긍정적인 평가를 받지 못하면 심리적 문제를 일으키게 된다. 이 때 노인은 자신을 무가치한 존재로 생각하며 인정받기 위해 내적인 욕구보다 타인에 의해 부여된 가치에 맞추어 행동하게 된다. 이처럼 타인이 요구하는 가치에 맞게 행동하게 되면, 불만족감이 증가하게 된다.

④ **자아개념과 경험 간의 불일치**

노인은 실제 자신의 모습과 현실의 요구, 자신에 대한 생각이 일치하지 않는다고 느낄 때 불만과 긴장감을 느끼게 된다.

상담 사례

- 여성은 실제로는 술을 많이 드시는 남편에 대해 분노하고 있으면서도(주관적 경험) 집안의 할아버지로 권위를 갖고 존중되는(외부적 가치) 남편에 대해 분노를 느끼는 자신을 수용할 수 없기 때문에 스스로를 남편을 미워하지 않는 사람(자아개념)이라고 표현한다.
- 여성노인은 자원봉사나 사회 활동 등에 관심과 흥미를 갖고 있지만(주관적 경험), 어려서 성장한 가정 환경 속에서 큰딸로서 동생을 돌보는 일이나

집안 일을 돕도록 강요되었으므로(외부적 가치) 스스로 그러한 것에 관심이 없다고 생각하는 자아개념을 갖게 된다.

- 아들을 바라는 집에서 태어난 여성은 집안 일을 책임지는 장남의 역할을 수행하기 위해서 간호사가 되어 열심히 일하였지만(자아개념), 현재 자신의 내면의 욕구는 미술이나 무용 등 예술방면에서 일하고 싶은 욕구를 억제하지 못해 우울해지고(주관적 경험), 자신의 일도 하기 싫어져서 병원 출근을 하지 않는 등 부적응 행동이 증가하는 경우도 있다.

그림 4 자아개념과 자아실현의 과정

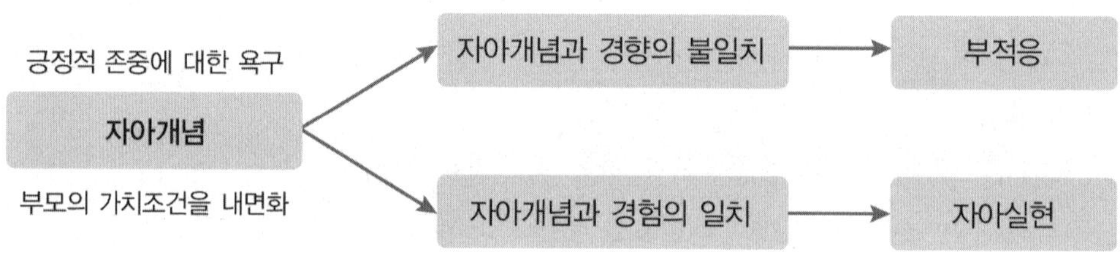

2) 실존적 상담

실존적 상담은 2차 세계대전을 전후로 유럽의 실존주의 철학 사상에 근거하여 개발된 정신운동이다. 실존적 상담을 하는 상담사는 비인간적인 환경 속에서 살아가는 인간을 재발견하는 것에 관심을 두고 심층적인 분석을 한다. 즉, 비인간적이라고 할 수 있는 죽음, 자유, 고립 및 무의미성에 직면하게 될 때 생기는 실존적 갈등에서 야기되는 불안을 해결해 가는 과정에 관심을 둔다.

실존적 상담도 인본주의 상담과 마찬가지로 인간은 끊임없이 자신의 잠재력을 실현시켜가는 존재임을 강조한다. 자유와 책임을 소지하고 있는 사람들은 스스로 자신의 인생을 재설계할 수 있는 능력을 소지하고 있으므로 인간을 존중해야 할 것을 강조하였다. 또한 죽음을 공포의 대상으로서가 아니라 생의 의미를 부여하는 긍정적인 것으로 볼 수 있는 새로운 시각을 제공해 주었다.

실존적 상담이 다른 상담과 구별되는 특징은 인간은 자신이 살아가는 환경 속에서 수동적인 희생자가 아니라 환경 속에서 끊임없이 선택을 하며 자신의 삶을 변화시켜갈 수 있는 적극적인 존재임을 강조하는 것이다. 실존적 상담의 장점은 인간 존중을 실천해 나가는 점이다. 따라서 노인을 상담할 때 상담사는 노인도 자아실현이 가능한 존재이며 스스로 자신의 노후를 설계할 수 있는 능력을 소지하고 있으므로 존경하는 마음을 갖고 의미 있는 삶을 살도록 노후설계를 안내해야 한다.

상담의 과정은 3단계로 나누어 진행되는데, 이때 상담사는 내담자가 자신을 성찰하고 내면화된 가치들을 확실하게 실천하는 방법을 찾도록 지원해야 한다.

① 1단계: 내담자가 갖고 있는 삶에 대한 가정을 알아내고 이것을 명료화하도록 유도할 수 있어야 한다.

② 2단계: 내담자가 자신의 삶에 대하여 갖고 있는 가치체계에 대한 원칙과 근거를 철저하게 탐색하도록 지원할 수 있어야 한다.

③ 3단계: 내담자가 자신에 관하여 새롭게 알게 된 것을 실천하도록 지지해 나가야 한다.

3) 게슈탈트 상담

게슈탈트 상담은 1940년대 펄스와 굿맨(F. Perls, L. Perls & P. Goodman: 1893-1970)이 창시하였지만, 이후 베르트 하이머와 같은 게슈탈트 심리학자와 레빈의 장이론, 모레노의 사이코드라마, 체계이론, 동양의 도가와 선불교(zen) 등이 합해져서 발전된 현상학적-실존적 상담이다. 게슈탈트 상담에서 가장 중요한 것은 내담자가 즉각적인 현재의 경험을 아주 명료하게 자각하도록 하여 외적인 요구보다는 자신의 주관적인 경험이나 의미 그리고 '지금-현재'에서 느끼는 자각을 증진시키는 것에 있다. 인간은 자신의 자각을 확장시켜가는 과정, 책임감을 수용하는 과정에서 전체를 완성시키려고 추구하는 존재로서 자신의 사고, 감정, 행동을 통합하고자 노력하기 때문이다.

상담의 목표는 내담자 개인의 내부에 존재하는 자각의 부재, 책임의 부재, 바람직한 환경 속에서 성장하지 못한 박탈, 완성시키는 능력의 부족, 욕구의 부정, 자아의 미분화 등과 같은 부적응 행동을 완화시키거나 제거하려는 것이 아니라 부적응 행동에도 불구하고, 자기지각을 통하여 책임성을 성장시켜 가는 데 있다. 상담자는 내담자가 '지금-여기에' 존재하고 있음을 충분히 인지하여 새로운 경험을 통하여 자기자각을 새롭게 하도록 지원해야 한다. 게슈탈트 상담에서는 상담사는 내담자의 이야기에 어떠한 해석도 덧붙이지 않으며 내담자 스스로 자신의 행동에서 의미를 찾도록 하며, 과거에 끝내지 못한 일을 현재 직접적으로 경험하도록 격려해야 한다. 게슈탈트 상담에서 사용되는 기법들은 다음과 같다.

(1) 집중적인 자기 자각

게스탈트 상담 기법 중에서 가장 많이 쓰이는 기법은 자기 자각이다. 내담자가 자신의 자각에 집중하여 자신에게 가장 중요한 것이 무엇인지를 알아내도록 돕는 것이다. 자각의 종류에는 욕구와 감정의 자각, 신체 자각, 환경 자각, 언어 자각, 책임의 자각 등이 있다. 상담사는 내담자의 자기 자각을 촉진하기 위해서 "지금-여기에서 새롭게 자각한 것은 무엇입니까? 등의 질문을 사용한다.

(2) 빈 의자 기법

게스탈트 상담 기법 중에서 가장 일반적으로 쓰이는 기법 중의 하나로 현재 상담 과정 중에 존재해 있지는 않지만 자신의 삶 속에서 부모나 배우자, 친구 등과 같인 중요한 타인과 관련된 사건을 다룰 때 많이 사용된다. 빈 의자 기법은 그 의자의 주인과 직접으로 대화할 수 있는 것이 최대의 장점이다.

과거에 일어난 사건이나 예상되는 미래가 지금 내담자에게 어떠한 의미를 가지고 있는지를 성찰할 수 있는 기회도 제공해 준다. 또한 빈 의자의 주인공이 되어서 상대방의 입장에서 생각해 보는 기회를 제공하므로 자기를 성장 시키는데 효과적이다.

(3) 자기의 일부분과의 대화

갈등을 일으키는 것은 두 가지 부분들이 각기 다른 특성 때문에 대립하는 것이므로 이 두 부분들이 통합을 이루도록 자기의 일부분과 대화를 시도하도록 지원하는 것이다. 내담자가 갖고 있는 잠재적 갈등을 외부적 갈등으로 표현하도록 하면 대립되는 서로의 분명한 시각이 드러나게 된다. 펄스는 무의식적 행동을 지배하는 성격의 두 부분을 우세한 것(topdog)과 약한 것(underdog)으로 나누고 이 둘 사이의 갈등을 해소하는데 중점을 두었다.

(4) 머물러 있기

내담자가 아직 해결하지 못한 감정들을 회피하지 말고 직면하여 견디어 냄으로써 문제를 해소하도록 도와주는 기법이다. 내담자가 어떤 감정을 표현하였을 때, 상담사가 “그대로 있어요”라고 지시함으로써 현재와 똑같은 느낌을 갖도록 격려하여 의식적이고 자발적으로 그러한 감정을 보유하도록 하여 더 나은 성장을 지원해 주는 것이다.

이외에 과장하기, 직면, 상대방의 시각에서 생각하고 표현하기 등의 기법을 이용할 수도 있다.

3 활동지향적 상담

1) 행동주의 상담

행동주의 상담은 스키너, 파블로브, 헐 등이 인간의 행동이 조작적 조건을 통해서 형성될 수 있다고 제시한 행동주의적 학습이론에 근거를 두고 발전되었다. 아이젱크(Eysenck, 1952)는 정신분석적 상담 방법에 의문을 제기하면서 학습심리의 원리에 근거하여 심리적 장애를 분석하고 상담하는 새로운 방법으로 행동주의 상담을 제시하였다.

행동주의 상담에서는 관찰이 가능한 내담자의 행동에만 관심을 두고 인지적 과정은 중시하지 않는다. 따라서 긍정적 강화를 이용하여 내담자의 행동을 증진시킬 수 있으며, 문제행동을 제거하기 위해서는 행동을 수정할 것을 강조하고 있다. 행동주의 상담은 알코올이나 담배 등을 끊고자 하는 사람들에게 매우 효과적으로 알려져 있다.

2) 합리·정서적 행동상담

(1) 기본적인 인간관

엘리스(Ellis)의 합리·정서적 행동상담(Rational-Emotive-Behavior Therapy:

REBT)은 장기간 내담자를 상담한 임상적 결과 등에 기초하여 인지적, 정서적, 행동적 치료방법으로 발전하였는데, 상담의 기본이 되는 인간관은 다음과 같다.

- 인간은 외부적 요인에 의해 혼란, 불안해지기 보다 스스로 혼란과 불안을 초래한다.
- 인간은 왜곡되게 생각하고 불필요하게 스스로를 혼란시키려는 생물학적, 문화적 성향을 소지하고 있다.
- 인간은 스스로 혼란해지는 신념을 만들뿐만 아니라 계속해서 혼란과 불안을 느낀다.
- 인간은 자신의 인지, 정서, 행동 과정을 변화시킬 수 있는 능력을 소지하고 있다.

합리·정서적 행동상담은 사람들이 가지고 있는 비합리적이며 과장되며, 완벽주의적인 사고방식에 도전하여 그것을 바꾸어 나가도록 지원하는데 초점을 두고 있다. 즉 시대나 상황이 바뀌어도 변하지 않는 절대적인 가치나 사상 그리고 물건 등은 없으며 합리적 사고 증진을 위해 논리적이고 경험적인 방법을 사용한다. 즉, 비합리적인 사고 방식을 합리적인 사고로 바꾸어 주도록 하는데 노력하고 있다.

(2) 합리·정서적 행동상담의 원리

합리·정서적 행동상담의 원리는 ABCDE로 표현될 수 있다. A(선행사건)는 인간의 정서적 혼란을 야기시키는 사건이나 현상, B(신념체계)는 어떤 사건이나 행위 등과 같은 환경적 자극에 대해서 개인이 갖게 되는 태도 또는 신념체계나 사고방식을 의미한다. C(결과)는 선행 사건에 접했을 때 자신의 신념체계를 통해 그 사건을 해석함으로써 느끼게 되는 정서적, 행동적 결과이며, D(논박)는 비합리적 신념에 대한 도전, 다시 생각해 보도록 하는 것으로 내담자가 가지고 있는 비합리적인 신념이나 사고에 대해서 그 사상이 사리에 맞는 것인지 논리성, 실용성, 현실성에 비추어 반박하는 것이다. 논박이란 내담자의 비합리적인 신념을 수정하는 방법 중 가장 대표적이다. 바람직한 정서와 행동이 나타나는 것을 E(효과)라고 한다. 노후설계전문가는 내담자가 가진 비합리적인 신념을 철저하게 논박하여 합리적인 신념으로 대치한 다음 자기수용적인 태도와 긍정적인 감정을 느끼게 해야 한다. [그림 5]는 인지정서행동 상담의 과정을 보여주고 있다.

그림 5 인지정서행동 상담의 과정

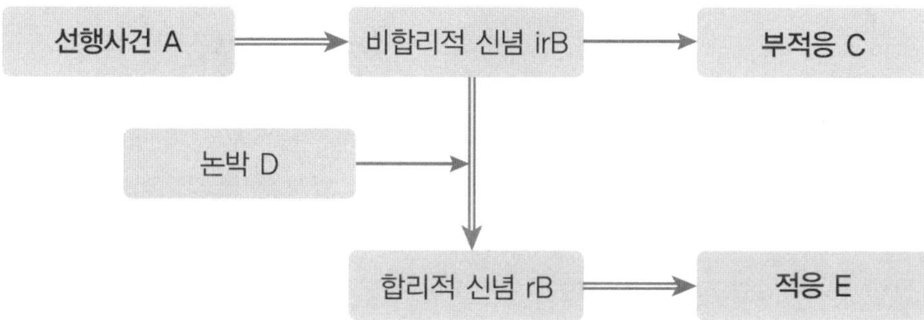

4 효과적인 의사소통 전략

의사소통 전략이란 의사소통과정에서 상대를 효과적으로 다루는 과정(Spitzberg & Cupach, 1989)이다. 의사소통을 통해서 상담자는 내담자가 요구하는 문제 해결을 극대화할 수 있다(Monge, Backman Dillard & Eisenberg, 1982). 보크너와 캘리(Bochner & Kelly, 1974)는 의사소통 능력을 세가지 능력으로 제시하였는데, 이는 목표를 형성하고 달성할 수 있는 능력, 다른 사람과 효과적으로 협동할 수 있는 능력, 상황과 환경적 변화에 적절히 적응할 수 있는 능력이다. 따라서 의사소통능력은 적절하고 효과적인 의사소통 행위에 관한 지식이며, 스킬이란 적절하고 효과적인 의사소통 수단을 포함하는 전체 과정에 관한 기술을 말한다.

1) 상담자에게 요구되는 능력

자기 노출: 잘 모르는 내담자와 상담을 시작할 때는, 상담 전에 먼저 상담자가 자신에 관한 사적인 정보 등을 개방 하는 것이 좋다. 상담 초기 단계에서 상담자가 자신을 개방할 때는 일반적으로 가족 관계, 사는 지역, 지금 하고 있는 일 등 중심으로 이야기하며 이때 사적인 비밀 등은 많이 노출시키지 않도록 한다. 자기를 상대방에게 보여주는 자기 노출은 내담자가 앞으로 상담을 진행하

게 될 상담자에 대한 신뢰감을 심어주고 상담자에 대한 이해의 폭을 넓혀주어 성공적인 상담을 촉진한다.

감정이입과 상대방의 시각에서 이해하기: 감정이입이란 다른 사람이 느끼는 것을 경험할 수 있는 능력이며, 내담자의 입장이나 감정적 상태에 대해 내담자가 표현하고자 하는 것을 정확하게 예측할 수 있는 능력이다(Miller & Steinberg, 2000). 감정이입과 상대방의 시각에서 이해하기란 타인에 대한 감정이입과 타인에 대한 입장취하기(perspective-taking)에 관한 것이다. 즉 의사소통에서는 자신의 입장이나 생각과 상대의 것을 둘 다 이해할 수 있도록 촉진되어야 한다.

사회적 긴장 완화: 사회적 긴장 완화란 일상의 만남에서 불안이나 공포를 느끼지 않고 편안하면서도 침착하게 행동하는 것을 말하며 상대의 부정적인 반응이나 비판에 대해 상담자가 과도한 스트레스를 받지 않는 능력이다(Rubin et al., 1991).

주장력: 주장력이란 상대의 권리를 부정하지 않으면서도 자신의 권리를 주장할 수 있는 능력을 말한다(Monge, Bachman, Dillard & Eisenberg, 1982). 주장력이 있는 사람은 의사소통을 할 때 자신의 대인적 목적에 따라 대화를 시작하고 지속시키고, 종결시킬 수 있는 능력을 갖고 있다(McCroskey & Richmond, 1996). 주장력을 소지한 사람은 다른 사람과 좋은 관계를 유지하면서도 자신이 원하는 방향으로 상대방을 설득시킬 수 있는 능력을 소지하고 있다.

집중력: 집중력이란 즉각적인 환경, 특히 대화상대로부터의 신호(cuse)에 주의하는 정도(Cegala, Savage, Brunner & Conrad, 1982)에 관한 능력에 관한 것이다. 상담자는 개인이 자신의 대화 환경을 구성하고 있는 요소들을 인식하면서 대화에 임하도록 해야 한다. 집중력을 소지하게 되면 내담자의 말에 주목하면서 내면의 힘을 발휘하여 적극적으로 상담에 임하게 되므로 효과적인 의사소통을 할 수 있게 된다.

상호작용관리: 상호작용관리란 첫째, 원만하면서도 편안하게 상호작용 방식을 전개하고 유지할 수 있는 능력, 둘째, 일방적이지 않으면서도 상호작용의 방향을 설정하고 통제해 나갈 수 있는 능력을 말한다(Trenholm, 1991). 상담자는 대화할 때 순서에 따라 적절하게 쉬어가기를 활용하며 내담자에게 주의를 기울이고 주제관리를 통하여 내담자가 원하는 문제에 핵심을 두고 상담을 수행해 나가야 한다.

표현력: 상담자는 상담 과정 중에 생생한 얼굴 표정이나 예시적인 제스처, 적절한 감정 이입 등을 통하여 경청하고 있다는 사실을 내담자에게 수시로 알려주어야 한다. 이러한 표현력은 적절한 언어의 표현 및 제스처와 같은 비언어적인 측면뿐만 아니라, 자신의 감정을 분명하게 말하기, 유머스러운 말을 사용하여 동감하고 있음을 알려주기, 자신의 생각과 느낌을 명확하게 표현하는 언어적 능력을 포함한다(Burleson & Planalp, 2000).

지지: 지지란 상담자가 내담자에게 도움을 주기위해 표현하는 언어적 또는 비언어적 행동이다(Burleson & Macgeorge, 2002). 상담의 기본적 원칙인 경청은 내담자의 의견을 비판하지 않고 경청하면서 내담자의 감정 등을 다른 언어로 기술(description)해 주는 것이다. 상담자는 내담자의 감정이나 언어적 표현을 자신의 생각에 따라서 단정지어 말하지 말고 잠정적으로 표현해야 하며, 내담자가 동감할 수 있도록 완곡하게 말하는 것이 좋다.

상담자와 내담자 간의 관계는 수직적이기 보다는 평등한 관계가 유지되는 것이 좋다. 지지의 핵심은 내담자가 상담자와 감정을 공유하고 있다는 것을 느끼도록 하여 자신이 느끼는 감정의 원인을 상대의 탓으로 돌리지 않고 자신의 책임으로 돌리도록 지원해야 한다.

2) 의사소통 기법

메시지를 전달하는 전달자와 메시지를 수신하는 수신자 간에 언어에 대한 이해 및 신뢰 부족 등으로 인하여 문제가 발생했을 때는 의사소통을 계속 이어가기 어려워 기법이 요구된다. 의사소통 전략은 상담의 목표를 도달해 가는데 있어서 한 개인이 직면하고 있는 문제 해결을 위해 잠정적이며 의도적으로 계획하는 것으로, 의사소통의 생산성을 높이려면 언어 및 비언어적 수단을 동원해야 한다. 이러한 문제해결을 위한 전략에는 회피와 보상전략이 있으며 자세한 유형 및 특성은 다음과 같다.

표 1 의사소통 기법(Dörnyei, 1995)

회피 전략	메시지 포기: 언어를 이해하기 어려운 경우에는 피드백을 주지 말고 포기할 것 화제 회피: 상담의 내용이나 주제를 이해하기 어려운 경우에는 주제나 개념을 회피함
보상 전략	우회적 화법: 특정 행동을 기술하거나 예를 들어 설명하는 것 근접 대체어 사용: 특정 어휘의 의미 표현을 위해 근접한 대안적 용어를 사용 다목적어 사용: 일반적이고 특별한 의미가 없는 어휘를 확대해서 사용 단어 만들기: 그럴듯한 단어를 창조해서 사용함 조립식 문형: 흔히 생존을 위해 암기한 상투적인 문구들을 사용함 비언어적 신호: 마임, 몸짓, 얼굴 표정, 소리 모방을 사용함 직역: 내담자의 말을 그대로 직역해서 사용함 언어 전환: 알기 어려운 외래어는 한국식 어법형태에 맞게 조절하여 사용하거나 한국어로 전환하여 사용 도움 요청: 내담자가 한 말을 잘 이해하지 못한 경우에 다시한번 질문하여 정확한 내용을 이해하기 위해 도움을 청해야 함

5 노인상담

현재 노인 상담을 제공하는 기관은 아래와 같다

① **대한노인회 노인상담센터**

서울시 용산구 효창동에는 대한노인회가 운영하는 노인상담센터가 있다. 노인상담센터의 기본 방향 및 목적은 노인 인구의 증가 및 4가지 고통이 증가함에 따라 가족 갈등, 배우자 사망, 성범죄, 우울증, 학대, 노인범죄 및 피해, 자살 등 노인문제를 해결하고 예방하기 위해 지역별로 체계화된 상담 서비스를 강화하고 효율적인 상담체계를 마련하는 것이다. 효창동에 중앙회가 있으며, 시도 연합회에는 노인상담센터 16개, 시, 군, 구에는 245개의 노인상담센터를 개소할 예정에 있다. 주요 상담 내용은 가정 폭력, 학대, 이혼 등 위기상담, 고독, 이성교재, 재혼 등이며, 상담은 독거노인을 방문하여 상담을 지원하고, 종합복지관 파견 상담, 노인복지시설 순회 상담, 다문화 상담, 노숙자 상담 등이 있다.

② **정신건강증진센터**

정신건강증진센터에서도 노인자살예방을 위하여 각종 상담을 제공하고 있다. 자살예방을 위하여 노인들이 간단한 건강체조를 하도록 지원하며 정신건강 교육을 실시하고 있다. 또한 한국형 우울 자가검사(K-GDS) 등을 통해 치매, 우울증, 자살에 관한 정보와 예방법을 제공하고 있다.

③ 한국가정법률상담소

1956년에 개소한 한국가정법률상담소는 경제적으로 어렵거나 법을 모르기 때문에 어려움을 겪고 있는 모든 이웃의 편이 되어 그들에게 양질의 법률서비스를 무료로 제공해 주는 법률구조기관이다. 상담소는 가정 내에서의 남녀 평등, 부부 평등을 통해 민주적이고 건강한 가정을 구현하는데 최선의 노력을 기울이고 있다. 상담은 면접 상담, 인터넷 상담, 전화 상담 등으로 진행된다.

④ 서울 어르신 상담센터

어르신과 그 가족이면 누구나, 언제나, 어디서나 심리·정서·경제적 안정을 도모하고, 노년기에 겪을 수 있는 다양한 문제를 해결·예방하기 위해 24시간 동안 전화 상담, 내방 상담, 찾아가는 상담, 사이버 상담 및 집단 상담을 제공한다.

상담 분야는 심리, 인지, 성격유형검사, 성상담, 심리상담, 가족상담, 생활상담, 학대상담, 법률상담, 소비자상담 등 어르신에 관련된 모든 분야의 상담을 제공한다.

특히, 우울, 충동에 관한 자살 예방 상담, 건강한 노년의 성에 관한 상담, 화 다스리기 상담, 경제 생활 상담, 위기 지원 등을 하고 있다.

⑤ 실종노인상담지원센터

노인복지법 제39조의10 제3항은 실종노인의 발생 예방, 조속한 발견과 복귀를 위하여 관련 업무를 수행하고 있으며, 관련 업무를 법인이나 단체에 위탁할 수 있다고 규정하고 있다. 위 조항에 근거하여 보건복지부에서는 2008년부터 실종아동찾기 전문기관으로 실종 업무 분야에서 오랫동안 사업을 추진해 온 어린이재단 실종노인상담지원센터에 업무를 위탁하여 실종노인 가족상담, 인식표 제작 보급 등 관련 업무를 수행하고 있다. 실종노인상담지원센터 연락처는 02-777-0182이며, 홈페이지 주소는 www.elder119.or.kr 이다.

⑥ 한국노인의 전화

한국 노인의 전화는 노인 문제에 대한 총체적인 지원과 해결을 위한 서비스를 제공하고자 노력하고 있다. 광주, 대구, 경남, 전북, 충북, 전남, 대전, 경북, 충남, 서울, 안동, 강원도 등에 12개 지회를 갖고 있다. 주요 상담내용은 가정폭력, 학대, 이혼 등의 위기상담이며, 사별, 노인, 우울증 극복을 위한 상담도 제공한다. 노인의 전화는 다양한 노인문제를 한통의 전화로 해결하거나 전문기관과 연결해주는 무료전문상담센터이다.

토의 거리

아래 할머니의 사례를 읽고 노후설계전문가로서 어떠한 노년기의 목표를 세우도록 지원할 수 있을지 상담 계획을 적어보자.

> 73세 할머니로 현재 남편과 함께 살고 있다. 아들이 한명 있었으나 아들은 부양의 짐이 되는 부모와 오래 전에 연락을 끊어버려 생사조차 알지 못하고 지내고 있다. 학교는 다녀본 적이 없다. 현재는 남편에게 학교에 간다고 말할 때 기분이 가장 좋으며 이렇게 좋은 세상이 와서 한글을 배우게 되어서 행복하다. 앞으로 노후를 어떻게 보냈으면 하는 계획은 없다. 그냥 있는 집을 지키면서 살았으면 하는 생각 뿐이다. 내가 원하는 행복한 노년기란 몸 건강히 사는 것이다. 지금 바라는 것은 할아버지가 먼저 돌아가시는 것 그리고 혼자 남아서 이웃에게 짐이 되지 않게 살다 갔으면 하는 것이다.

1. 할머니에게 적합한 상담 이론은 무엇인가?

____

____

2. 할머니에게 맞는 노년기 계획을 설계해 보자.

노년기 삶의 목표

할머니가 좋아하는 활동 분석

할머니의 내부적 욕구를 인지, 정서, 행동 기법의 절차에 따라서 분석해 보자

실천이 가능한 활동을 생각해 보고, 적어보자

---

3. 자신의 계획과 타인들의 계획 등을 비교하면서 잘된 점 등을 피드백해주고 칭찬해 준다. 또한 더 좋은 계획이 되도록 수정해야 할 점을 서로 피드백 해 보자.

제 6 장

행복한 부부관계 만들기

6장
행복한 부부관계 만들기

1 노년기 부부관계 현황

고령사회로 변화하면서 부부관계의 만족도가 증가하기 보다는 부부 간의 갈등과 황혼 이혼이 증가하고 있어 부부가 함께 성장하고 동행하는 행복한 부부관계 만들기 교육이 절실하게 요구된다.

1) 증가하는 황혼 이혼

2012년에는 33만쌍이 새롭게 가정을 꾸린 반면 11만쌍은 파경을 맞았다. 이혼 4쌍 중 1쌍은 동거 기간이 20년이 넘는 황혼에 이혼을 한다.

대법원이 펴낸 2013년도 사법연감에 따르면 우리나라의 결혼 건수는 32만 9천 220건으로 전년(33만1천543건) 대비 0.7% 감소했다. 이혼 건수는 2011년 11만 4천 707건에서 2013년에는 11만 4천 781건으로 0.7% 증가한 것으로 집계됐다. 결혼생활 기간별 이혼을 살펴보면 황혼 이혼과 신혼 이혼의 비중이 가장 높아, 전체 이혼 중 결혼 20년차 이상 부부와 4년차 미만 부부의 비율은 각각 26.4%와 24.6%로, 전체 이혼의 50%가 넘는다. 5~9년차는 18.9%, 10~14년차 15.5%, 15~19년차에는 14.6%가 이혼하였다.

황혼 이혼의 비중은 2006년 19.1%에서 2007년 20.1%, 2008년 23.1%, 2009년 22.8%, 2010년 23.8%, 2011년 24.8%, 2012년 26.4% 등으로 증가세를 보이고 있다.

지난해 전체 이혼 부부 가운데 미성년 자녀가 없는 부부의 비율은 47.1%로 절반에 육박했다. 한 자녀를 둔 부부의 이혼 비율은 26.3%, 두 자녀를 둔 부부의 이혼 비율은 23%, 세 자녀 이상을 둔 부부의 이혼율은 3.6%로 집계됐다.

이혼 사유로는 성격 차이를 꼽은 부부가 47.3%로 가장 많고, 기타 20.9%, 경제 문제 12.8%, 배우자 부정 7.6%, 가족 간 불화 6.5%, 정신적·육체적 학대 4.2% 등의 순이다.

2) 부부 갈등의 유형

직장에서 은퇴한 후에 두 부부는 가정을 중심으로 생활하게 되는데 이들이 함께 집안에서 보내는 시간이 증가하고 사회 생활과 직업에 전념하던 남편들이 가정 생활에 참여하게 되면서 갈등이 시작된다(이신숙, 1997). 부부가 한정된 자원을 배분하고 살아가는 과정에서도 갈등은 야기되기도 한다. 은퇴 후 부부 갈등이 시작되면 신체적, 심리적, 사회적 자원이 축소되는 노화 과정에 있으므로 이러한 갈등을 해결하는데 어려움을 겪으며 부부 간 갈등이 더욱 심화되기도 한다. 여기에 우리나라의 문화가 가부장적이어서 남존여비나 부부유별을 강조하였던 부부관계에서는 남녀 차별이 당연시 되어 차별받던 여성노인들은 권력 투쟁의 과정으로 부부 갈등을 시작하기도 한다. 다시 말하면 노년기는 그동안 누적된 문제들이 복합적으로 축적되어 나타나는 시기로 경제적, 심리적, 사회적 자본이 감소하게 되므로 여성들이 억압받고 살아온 과거를 갈등의 원인으로 제기하면서 갈등이 커지게 된다. 이러한 갈등은 부부 간의 이혼이나 심지어는 부부 폭력 등으로 발전되기도 하여 노년기 부부관계의 만족도는 젊었을 때보다 더욱 부정적인 관계로 발달될 수 있다(김재엽, 1998).

3) 노년기 부부의 생활 만족도

생활의 만족도는 생활에 대한 기대와 현실적인 도달 정도가 일치할 때 느끼는 주관적인 만족감을 의미한다. 노년기 생활 만족도에 영향을 주는 요인에는 성별, 경제적 수입, 교육 수준, 자아존중감, 사회적 지지 또는 자녀의 지지 여부 등 매우 다양하다.

평균 수명의 연장으로 노년기는 “팽창”(Imhof, 1981)되고 있어 자녀가 출가한 후에 노부부만이 생활하는 빈 둥우리 시기는 과거에 비하여 길어지고 있다. 부부 적응의 개념은 결혼 생활에서 생기는 여러 가지 갈등을 부부 간 대화를 통해서 해결하고 사회 문화적으로 형성된 부부의 역할을 수행하면서 바람직한 결혼생활의 영위를 위해 노력하는 것을 뜻한다. 자녀들이 모두 출가하고 나면 노부부는 가정생활의 중심축을 자녀로부터 부부로 바꾸어가면서 새로운 삶에 적응하려는 노력이 필요해진다. 일반적으로 남성노인의 결혼만족도가 높은 것에 비하여 여성노인의 결혼 만족도는 매우 낮다(김혜경, 1996). 따라서 부부상호간에 기대되는 행동이나 관심사에 대한 갈등 및 불일치 등을 해결하면서 부부관계에서 기대되는 배우자의 요구에 맞추어 가려는 새로운 시각의 전환이 요구된다. 노년기부부는 서로의 기능적인 역할을 강조하기 보다는 성적인 역할에서 벗어나 서로가 협동하는 조화로운 부부관계를 만들어가는 것이 원칙이 되어야 한다. 함께 동행하는 행복한 노년기를 만들어가야 하는 것은 고령사회에 살고 있는 노년기 부부들에게 요구되는 새로운 과업이다. 이것은 65세 이상의 노인층은 전체 인구 중 10% 정도를 차지하며, 노년기 부부만 사는 가구는 약 43%를 차지하고 있어 노년기 부부중심의 가족형태가 일반화되기 때문이다(통계청, 2003).

(1) 사회인구학적 변인

노년기의 생활만족도는 남녀 간에 차이가 나타나는데 일반적으로 여성들이 노년기 삶을 긍정적으로 평가하는 경향이 높다. 생활만족도와 노년기의 경제적 상태는 밀접한 관련이 있어, 생활만족도는 경제적 생활수준이 높을수록 높게 나타난다.

(2) 생활 만족도 요인

노년기에는 스스로 지각하는 건강 상태가 좋을수록 생활 만족도가 높아진다. 이것은 신체적 또는 심리적으로 건강할수록 자신감을 얻게 되고 이로 인해 불안감이 감소되기 때문이다. 따라서 자아존중감이 높아질 때 생활 만족도도 높아진다.

친밀감이란 부부 간에 서로 의존하고 개방적으로 의사소통하여 되도록 갈등을 해결하고 정서적 관계를 지속적으로 유지하고 이끌어 나가는 개인의 능력이므로 부부관계에서 친밀감의 정도는 생활 만족도에 큰 영향을 미치기도 한다.

노년기에는 사회적 지지도가 높을수록 생활 만족도가 높아진다. 이것은 노인이 상호작용하고 있는 활동망 크기가 커지면 얻을 수 있는 자원이 많아지기 때문이다. 이러한 사회적 지지력에는 자녀와의 관계도 포함되므로 노년기 자녀와의 관계는 생활 만족도에 매우 큰 영향을 미치는 것을 알 수 있다.

(3) 부부 갈등

은퇴 후에는 사회 활동의 폭이 좁아지고 자녀의 출가 등으로 부부가 가정에서 대부분의 시간을 함께 보내게 된다. 대부분의 일상 생활을 함께 하는 배우자는 노년기의 유일한 동반자가 되므로 부부간 갈등이 발생하면 노인들의 외로움은 매우 커지게 된다.

부부들이 갖고 있는 갈등의 영역은 부부 간의 성격 문제, 경제적 문제, 의사소통 문제, 성 문제, 자녀 문제 등으로 조사된다(김경신, 이선미, 2003)

성공적이고 행복한 노년기 부부 관계를 만들어가도록 생애사적인 맥락에 의하여 계속적으로 새로운 삶의 의미를 만들어내는 부부 상담이 요구되고 있다. 따라서 노후설계전문가는 부부가 갈등을 해소하고 행복한 부부관계를 만들어 가도록 지지해 줄 수 있는 능력을 소지해야 한다. 부부갈등의 특징은 장기간의 공동생활을 통하여 갈등을 회피하기 위해서 겉으로 갈등을 드러내지 않는 경우가 많다. 따라서 장기간 축적된 복합적 갈등 구조는 부부가 함께 자신의 역할이나 권력 등의 관계를 재조정하려는 시각을 바꾸고, 행동을 수정해 나갈 때 가능해 진다.

최근에는 행복한 노년기 부부관계 만들기 상담이 노인복지관 등을 통해서 많이 이루어지고 있다.

경기도 노인복지관 두 곳에서 2004년 8~10월동안 총 10쌍을 대상으로 실시된 행복한 노년기 부부관계 향상 프로그램에서는 다음과 같은 부부 간의 특징이 나타났다. 첫째, 여성은 남성보다 노년기의 변화를 긍정적으로 수용한다. 둘째, 여성은 남성보다 미래지향적이며 자아실현의 욕구를 강하게 갖는 것으로 나타났다. 셋째, 여성은 부부관계를 통하여 삶의 만족도를 평가하는 것으로 나타났다. 넷째, 남성들은 상담이 진행되면서 자신들의 가부장적인 행동을 반성하는 것으로 나타났다. 다섯째, 학습은 부부관계를 변화시켜서 새로운 인생주기를 성공적으로 계획하고 실행해 나가는 효과가 큰 것으로 나타났다. 이러한 측면에서 행복한 노년기부부 교육 프로그램은 교육효과가 높으므로 노인교육으로 시급히 실시되어야 함을 알 수 있다.

2 행복한 노년기 만들기

고령화 사회가 되면서 노부부의 적응 문제가 인생 후기의 중요한 과업으로 떠오르고 있다(서병숙, 김영나, 2000). 빨라지는 퇴직 연령과는 반대로 평균 수명은 점점 길어져, 일반적으로 퇴직 후 부부는 20년 이상을 함께 살아가는 것으로 알려져 있다(통계청, 2002). 퇴직 후 20~25년 동안 부부는 자녀들을 모두 출가시키고 새로운 인생기인 노년기를 함께 보내게 되었다.

고령사회로 진입하면서 노부부가 함께 보내는 기간은 양적으로 매우 늘어나고 있지만 급격한 사회 변화 속에서 가족의 기능이 약화되거나 불안정한 상태가 되었다. 배우자에게 노년기에도 많은 부분을 의존하고 있으면서도 급속한 사회의 변화가 진행되는 가운데에서도 우리나라 남성노인은 과거의 가부장적 행위방식을 지향하고 있다(나윤경, 박성희 2004; 신수진, 1998). 이러한 불평등한 노년기부부의 모습은 여성노인들이 행복하지 않음을 암시해 주고 있다.

부부폭력을 부부갈등의 실체로 파악한 김재엽(1998)은 우리나라 남성노인의 배우자에 대한 폭력은 상당히 심각한 수준에 있다고 밝혔다. 이러한 경향은 남성노인들의 가부장적 사고가 변화되어야 할 것과 새로운 관계가 정립되어야 할 것을 요구하고 있다. 노년기는 삶의 전 과정을 통하여 많은 의미를 갖게 되는 시기이지만, 많은 부부가 불화로 이혼하는 경우가 78.2%로 가장 많아, 건강, 경제적인 문제보다 우세한 형편에 있다(통계청, 1989, 1994, 1999, 2004). 최근 늘어나는 황혼 이혼의 특징은 여성에 의한 이혼소송 제기가 70%를 넘으며(사법연감, 1998), 고령화(통계청, 2004)되어 있는 것인데, 이혼의 주된 이유는 남편들의 가부장적 권위주의에 의한 억압이 가장 큰 원인으로 나타난다.

"가벼운 나날"은 저자 제임스 셜터(2013, 박상미 역)가 1975년에 출간한 장편소설로 결혼이라는 보편적인 제도를 예리하게 분석하고 있는데 셜터는 '사랑하는 부부'라는 말 자체를 모순이라고 보았다. 소설에 등장하는 주인공 '비리'는 건축가로서 상당히 성공을 하였지만 누구나 다 알만큼 유명해지지 않았다는 것에 열등감을 갖고 있다. 비리의 아내인 '네드라'는 미인이다. 40년간 남들과 같은 결혼생활을 하면서 자식을 사랑으로 키우며 헌신하였다.

그러나 부부동반 모임에 자주 참석하면서 두 사람 모두 사랑하는 애인을 따로 갖게 되었다. 이들 부부 관계는 외적으로는 완벽해 보였지만 내적으로는 이미 오래 전에 외도와 배신으로 찢어져 버렸기 때문이다. 행복한 부부란 지루하며 존재하지도 않는다는 네드라와 비리는 이혼을 결정한다. 결국 두 사람은 결혼하지 않았더라면 매우 사랑했을 관계이지만 결혼 제도 속에 얽매여 힘들어 했다. 이같은 모순 속에서도 결혼제도는 아직도 존속되고 있는데, 저자인 셜터는 소설의 마지막 부분에서 노년기까지 이어지는 지루한 결합의 관계인 결혼을 그래도 "그것이 없다면 모두 덧없고 모두 헛 일"이라고 칭송하며 우리의 삶 속에 존재하는 결혼을 극찬하고 있다.

사랑하는 부부란 익숙하여 편하며 낯설지 않고 오래된 우정같은 것을 의미하기도 한다. 즉 사랑과 부부는 합치되지 않는 역설적 관계이며, 두 사람을 엮는 혼인제도는 합치되지 않는 모순투성이인 것처럼 보이지만, 결혼제도를 통하여 우리의 삶 속에 존속되고 있다. 혼인한 부부들은 각종 어려움과 좌절을 겪기도 하지만 이러한 과정 속에서 정신의 완성을 이루어 가기도 한다.

부부는 때로는 비극적인 삶을 경험하기도 하면서 불행을 느끼기도 하는데, 이러한 모순의 과정을 초월하여 사랑을 깨닫기도 한다. 이러한 깨달음은 현재의 상황을 뛰어넘으려는 의지를 전제로 하여 일어난다. 따라서 노년기부부를 위한 관계형성을 지지하는 상담은 노년기의 삶을 함께 동반하려는 자유의지를 생성시켜 부부 모두가 성장하는 것을 목표로 진행해야 한다.

여성학자들은 부부들의 이혼을 여성 스스로의 자아 찾기로 표현한다. 사회학자들은 평균 수명이 늘어나면서 과거에는 한쪽 배우자가 중년기가 되면 자연스럽게 사망해 버렸기 때문에 부부 갈등이 저절로 해소되었으므로 이혼을 고령사회의 생산물로 보기도 한다. 즉 한 배우자와 100세 인생을 함께 살기에는 너무 무료하기 때문에 이혼은 필수적일 수밖에 없다는 것이고, 심지어 윤리학자들은 불륜을 저지르고 살아가기보다는 이혼이 더욱 도덕적이라고 말하기도 한다.

노년기는 남성과 여성이 그동안 성역할에 의하여 상이하게 구성된 생애사가 축적되는 시기이므로 남성과 여성의 이질성이 가장 많이 드러나는 인생주기이다. 남성이 젊었을 적에는 가정 경제의 담당자였고 이러한 남성의 경제력은 가정 내에서 가장의 위치를 견고히 해주었다. 그러나 퇴직과 동시에 상실된 경제력과 가부장적 행동 양식은 부부갈등을 심화시키고 있다. 또한 남성노인들의 신체적 쇠퇴와 발병은 간병인과 수발자로서 여성노인들의 부담을 가중시키게 되므로 행복한 부부관계 만들기의 필요성은 절실히 요구된다.

노년기 부부의 과업은 자녀가 독립한 이후 노년기가 연장되어 삶의 주기가 길어짐으로써 노년기 부부생활에 대한 학습을 요구하고 있다. 이것은 노년기가 연장됨에 따라 노년기 부부관계의 질이 개인의 삶의 행복감에 큰 영향을 미치기 때문이다(변화순, 1999). 노년기부부를 위한 평생교육이 이루어져야 하는 이유는, 99.7% 정도의 노인이 재가복지에 의존하고 있어(박차상 외, 1995), 남성노인의 간병을 주로 여성인 배우자가 담당하고 있기 때문에 여성노인들의 스트레스가 가중되기 때문이다. 여성노인들이 노년기에도 가사 및 간병 이외에 남편 돌봄을 담당하고 있기 때문에 행복한 노년기를 만들어 가려면 노년기 부부관계에 대한 의미가 새롭게 정립되어야 한다. 부부는 쌍방향으로 의사소통하며 가정 일 등에 동참하는 새로운 역할을 찾아 관계 개선을 달성해 내어야 할 것이다.

결혼 기간이 길어짐에 따라서 부부 간의 공감 정도가 감소하게 되어 의사소통의 효율성은 떨어지게 된다(김혜경, 1996). 부부 간의 잠재적 긴장과 갈등의 근원으로 성격 문제, 의사소통 문제, 애정 문제 및 성 문제, 가치관 및 생활습관과 같은 불일치가 지적되고 있다(전길양, 임선영, 1998). 따라서 늘어나는 황혼이혼 등을 사전에 예방하고 행복한 노년기부부의 관계향상을 지원하는 상담은 시급히 요구되고 있다.

3 부부 상담 방법

일상 생활을 살아가는 노인들의 삶의 의미에 관한 연구가 활성화되려면 부부상담은 다음과 같은 상담 방법으로 이루어져 한다. 부부간의 갈등은 부부간의 대화를 분석해 보면 명확해질 수 있기 때문이다.

첫째, 슛제(F. Schuetze 1983, 1984, 1987)에 의하여 발전된 내러티브 상담은 노인의 시각으로 노인상담이 이루어질 수 있는 방법을 제시하고 있다. 노인이 배우자에게 자신을 개방하여 열린 시각을 소지하고 다양한 방법으로 자신을 성찰해 보는 기회는 노인 스스로의 성장 및 부부 간 이해를 확장시킨다. 행복한 노년기 부부관계를 만들어가려면 스스로 자신을 성찰하는 자기 지각 및 자기 성장이 안내되어야 한다. 자신의 시각으로 자신의 삶을 이야기하는 내러티브 상담은 삶의 과정에 생산적인 의미를 부여하는 작업이 된다(S. Kade, 1994a). 동시에 자신의 생애사적인 행위와 같이 삶의 과정에서 일어나는 중요한 결과들을 재구성시켜 새로운 생애사를 만들어 가는데 긍정적인 도움을 제공한다.

이야기를 통해 자신을 구술할 때는 필연적으로 학습의 과정이 일어나므로 자신의 삶을 이야기하는 것은 성인상담의 한 방법으로 사용할 수 있다. '주제접근'(topical approach: Birren & Hedlund, 1987)이란 방법에 따라 특별한 주제를 갖고 소집단을 중심으로 이야기를 기억해 내도록 하면, 개인의 삶에 장시간 영향을 미치게 된 경험을 기억해내고 경험을 교환해 가면서 자신만의 독특한 의미를 생성시키면서 생애사를 구성하게 된다(Mader, 1989). 이같은 삶의 이야기를 통해 생애사를 구성해 나가도록 하는 내러티브적 생애사 상담(박성희, 2004)은 노년기부부 갈등 해소에 매우 유용한 방법이 될 수 있다.

1) 노년기부부 교육상담 현황

최근 노인복지관을 중심으로 노년기 부부교육이 실행되고 있다. 노원노인종합복지관에서는 2003년 10~11월까지 노년기 부부 7쌍을 대상으로 "클릭 황혼부부의 사랑잡기 프로그램"(시립노원노인종합복지관 2004)을 실시하였고, 구립영등포 노인복지관에서는 "그대, 그리고 나"(www.silverwelfare.or.kr)라는 여가활동 위주의 부부교육 프로그램을 운영하였다. 2003년 1월에는 의사소통 프로그램을 활용한 갈등위기 노인부부 관계 향상 프로그램을 실시하면서 주로 레크레이션이나 활동 또는 의사소통을 촉진하는 교육 과정을 운영하였다.

2) 행복한 노년기부부 집단상담

2003년에 경기도 노인복지 상담실은 노동부 지원으로 집단상담 프로그램을 시작하였으며, 2004년에는 경기도의 지원을 받아 부부관계향상 교육프로그램을 보급화하는 사업을 수행하였다. 부부교육의 필요성을 절실히 느끼고 있는 사회복지사들은 이러한 프로그램이 실행되도록 적극적으로 복지관에 홍보하였고, 전부 14쌍이 프로그램에 참여하였다. 노부부를 대상으로 실시한 부부관계향상 상담은 매주 2회씩 60분에 걸쳐서 8회기 프로그램으로 소집단을 대상으로 실시하는 것이 좋다. 이때 보조자가 소집단 상담이 원활하게 이루어지도록 진행을 도와주는 것이 바람직하다. 보조자는 관찰 일기를 작성하여 매시간 특이한 사항을 기록하여 노후설계전문가와 같은 진행자가 상담을 위한 방향과 활동 등을 구상하는데 도움을 주어야 한다.

노인집단 상담을 시작하기 전에 부부들의 일반적인 특성을 조사하기 위하여 간단한 설문지를 이용하는 것이 좋다. 교육은 복지관의 조용한 곳에 위치한 동아리 교실이나 빈 강의실을 이용해야 한다. 상담에 참여하는 노년기 부부들은 대부분 나이가 60세 이상이며, 복지관에서 동아리 회장이나 일본어, 한문, 한글 문화 강사 등으로 적극적으로 활동하는 사람들이 많다.

교육 프로그램은 매회기 마다 일정한 주제를 갖고 실행되어야 한다. 노후설계전문가는 될 수 있는 대로 부부들이 스스로 자신의 부부관계를 되돌아 보면서 갈등을 끌어내고 반성하고 관계향상을 위한 의미를 만들어 갈 수 있도록 집단상담이 활성화되는 환경을 만들어 주어야 한다. 집단상담 과정에서는 노인부부간에 일어나는 변화의 역동을 학습자 중심의 프로그램을 이끌어 나가야 한다. 노년기 부부들이 자신의 삶에 대한 이야기를 구술하도록 촉진하여 노인들 스스로 자신의 삶에서 새로운 노년기 부부의 정체성을 확립해 나가도록 지원해야 한다(Rossiter, 2002; 박성희, 2006c).

보조자는 관찰일지를 교육이 진행되는 동안 작성하여, 매번 교육이 끝난 뒤에는 연구자와 보조자가 함께 프로그램 평가서를 작성하여 학습자의 학습과정을 함께 분석해야 한다. 이러한 관찰일지(Bruyn, 1966)는 녹취된 후 작성될 수도 있다. 동시대를 경험하고 같은 지역에 거주하면서 같은 복지관을 이용하는 건강한 노년기 부부들은 현재의 부부관계 향상을 위한 반성과 미래의 계획들을 상담을 통해 설계해 갈 수 있다.

3) 행복한 노년기 부부관계 만들기 교육 상담의 내용

본 교육에서는 부부관계 향상을 위한 역동뿐만 아니라 개인이 자신을 구체적으로 탐색하고 이를 통하여 관계의 친밀성을 향상시키는 것이 목적이다. 교육은 각 회기마다 도입 단계에서는 간단한 안부나누기와 느낌 나누기로 시작하고, 전개 부분에서는 활동 주제에 따라 이야기가 구술되었다. 마무리 단계에서는 집단원들이 서로 지지하고 공감대를 형성하도록 지원해야 한다.

표 1 부부관계 증진을 위한 교육 프로그램

회기	프로그램명	목적	세부내용
1	우리는 하나	관계 형성과 프로그램 이해	▸ 프로그램 소개와 유의사항 설명 ▸ 리더 소개, 별칭짓기, 자기 소개 ▸ 학습자가 바라는 부부 교육의 방향
2	나는 누구인가?	자아존중감과 자기 인식	▸ 자랑스러운 나, 젊은 시절 이야기 하기 ▸ 내가 보는 나, 배우자가 평가하는 나
3	바람직한 부부상	부부에 대한 이해	▸ 우리부부의 갈등해소 유형 ▸ 갈등을 잘 이겨낸 부부의 젊은 시절 이야기하기
4	부부의 의미	행복한 부부	▸ 현재 노년기부부의 의미 ▸ 우리 부부가 지켜 나아갈 장점과 고쳐야 할 단점
5	행복한 부부 I	갈등 관리	▸ 부부공약서 작성 ▸ 공감대화 하기 ▸ 행복한 부부의 의미
6	행복한 부부 II	의사소통법	▸ 부부 갈등상황 이야기 하기 ▸ 부부의 경험을 통한 대화하기(역할극)
7	행복한 노년을 위하여	배우자에게 마음 표현하기	▸ 부부의 소중함 찾기 ▸ 밖에서 돌아온 배우자 맞는 법, 생일을 축하하는 법, 고마움을 표현하는 법
8	또 만나요	행복한 부부 되기 약속	▸ 부부가 함께 교육에 대한 경험나누기 ▸ 수료증 수여 ▸ 기념사진 촬영 (좋은 남편, 좋은 부인되기 서약식)

출처: 박성희, 2006.

4) 노년기 부부관계 향상을 위한 내러티브적 생애사 상담 사례

(1) 참여자의 일반적인 특성

상담에 참여한 10쌍 부부의 일반적인 특성은 <표 2>와 같다.

표 2 부부의 일반적인 특성

부부		1	2	3	4	5	6	7	8	9	10
연령 (세)		73(70)	80(72)	73(63)	68(69)	75(72)	73(69)	67(67)	68(66)	72(69)	69(65)
이름	남	송암	익선	운해	네오	요한	지암	영인산	청솔	은행나무	버들잎
	여	(지혜성)	(백합)	(여경)	(국화)	(요안나)	(샛별)	(아롱이)	(장미)	(채송화)	(코스모스)
학력	남	대학원	대학졸	대졸	고졸	고졸	대학졸	고졸	대학원졸	대졸	대졸
	여	(고녀졸)	(고녀중퇴)	(고녀졸)	(고녀졸)	(고녀중퇴)	(고녀졸)	(여중졸)	(대졸)	(고졸)	(대졸)
과거 남성 직업		자영업	군인	자영업	건축업	군인	고급간부	중개상	자영업 (교사)	방송기사	무역업
결혼기간 (년)		49	52	45	42	50	47	45	39	45	41
자녀		2남 1녀	2남 2녀	2남 1녀	2남 2녀	2남 2녀	3남	3남	3남 1녀	2남 2녀	2남 1녀
종교		불교	기독교	기독교	기독교	천주교	불교	불교	기독교	없음	여성: 천주교 남성: 없음

출처: 박성희, 2006c.

(2) 내러티브적 생애사 상담의 과정

① 래포 형성과 변화를 이끌어내는 역동성의 촉진

상담자는 관찰과 경험을 통한 학습과 역동성을 주제와 상황 그리고 소집단의 전반적인 주변 환경을 평가해야 한다. 대체적으로 첫 회기에는 강한 호기심이 표현되어 교육내용에 관한 질문이 제기되었다. 교육이 시작되기 전에 잡힌 선행 약속 때문에 불참한 배우자는 3명 이었다. 2회기부터는 모두가 참석하였으며, 3회기부터는 본격적인 부부 갈등이 나타나 집단원의 심리적인 부담이 매우 커졌다. 이러한 부부관계에 대한 여성 노인들 성찰이나 반성은 남성들의 강한 거부감으로 표현되기도 하였지만, 여성들은 이러한 가부장성을 세대의 고유성으로 인정하고 수긍하였다. 따라서 남성들은 다시 4회기부터 자신감을 되찾는 듯하였고 5-6회기부터는 스스로 반성하며 좋은 남편이 되기로 약속하였다. 7회기에는 교육이 거의 종료됨을 의식하면서 아쉬움을 나타내었고 마지막 시간에는 부부들의 자기 성장적 측면이 서약으로 표현되어 부부관계의 성장이 이루어졌다고 할 수 있었다.

② 각 회기의 상담 과정

1회기: 남성은 과거지향적이거나 현재에 머무르고 싶은 모습으로, 여성은 미래지향적이며 자아발견적인 특성을 나타났다.

구성원들이 별칭짓기를 통하여 자기개방이나 타인을 수용하는 마음이 증진되었다. 집단원은 교육에 대한 기대감이나 호기심이 매우 높았다. 그러나 또한 부부를 대상으로 하는 교육에는 처음 참여하게 되어서 많은 의문이 제기되었다. 함께 모여서 부부의 갈등을 이야기 하는 것은 사생활의 노출이라고 부담스러워 하는 분들도 계셨다. 별칭짓기에서 대부분의 남성은 어린 시절 불리우던 아명을 쓰기도 하고 자신의 호를 별칭으로 선택하였다. 이에 비하여 여성은 자기가 좋아하는 꽃이나 아름다운 보석 그리고 이루고 싶은 소망을 별칭으로 선택하여 감정을 다양하게 표시하면서 자기 발견적이며 미래지향적인 모습을 보여주었다.

"채송화는 아무데서나 볼 수 있는 흔한 꽃이지만, 저는 이렇게 흔하지만 누구에게나 기쁨을 주는 사람이 되고 싶어요"(채송화)

"제 이름은 00여서, 전 이름이 너무 싫었어요, 학교를 다닐 때도 그랬고, 그런데, 이제는 그 이름으로 불리고 싶어요"(여경)

2회기: 남성은 가부장적 행동을 반성하는 모습으로 나타났고, 여성은 어머니, 배우자 그리고 평생학습자같은 다양한 모습으로 자신을 평가하였다.

"나는 한 여자의 남편으로서 젊었을 때는 너무 독선적 이었다. 노년에 들어비로서 철이 들어가는 것 처럼 아끼고 사랑하는 사람이 되어간다. 여보, 건강해, 아름다운 인생을 살아 갑시다"(네오)

"내 인생 목표의 70%는 성공했다고 생각한다. 그런데 나머지 30%는 아니다" (송암)

"내가 평생 부인에게 잘못해서 항상 가슴에 묻어두고 있는 것인데 오늘 공개했다. 이 자리를 빌어서 용서를 빌고 이제 후련해진 것 같다"(익선)

이러한 남성들의 생애사적인 반성은 배우자에게도 학습 효과로 나타나 자신들에 대한 반성으로 전이되었다.

"최선을 다하여 주위 사람들에게 베풀고 살았다. 자식들이 잘 자라주었고 건강이 안 좋아서 남편에게 미안할 뿐이다, 나도 노력하면서 살았다"(지혜성)
"부족한 부인이다"(샛별)
"공부를 많이 하고 싶었는데 아버지의 반대로 못했기 때문에 복지관에서 공부하는 것이 너무 좋다. 좋은 아내가 되어야 겠다"(국화)

노인의 정체성은 주로 자신의 역할을 통하여 나타났는데 여성은 노년기에도 끊임없는 성장 동기를 갖고 있어서 교육에 열심히 참여하며 자신의 체험을 확장하여 삶을 풍부하게 하려는 자아실현의 의지를 갖고 있는 것으로 나타났다. 반면 남성은 사회화과정에서 형성된 가부장적 행동규범을 노년기에는 버리고 부부관계를 새롭게 창조하여 조화시키려는 마음을 나타냈다.

3회기: 변화가 두려운 남성
3회기에 본격적인 교육이 시작되자 남성들의 저항은 그대로 드러났다.

"나는 변화할 것이 없는 사람이다"(은행나무)
"지나간 이야기는 왜 자꾸 하라는 건가요?"(네오)

이러한 직접적 표현에 힘입어서 다른 두 명의 남성도 자신들에게 향해지는 비판에 대하여 강하게 저항하였다. 그러나 이러한 저항은 자신의 행위에 대한 강력한 반성으로 받아들여 졌다. 3회기에는 자신에 관한 이야기가 진행되면서 공감대가 이루어져 집단에 대한 소속감과 폭넓은 자기이해가 지각되었다.

4회기: 변화하는 부부관계
3회기의 저항과는 달리 4회기에는 부부관계의 변화가 엿보이기 시작하였다.

"아까 전화하니까 사랑해요라는 말을 하더군요, 그전에는 안 그랬거든요, 듣고

나니까 기분이 좋아졌어요. 확실히 저도 좀 변화하고 있는 것 같아요"(청솔)
"내가 혼자가 될 것이라는 것을 상상만 해도 눈물이 나요"(익선)

버리고 싶은 자신의 단점을 남성이 "왕고집"(청솔)으로 표현하며 함께 만들어가는 노년의 모습을 보이기 시작하였다. 3~4회기 사이에는 남성들의 저항이 심하게 나타났으나 이러한 방어는 노년기의 변화를 수용하여 감사할 줄 알고 자율적으로 노년기 문제를 해결하려고 하며 부부라는 전체의 관계 속에서 삶의 만족감을 찾기 위한 하나의 과정으로 이해되었고 자신의 발전과 성장을 도모하기 위한 초석으로 여겨졌다.

5회기: 함께 만들어가는 노년

5회기에는 부부서약서를 작성하는 활동을 통하여 부부의 갈등을 성숙하게 해결하는 방법을 모색하고 함께 만들어가는 노년기부부의 모습이 나타나기 시작하였다.

"부부는 늘 함께 행복하게 살아가야 한다"(익선)
"우리는 아름다운 부부란 공약으로 남편은 즐겁게 건강하겠다고 공약하였고 아내는 모든 것이 행복한 가정을 만들겠다고 약속하였다"(지암과 샛별)
"우리는 서로를 위하여 현재보다 더 나은 삶을 사는 노력하는 부부가 되겠다고 공약하고 남편은 나쁜 점을 시정하면서 살겠다고 했으며 부인은 남편을 존경하고 부부간에 이해하면서 살겠다고 약속하였다"(요한과 요안나)
"요새는 한쪽이 사망하면 자식들과 같이 살지 않기 때문에 열쇠를 열고혼자 들어와 껌껌한 거실의 불을 켜야 한다. 얼마나 쓸쓸하겠는가, 예전에는 며느리, 아들도 있고, 손자들하고 이야기도 했지만, 지금은 아무도 없다. 내 친구는 나보다 건강하고 나이도 어렸는데, 부인이 갑자기 사망하고 난 후에 연이어 사망했다. 난, 그것을 보고 뼈저리게 느꼈다"(지암)

부부공약서를 작성하기 위하여 부부가 함께 의논하는 모습이 보였고, 행복한 부부가 되겠다고 서약을 하였다.

6회기: 부부관계의 소중함을 깨닫는 쌍방적 공감이 생성

참석자들은 교육 참여 이후 부부관계에 변화가 왔다고 표현하였다. 설거지를 도맡아 하는 남편에게 자기가 한다는 말을 많이 한다(요안나)고 남편이 고마워했고, 오랜 시집살이 끝에 지친 부인의 얼굴 표정이 밝아져서 기쁘다고 하였다(지암). 50년 부부로서 살면서 처음 부인에게 "마음으로 변화가 왔고, 나를 여태껏 잘 돌봐준 부인에게 고맙다(영인산)"라고 하였다. 이러한 반응에 대하여 배우자들이 공감하면서 쌍방적인 공감이 이루어지기 시작하였고 이것은 집단원 전체의 역동으로 나타났다.

7회기: 가부장적 행위를 반성하는 남성과 감정표현이 자유로워진 여성

남성들이 변화해야 한다는 자성의 목소리를 높이며 가부장적인 자신들의 행위를 돌아보는 깨달음과 반성을 활발하게 나타냈다. 여성들은 "남편의 생일에는 생일상을 꼬박꼬박 차려주는데 배우자들이 자신들의 생일에는 신경을 쓰지 않는다"(여경)고 불만을 토로하였다.

"20년 전에 딱 한번 반지를 생일 때 받아보고 끝입니다. 너무 서운해요"(장미)
"남자들이 여자 생일에 신경 쓰나, 알지도 못해요"(여경)

남편들은 이러한 자신들의 모습을 예전에는 당연하다고 생각했지만 이제는 우리도 좀 변화해야 한다면서 자성의 목소리를 높였다. 집단을 통하여 깨달음과 반성이 활발히 일어났다.

8회기: 새로 만들어가는 노년의 생애사

반복되는 일상생활 속에서 관계의 의식을 느끼지 못했던 부부가 삶속에서 새로운 파트너십을 찾게 되어 모르고 지냈던 부부의 소중함을 느끼게 되었다.

"내가 모르는 아내의 마음을 알게 되었다"(송암)
"가정이 화목하게 될 것 같다"(지암)
"내가 화를 잘 내었는데 점잖아져야 겠다. 아내의 비위를 좀 맞추어야 살아야 겠다"(익선)

"이런 모임에 오기 전에는 우리가 가장 행복한 부부인 줄 알았다. 그러나 여기 오니까 너무 배울 점이 많았다, 다른 부부에게서"(네오)

"부부가 모인다는 것 자체로 너무 좋다. 나는 여기 오고 활발해 졌다 너무 행복하다"(여경)

참여자들은 노년기의 변화를 수용하고 일상적인 삶에 대하여 감사할 줄 알고 자율적으로 노년기 문제를 해결하려고 하며 부부라는 전체의 관계 속에서 삶의 만족감을 찾으려 하며 자신의 발전과 성장을 도모하는 것으로 나타났다. 같은 세대의 부부가 모여서 경험을 나누는 대화의 즐거움을 표현하였다. 교육이 끝나게 됨을 아쉬워하면서 이러한 교육이 더 많이 실시되어야 한다고 하였다. 부부가 노인복지관에 같이 와도 같이 참석할만한 교육프로그램이 없는 것도 문제점으로 지적하였다.

(3) 상담 과정에 대한 맥락

교육이 시작되기 전의 부부 유형은 권위복종형 부부, 포기형 부부로 다음과 같이 분류되었다. 그리고 근거이론에 따른 인과적 조건, 현상의 맥락적 조건 그리고 중재 조건은 아래와 같이 분석되었고, 이야기를 통해 자기 성장을 알려주는 문장들은 다음과 같이 나타났다.

표 3 부부 관계 유형

구분		1부부	2부부	3부부	4부부	5부부	6부부	7부부	8부부	9부부	10부부
교육전 부부 유형		포기형	변화형	권위 복종형	변화형	변화형	권위 복종형	포기형	변화형	권위 복종형	변화형
함께 하는 활동		복지관 활동	산책	복지관 활동	등산	복지관 활동	복지관 활동	남성배우자 중풍 복지관 활동	테니스 바둑 등산	여성-보컬활동 주말농장	음악감상 여성: 아침 기도
부부관계	남	보통 이하	앙호	보통	95%	매우 사랑	다정다감	양호	대단히 친밀	덤덤	좋음
	여	(보통)	(양호)	(보통)	(90%)	(보통)	(양호)	(덤덤)	(친밀)	(보통)	(덤덤)
인과적 조건		그냥 이대로 사는 거지	여자가 참을 줄 알아야지,	바꾸기는 뭘 바꿔, 바꿀려면	젊어서는 큰소리치고	남편이 밥하고 빨래	부인이 섬세함이 없다. 잘	남편이 중풍을 맞아	남자가 너무 독선적이다	아이들이 어려서 아버지가	성질이 급하고 독선적으로

	(지혜성) 인생의 70%는 성공, 나머지 30%는 아니다(송암)	정도를 넘으면 맞아야지 (익선) 복종하는 삶을 살았다 (백합)	이혼하는 거야, 그냥 이대로. (운해) 남편은 하늘, 여자는 땅이라고 살았다. (여경)	살았지만, 이제는 많이 변했다 (네오)	하느라 손톱이 다 갈라졌다 (요안나) 뇌졸중으로 넘어진후 일을 못하니 못마땅하다(요한)	빼먹고, 질투가 심하고 (지암) 시부모 모시고 평생 살아서 부부의 정을 모른다 (샛별)	거의 포기했다 (아롱이) 내가 답답하다, 말을 안한다 (영인산)	참고 살았다 (장미) 이치에 안맞는 말을 하니까 대꾸를 안한다(청솔)	죽어서 안 들어오면 좋겠다고 하더군요,하도 무서우니까 (채송화) 버리고 싶은 것 없다(은행나무)	살아왔다 그런 점이 미안하다 이제 철들었나 보다 (버들잎)
중재적 조건	자녀성공 자녀를 잘 키움	생활안정 자녀성공	자녀성공	큰아이 박사취득	자녀모두 대학졸업	자녀성공	사업성공 자녀성공	자녀들의 대학입학	자녀의 대학진학	자녀성공
변화	여보, 내가 너무 부족했어, 이해해다오(송암) 남들도 우리와 같은 문제가 있음을 알고 이해하면서 살게 된 점 (지혜성)	여보, 미안하오, 고생 많이 시켜서, 행복했고 사랑하오 (익선) 그동안 못했던 말을 해서 시원하다 (백합)	커피 한잔하자 하면 집에가서 먹자고 하더니,오늘 은행에 가면서 만원짜리 커피를 사주셨어요, (여경)	나 자신도 많이 느끼고 개선하려고 생각함 (네오)	아내가 일을 많이 하려고 한다 (요한) 남편이 많이 도와주어서 감사하다, 도움이 되고싶다 (요안나)	시집살이로 얼굴이 굳어진 부인이 요즈음 많이 밝아져서 기쁘다. (지암)	변화하고 싶은 심정이 생긴다 (영인산) 다른 부부를 보며 내 자신을 반성할 수 있는 기회가 됨 (아롱이)	왕고집인 나의 성격을 바꾸어야겠다(청솔) 대화를 많이 나누며 서로 칭찬해 주고 아껴주고 살것 (장미)	건강하며 정신적으로 서로 돕고 의지하면서 대화하면 살 것 (채송화) 아내를 이해하게 된 점 (은행나무)	부인이 어려울 때 힘이 되어 주었다. 진실한 부부애를 찾게 된 점 (버들잎) 앞으로 행복하게 살아야겠다 (코스모스)

출처: 박성희, 2006c.

(4) 내러티브적 생애사 상담의 효과

내러티브적 생애사 상담의 효과로 다음과 같은 것들이 나타났다.

- 자신에 대한 성숙한 이해: 정체성 확립
- 배우자가 평가하는 자신에 대한 반성
- 남성배우자에 대한 세대적 가치에 대한 이해와 수용
- 핵심 가치: 부부로서 살아온 생애사적인 소중함을 깨우치게 됨

이와 같은 결과를 바탕으로 노인 부부 상담에서는 다음과 같은 변화를 촉진해야 한다.

"성공적이고 행복한 부부에 대한 관심은 모든 부부에게 중요한 것으로 인식되었다. 건강에 대한 가치, 자신과 상대방에 대한 이해, 그리고 함께 살아온 부부로서의 삶에 대한 소중한 느낌 등은 매우 귀중하게 평가되었다. 그중에서도 생애사적인 경험이 축적된 부부관계는 앞으로 부부가 함께 만들어가도록 노력해야 하는 과제로 남게 되었다"(박성희, 2006c)

상담을 통하여 나타난 핵심적 범주에는

- 함께하는 노년기부부의 소중함이 현실로 다가왔으며
- 배우자에 대한 책임감이 더욱 강해졌으며
- 부부 건강의 중요성이 일깨워졌고
- 배우자와 함께 한 삶의 경험을 바탕으로 부부관계에 대한 정체성이 확립되어야 함이 도출되었다.

이러한 핵심적인 가치가 개인마다 순위는 바뀌었지만 대부분 언급되었고, 개인의 정체성에 바탕을 둔 다양한 형태로 배우자에 대한 관심과 이해로 나타났다.

핵심범주는 부부로서 함께 살아온 생애사가 소중하게 평가되었으므로 노년기 부부의 관계향상을 위한 상담은 다음과 같은 교육 목적을 달성하도록 노력해야 한다.

"부부가 함께 하는 교육프로그램을 통하여 노년기 부부관계에 대한 반성의 기회를 갖게 된 것은 이제껏 생각해 보지 않았던 새로운 경험이었으므로 남성 배우자에게는 대단한 공포감을 불러일으켰다. 그러나 생애사적인 반성을 통하여 부부에 대한 이해가 더욱 깊어지고 함께 살아온 삶의 역사를 통하여 신뢰성과 믿음을 바탕으로 서로의 배우자에 대한 책임감을 만들어냈고 행복한 부부관계를 위하여 신체적으로 건강할 것을 약속하면서 앞으로는 남은 여생을 함께하는 성공적인 부부가 될 것으로 다짐하는 기회를 만들어주었다"(박성희, 2006c)

(5) 설문지를 통한 교육프로그램에 대한 평가

부부상담이 끝나고 참여자들이 열린 설문지에 응답한 평가는 다음과 같다.

상담을 통하여 가장 좋았던 점은 결혼생활을 뒤돌아 볼 기회가 된 점이여, 좀 더 행복해야 되겠다는 마음가짐을 갖게 된 점, 여성 배우자들이 감추고 말하지 않았던 깊은 심정을 알게 된 점, 교육을 통하여 새로운 부부관계 개선이 필요한 것을 알게 된 것, 서로를 알고 이해하게 된 것 등을 장점으로 꼽았다.

부부 상담 중 가장 싫었던 점은 옛날 아픈 상처를 회상케 된 점, 사생활이 공개 된 점, 서로의 의견교환이 잘 되지 않은 것 등 이었다.

전체적인 상담의 만족감은 중간 정도로 나타났으며 전체적인 교육의 효과로 자신에게 도움이 되었던 점으로 남은 여생을 더욱 보람되게 살도록 결정한 점, 배우자가 자신에게 관심을 갖게 된 것, 부부생활을 뉘우치게 된 점, 아내와 대화를 자주 갖게 된 점, 마음 속에 쌓였던 하고 싶었던 말을 표현한 것, 부부의 경험교환을 통하여 마음에 안정을 갖게 된 점, 부부생활을 배우고 이해하게 된 것, 남은 여생을 부부가 돕고 즐겁게 살아가게 된 점을 꼽았다.

교육만족도에 대한 이와 같은 결과는 부부의 의사소통을 증진시키고, 친밀감과 자아존중감을 향상시켰으며 남은 여생을 부부가 함께 친밀감을 유지하면서 만들어 갈 수 있는 관계의 향상을 가져왔다고 평가되었다.

5) 행복한 노년기 부부 만들기 상담의 효과

노년기부부를 대상으로 한 내러티브적 생애사 상담을 통해서 노인들은 함께 동행하는 노년기를 만들어 가는 부부가 될 수 있는 성장의 기회를 체험한 것으로 평가된다. 앞으로 노년기부부를 위한 상담은 노인 스스로가 문제를 찾아내고 해결할 수 있도록 내러티브적 생애사 상담을 통해 활성화되어야 할 것이다.

노년기 부부관계 향상을 위한 상담에서는 다음과 같은 부부의 성장이 이루어졌다.

첫째, 자기 이해 및 통찰: 교육을 통하여 노년기부부는 자신을 재반성하는 기회를 갖게 되고 자신에 대한 통찰을 통하여 객관적으로 자신을 인식하고 중요한 타자인 배우자를 이해하는 넓은 수용감을 갖게 되었다. 남성노인들은 자신의 역할이 가장의 역할에 치우쳤던 점을 반성하고 이제는 행복한 노후를 함께 만들어가는 남편이 되기를 다짐하였다. 여성노인들은 내면의 감정을 드러내는 기회를 갖게 되어서 자기 긍정감을 높일 수 있었다.

둘째, 부부관계의 새로운 인식: 부부관계를 맺어가는 방식 속에서 자신의 행동양식을 성찰하게 되므로 자신의 행동양식을 분명히 인식하게 되었고 더불어 배우자에 대한 책임감을 인식하게 되었다.

셋째, 새로운 행동방식과 대화법 습득: 전환을 통하여 현재 행동을 수정하고 보완해 줄 대안적 행동을 익히며 자신을 표현하고 개방하는 의사소통 능력이 향상되었다.

넷째, 가치관의 재정립: 노년기 부부의 중요성을 명백하게 인식하게 되고, 함께 만들어가는 노년기를 약속하게 되어, 새로운 가치관을 정립하게 되었다.

다섯째, 부부관계의 성장: 행복한 부부관계를 만들 수 있는 안목과 기술을 갖게 되었다.

노인상담의 과정은 노인들의 생애사적인 체험의 맥락 속에서 만들어져야 하는데, 이것은 노인은 삶의 과정에 따라서 끊임없이 변화하며 환경에 적응하는 삶의 주체이기 때문이다. 자기주도적으로 일어나는 자기 구성은 삶의 주체자인 노인이 사회의 변화에 따라 끊임없는 성장할 것을 요구한다. 고령사회를 살아가는 개인은 자기 인식, 삶의 의미, 미래 계획, 그리고 타인과의 관계에서 명백한 대답을 찾아야 노년기 삶의 의미를 갖게 되고 자신의 정체성을 유지하기 때문이다.

행복한 노년기부부 관계향상을 위한 상담은 노인들이 성공적인 노년의 삶을 뒤돌아보고 학습할 수 있는 좋은 방법이므로 노인교육기관 등에 보급되어야 할 것이며. 고령시대에 행복한 노년기부부를 위한 상담은 다양성과 개인성을 원칙으로 다양하게 개발되어야 할 것이다.

토의 거리

1. 아래 상담의 사례를 보고 다음의 문제를 토의해 보고 정리해 보자.

상담전 행동양식, 정서	여자가 참을 줄 알아야지, 정도를 넘으면 맞아야지 아이들이 어려서 아버지가 죽어서 안 들어오면 좋겠다고 하더군요, 하도 무서우니까 그냥 그대로 사는 거지 바꾸기는 뭘 바꿔, 바꾸려면 이혼하는거야, 그냥 이대로 사는 거야
상담 후 행동, 정서, 의식의 변화	

2. 본문의 노년기 부부 중 부부1, 부부2, 부부 3, 부부 6의 사례를 보고 행복한 노년기 부부생활을 위해서 남성노인, 여성노인이 변화되어야 할 것을 조별로 논의해 보고 적어 보자.

부부	남성 노인	여성 노인
부부 1		
부부 2		
부부 3		
부부 6		

부록 (5장 첨가)

부부관계 애정 검사

※ 본인과 배우자의 응답을 ○이나 ×로 표시해 보세요.

문항 내용	전혀 아니다 1점	별로 그렇지 않다 2점	가끔 3점	대체로 그렇다 4점	정말 그렇다 5점
1. 나는 배우자를 안아 준다.					
2. 나는 배우자와 함께 사우나를 한다.					
3. 나는 배우자의 손발톱을 깍아준다.					
4. 나는 배우자와 스킨십을 잘 한다.					
5. 나는 배우자와 손을 잡고 잘 다닌다.					
6. 나는 배우자에게 안마나 마사지를 해준다.					
7. 잠을 잘 때는 배우자에게 바싹 붙는다.					
8. 배우자의 차거운 손, 발을 따뜻하게 해준다.					
9. 배우자가 집에 들어오면 반갑게 인사한다.					
10. 배우자에게 뽀뽀해 준다.					
점수 (나)					
점수(배우자)					

결혼생활 만족도 검사

번호	문항	(1)전혀그렇지 않다 (2)그렇지 않다 (3) 보통이다 (4) 그렇다 (5) 미우 그렇다
1	나는 결혼 생활에 대해 근심, 걱정이 많다.	(1) (2) (3) (4) (5)
2	나의 결혼 생활에 대해 배우자가 나에게 무엇을	

	기대하고 있는지 잘 모르겠다.	
3	만약 다시 결혼한다면 현재의 배우자와 같은 사람과는 결혼하지 않겠다.	
4	현재의 결혼 생활은 나를 많이 구속한다.	
5	나는 결혼 생활은 따분하다.	
6	나의 결혼 생활은 건강에 나쁜 영향을 미치고 있다.	
7	나는 결혼 생활속에서 벌어지는 일들 때문에 화가 나고 짜증이 난다.	
8	나는 결혼 생활을 잘 할 수 있는 능력이 떨어진다.	
9	지금의 결혼 생활이 영원히 지속되기를 바라지 않는다.	
10	나는 배우자 때문에 종종 화가 난다.	
11	나는 결혼 생활을 잘 해보려고 노력하는데 지쳤다.	
12	나는 배우자에게 관심이 없다.	
13	나는 배우자와 사이가 좋지 못하다.	
14	나는 배우자와 의견이 일치하지 않는다.	
15	나는 배우자를 신뢰하지 않는다.	
16	나는 성 생활에 만족하지 않는다.	
17	나는 배우자와 친밀하지 않다.	
18	결혼 생활 때문에 나의 삶의 목표는 이루어지지 못했다.	
19	나는 가사분담으로 배우자와 자주 싸운다.	
20	나의 결혼 생활은 불만족스럽다.	

출처: 유영주, 이창숙 공저(2002). 행복한 부부성장을 위한 워크북: 부부행복찾기 I, 신정출판사 발췌.

평가

20~40점: 결혼생활이 잘 유지되고 있음.

41~60점: 결혼생활 만족도가 양호함.

61~80점: 결혼생활이 불만족함, 활력을 주기 위한 구체적인 변화가 요구됨.

81~100점: 결혼생활 불만족도가 매우 높음, 관계 개선을 위한 노력이 시급함.

제 7 장

노인 공동주택: 시니어 코하우징

7장
노인 공동주택: 시니어 코하우징

노후에는 되도록 오랫동안 자신이 살던 집에서 생활하는 것이 가장 행복하다. 최근 자녀와 분리하여 사는 노부부 또는 독신으로 성공적인 노년기를 보내려는 노인들이 증가하면서 새로운 노년기의 주거모델을 생각하는 사람들이 늘어나고 있다. 노인복지법에 개정되어 노인복지사업의 설치 허가 대상이 민간기업 및 개인으로 확대되면서 유료노인복지시설이 증가하고 있다. 이후 1999년에 주택건설촉진법이 개정되면서 노인공동주택을 공동주택의 종류에 포함시켰으나, 실버타운은 고액의 입주금과 운영관리비에 대한 부담 때문에 일반 노인들이 실비로 이용하는데 어려움이 많다(백재현, 2011). 최근 실버주택은 노인복지법이 아닌 건축법에 의해서 일반건축물로 분류되어 일반 분양이 가능하므로 이윤추구에만 관심을 두고 있다. 이러한 상황에서 노인을 위한 주거복지가 마련되려면 새로운 패러다임이 요구된다. 7장에서는 액티브 에이징을 실천하려는 노인들이 자율적으로 모여서 공동체를 구성하여 함께 도우며 공동으로 거주하는 노인공동주택인 시니어 코하우징(Senior Cohousing)을 살펴보았다. 늘어나는 독거노인을 위한 노인공동주택은 주거복지를 위한 새로운 대안이 될 수 있다.

1 노인 공동주택의 의의

노인 공동주택 또는 노인용 코하우징은 같은 공간에서 배우자 등을 상실한 노인들이 무료한 노년기에서 벗어나 공동으로 협조하여 일상적인 가사 작업에 대한 부담을 덜고, 함께 여가생활을 영위해 나가면서 삶의 질을 누리려는 이념에서 출발하였다. 시니어 코하우징에 관한 관심은 퇴직 후 노인들이 건강, 웰 다잉, 경제력, 돌봄, 영성, 여가 등을 누리며 삶의 질을 보장받으며 행복한 노후, 품위 있는 노년기를 자율적으로 보내려는 경향이 증가하면서 확대되었다.

건강한 노인들이 요양원이 아닌 가정과 같은 주거환경에서 활동적인 고령화를 보내기 위해서 고안해 낸 것이 노인 공동주택이다. 최근에는 폐교된 초등학교를 노인 공동주택으로 만들어가는 지자체도 늘어나고 있어 성공적인 노화를 지원해 주기 위하여 다양한 주거 방법들이 등장하고 있다.

혼자 사는 노인이 무료함과 고독감에서 벗어나 다른 노인들과 함께 활기찬 노년기를 보낼 수 있는 공동주택 또는 코하우징(cohousing)에 대한 관심이 늘어나고 있다. 코하우징은 생태 코하우징, 학생 코하우징, 3세대 코하우징, 수공업자 코하우징, 독신자 코하우징, 예술인 코하우징, 노인 코하우징 등 다양한 형태가 존재하고 있다.

원래 코하우징은 콜렉티스 하우징 또는 협동주거의 일종으로 19세기 사회학자들이 사용하던 공동주거 운동에서 그 기원을 찾을 수 있다. 현재 노인들이 거주하는 코하우징은 1993년 조사에서는 미국에 165개, 덴마크 140개, 캐나다에는 20개가 있는 것으로 알려졌다. 이외에 호주, 벨기에, 독일, 영국, 프랑스 등에서도 노인 공동주택은 늘어나고 있는 추세에 있다. 공동주택에 거주하는 노인들이 양로원 노인들과 다른 것은 이들이 직접 일상생활의 프로그램을 설계해 가는 것에 있다. 이들은 공동주택의 경영을 자차적으로 하며 스스로 식단을 짜고 시장을 함께 보고 요리를 준비해 나가며 공동으로 정원을 돌보는 등 매일의 일과를 회의를 통하여 자율적으로 계획, 실천해 나가면서 엑티브 에이징을 실천해 나간다. 가장 큰 장점은 각자의 개인적인 공간이 있어 프라이버시가 유지되는 것, 가정적인 분위기 속에서 공동으로 생활하고 있어서 무료한 시간을 보내지 않으며 언제든지 같은 취미를 가진 사람들과 일상을 즐기면 살아갈 수 있는 것이다. 혼자가 되었지만 노년기에도 삶의 질을 유지하며 살아갈 수 있다는 것에 큰 의의가 있다. 일반적으로 노인 공동주택에는 65세 이상의 노인들이 거주하고 있지만 최근에는 50대 이상의 중년들도 이러한 공동주택에 거주하는 경향이 늘어나고 있다. 또한 자녀를 양육하면서 취업활동을 하는 젊은 부부들이 혈연관계가 아닌 노인들과 함께 거주하면서 자녀양육에 도움을 받고, 노인들의 일상을 돌보아 주는 3세대 코하우징도 꾸준히 늘어나고 있다.

1) 노인 코하우징의 역사

노인 코하우징은 덴마크의 건축가 '굳맨-호야'(Gudmand-Hoyer)가 친구들과 함께 노년기에 거주할 주택을 논의하는 과정에서 시작되었다. 몇개월 동안 친구들과 코하우징의 가능성에 대하여 논의하던 중, 1964년 겨울에 코펜하겐의 외곽에 땅을 구입하여 12개의 베란다가 있는 개인용 침실과 수영장이 있는 공동주택 설립 계획을 발표하였다. 노인을 위한 공동주택의 필요성에 동감한 코펜하겐시의 공무원들은 이러한 계획을 적극 지원하였다. 1968년 노인공동주택에 대한 기사가 신문에 보도되면서 액티브 에이징을 꿈꾸던 약 100여 가구는 매우 큰 관심을 나타냈다. 이후 코펜하겐 시에서는 성공적인 노년기를 보내려는 노인들이 함께 살면서 액티브 에이징하도록 노인 코하우징의 건설을 확대시켜 나가기 시작하였다. 코하우징의 건축 구조는 거주자들이 공동으로 사용하는 거실 같은 공유 공간은 되도록 이면 건물의 중앙에 크게 배치하여 거주자들의 교제, 식사, 차마시기 등의 공동 생활을 촉진하도록 설계되어 있다. 그러나 거주자들이 개인적으로 사용하는 침실 공간은 최소한 축소시켜 거주자들의 공동체 의식을 강화시키고 자발적으로 자치활동에 참여하도록 주택을 설계하였다(McCament & Durrett, 1994).

배우자 사망 후 노후를 무료하게 살아가야 하는 노인들은 타인들과 함께 생활하면서 즐거움과 소속감을 갖고 일상생활의 안전을 보장받는 공동주택에 큰 관심을 나타내고 있다.

공동주택은 더 이상 자신의 집에 혼자 거주할 수 없을 때 본인의 의사와는 달리 가족의 의지대로 양로원으로 보내지는 삶을 반성하고 스스로 자신의 결정에 따라서 거주할 곳을 마련하려는 젊고 건강한 노인들의 의지에 의하여 발전하고 있다. 코하우징의 설립을 위해 모인 노인들은 일상생활에서 삶의 질을 높이기 위하여 함께 살기로 결정하였고, 되도록 이면 요양원에 입소하지 않고 자율적으로 생활하기를 희망하였다.

그래어(B. Graae) 등도 이와 비슷한 아이디어를 갖고 1967년에 50명의 부부가 함께 살수 있는 코하우징 운동을 시작하였다. 이제 "우리의 자녀들은 100명의 부모를 가지게 될 것"이라는 기사를 지방신문에 쓰면서 코하우징의 계획을 널리 홍보하였다. 이 그룹은 1968년에 뜻을 같이 하는 사람들과 힘을 모아 코펜하겐 외부의 작은 마을에 땅을 마련하고 1973년 말에 새틀담멘(Saettedammen) 및 스크라플라넷(Skraplanet)으로 불리는 공동주택을 완공하였다.

60년대의 코하우징 운동은 고령화사회에서 자녀에게 의존하지 않으며 시설에 입주하는 시기를 최대한 늦추어 건강하며 활동적인 노인들이 자기주도적으로 노년기를 창조의 시기로 만들어 갈 수 있다는 이상적인 주거 모형으로 인식되면서 전 유럽으로 확장되기 시작하였다.

노년기를 함께 보낼 수 있는 코하우징의 특징은 코하우징에 대한 시민들의 관심을 증대시켰으며 일반 주택 거주 노인들보다 고독하지 않으므로 면역력이 강해져 노인성 질환에도 잘 걸리지 않는 것으로 밝혀졌다(최정신 & 폴손, 2006). 공동주택 거주자들은 서로 상호의존하면서 살아있음을 느끼고 서로를 돌보기 때문에 우울증과 같은 정서적인 공허함에 빠지지 않는다. 이외에 각자의 생활이 보호되어 독립성이 유지되며 건강한 운동 및 여가활동을 함께 즐김으로써 신체적, 정신적으로 자아존중감을 지키면서 적성과 흥미에 기반한 활동을 유지하며 자아실현할 수 있는 기회가 주어지는 특성이 있다.

1993년 유럽노인의 해를 맞이하여 코펜하겐에서 학술대회가 개최되어 노인의 삶의 질 향상을 위한 주택과 사회복지 서비스를 주제로 한 다양한 대책들이 논의되기 시작하였는데, 이 중 하나가 코하우징이다. 이후 지역사회나 국가적 측면에서 코하우징에 대한 관심은 증가되었는데, 이것은 양로원보다 경제적으로 효율적이어서 노인부양 부담을 줄일 수 있다는 것, 노인들이 삶의 질을 유지하면서 안정된 노년기를 보낼 수 있다는 장점이 크게 부각되었기 때문이다.

코하우징은 일반적으로 다음과 같은 4가지 원칙을 준수하고 있다(McCamant & Durrett, 1994).

첫째, 참여의 원칙: 커뮤니티가 형성되는 과정에서 뿐만 아니라 향후 거주자 모두가 적극적으로 공동주택의 운영에 자치적으로 참여한다.

둘째, 커뮤니티 룸: 거주자들의 공동체의식을 강화시켜 갈 수 있도록 되도록 많은 거주자들의 상호작용을 촉진하기 위하여 반드시 설계되어야 한다.

셋째, 되도록 주거민들이 공동으로 사용하도록 공동 세탁시설, 어린이놀이방, 취미실, 음악연습실, 재봉틀실, 수영장, 사우나실, 탁구실 등을 마련하고 이외에 다양한 공간을 만들어 되도록 함께 사용하도록 한다.

넷째, 자치적 경영 및 관리: 공동주택의 거주자들은 주택의 경영 및 관리뿐만 아니라 주택의 유지 및 보수 등도 스스로 해결해 나간다.

이외에 거주자 모두 동일한 의사결정권을 소지하고 있으며 이들의 자치 경영은 구조는 평등한 구조이며, 개인들의 경제적 독립은 보장되어 개인소득과 자산이 보호된다는 것이다.

덴마크의 경우에는 미래에 입주할 시민들이 자치적인 협의를 통하여 개인 명의로 공동주택을 짓기도 하지만, 지방자치단체 산하의 비영리 주택회사의 도움을 받아서 임대주택 형식의 주택도 늘어나고 있다. 그러나 스웨덴의 경우에는 지방자치단체가 소유하는 비영리주택을 건설하는 공영임대주택회사 조합인 SABO가 짓는 지방자치 주도형과 민영주택회사 산하의 시니어고든에서 설립한 개인 소유의 코하우징이 많은 편이다.

2) 코하우징의 설립 과정

노인코하우징의 설립은 미래에 거주하게 될 주체들이 설계, 건축, 리모델링 및 설립의 과정까지 처음부터 함께 참여하면서 완성해 나가는 것이 가장 바람직하다. 따라서 초기 코하우징의 설립과정에 적극적으로 참여하는 테스크포스 팀이 거주 희망 시민들을 홍보를 통하여 모집하고 택지를 마련하고 완공해내는 과정까지 책임감을 갖고 참여해야 한다. 또한 지자체의 지원을 끌어낼 수 있도록 노인복지담당 공무원이 이 사업을 충분히 이해하고 공감하여 적극적인 파트너로 참여하도록 설득할 수 있어야 한다. 노인 코하우징은 거주자들이 적극적으로 참여하는 시민주도형 코하우징과 지방정부가 주도하여 운영하는 지방자치제 주도형 코하우징으로 나뉘는데 설립 과정에는 다음과 같은 방법이 적용되었다.

- 엑티브 에이징을 할 수 있는 코하우징에 대해 지방신문이나 매체 등에 적극적으로 홍보하고 기획과정과 문제해결팀(Tast-Force-Team)에 참여하려는 시민들을 모아 간다.
- 시민들의 요구에 기반하여 코하우징의 성격을 결정해 나가도록 다양한 아이디어를 논의하고 결정하도록 참여권을 부여해야 한다.
- 식사, 청소, 외로움 및 유사시에 일어날 수 있는 간병, 간호 등의 문제점을

충분히 공유하고 해결 방법을 찾아야 한다.

- 폐교된 초등학교 및 농촌의 비어있는 주택의 활용 등 주거단지에 대해 충분히 연구해야 한다.
- 공동주택 설립을 위한 기금 마련을 위한 홍보, 지원 여부 및 로비 등을 연구하고 계획해야 한다.
- 코하우징의 자치 경영을 위한 운영 지침을 마련해야 한다.
- 코하우징의 디자인을 결정하고 주택 신축 및 완공까지의 전 과정을 책임질 수 있는 대표단을 선정해야 한다.
- 입주를 담당하는 책임자를 선정하고 공동 생활을 시작한다(Ambrose, 1993: 최정신, 2006)

코하우징에 거주하는 거주자들의 만족도를 조사해 보면 시민주도형인 코하우징에 거주하는 노인들의 만족도가 지방자치제 주도형보다 높게 나타난다. 이것은 코하우징의 설립 과정에서 부터 시민들이 스스로 참여하여 자신들의 요구가 충분히 반영된 공동거주 공간을 만들어내고, 자치적으로 운영에 참여할 수 있을 때, 만족도가 높다는 것을 알려 준다.

3) 노인 코하우징 거주자의 인구사회학적 특성

거주자 간의 협동을 통하여 일상적인 가사업무를 분담하는 것이 기본적인 생각이므로 공동주거 공간에는 맞벌이 가족, 한부모가족, 독거노인 및 노년기 부부 등이 많이 거주한다. 외국의 경우에는 여성이 많으며 직업은 공무원, 교사, 전문직 회사원, 자유업 등 전문직에 종사하는 경우가 많다. 이들의 건강은 양호하며 상대적으로 대졸자들이 많아 경제적으로 여유가 있으며 의사소통력이 높은 편이다. 공동체를 이루어 사는 데에 필요한 개방성, 수용성 그리고 남을 도울 수 있는 이타심을 소지하고 있는 경우에 코하우징을 선호하는 것을 알 수 있다.

2 노인 공동주택 운영 사례

공동주택 유형에는 안전성과 거택보호가 가능한 노인공영임대주택(senior public housing), 건강한 노인들이 다른 노인들과 어울려 자립적으로 일하며 생활할 수 있는 노인자립생활 주택단지(Independent Living Community), 집중적인 간호를 받을 수 있는 공동주택, 노인이 거주지를 이동하지 않고도 지속적으로 보호를 받을 수 있는 연속보호 은퇴촌(DDRC: Continuing Care Retirement Community), 와병 중인 노인을 24시간 부양해 주는 요양용 코하우징 그리고 건강한 노인들이 이웃과 함께 공동생활을 하며 협동적인 생활을 할 수 있도록 계획된 노인용 코하우징 등이 있다(홍형옥 외, 2004).

1) 독일 괴팅겐의 노인 공동주택

새로운 노년기를 위한 노인공동 주택

-혼자가 아니라 함께, 양로원이 아닌 집에서 노후 보내기-

독일 북부 대학 도시 괴팅겐시의 노인 공동주택은 당시 보수진보통합당이 예산을 마련하여 공적으로 지원함으로써 추진된 사업이다. 비교적 건강한 노인들이 인간의 기본적인 권리를 누리며 삶의 질을 보장받으며 자치적으로 관리해 나가는 새로운 개념의 공동 주거 공간은 건강하고 활기찬 노인들의 액티브 에이징을 보장해 주려는 측면에서 새로운 이상적 주거로 건축되었다.

괴팅겐시 노인 공동주택

1989~1991년 2년동안 노년에 관한 관심이 대폭 증가하면서 공적으로 노인장기요양보험에 관한 홍보가 확대되고 노인복지법에 의한 노년기의 권리가 강화되

면서 행복한 노후준비에 대한 관심이 증대되었다. 따라서 젊고 건강한 노년상이 일반화되면서 시민들은 공동주택을 둘러보는 모델하우스 공개행사에 적극 참여하기 시작하였는데 이것은 노인공동주택에 대한 대대적인 홍보로 이어졌다.

괴팅겐 시민 20명이 모여 혁신적인 방법으로 괴팅겐 만의 노인공동주택을 자치적으로 운영해나가기 위해 태스크포스 팀을 구성하여 기획을 시작하였다. 자치경영하는 공동체적인 주거공간을 만들기 위해서 모인 태스크포스 팀은 자치 경영을 위한 방법 연구팀, 법 및 제도문제 연구팀, 재정팀 그리고 홍보팀으로 나누어 6개월간 학습동아리 모임을 시작하였다. 자치에 기반하여 운영되는 주거공간을 만들기 위해서 지자체 정치인들과 대화를 시작하였고, 공무원들을 설득하고 법률 전문 지식을 학습하면서 네덜란드와 덴마크의 사례들을 연구하기 시작하였다. 이러한 기획은 전체 참가자들이 자신들의 노년을 준비하려는 의미에서 자발적으로 이루어졌으며 누구도 강압적인 분위기가 아닌 상태에서 평생학습하는 즐거움을 느끼게 되면서 괴팅겐 시에서는 처음으로 자치적인 공동주택을 경영해 나간다는 자부심이 학습동아리를 유지시키는 원동력이 되었다.

이러한 노력의 결실로 괴팅겐 시는 1991년 시민으로부터 기증받은 Am Goldgraben 14번지에 있던 빌라를 노인 공동주택 운영을 위한 시범공간으로 사용하도록 허락하였다. 괴팅겐 시의 기부와 허가는 매우 놀랄 만한 것이었는데 이 집은 건축사적 가치를 인정받아 지방문화재로 지정된 주택으로 시내와 매우 가까우며 아름다운 정원이 있는 집이어서 노인 주거공간으로 최적의 건물이었기 때문이다.

이 집은 아름답기는 했지만 재건축과 수리가 요구되었다. 공동주택에 거주하기로 한 노인들은 두 가지 문제에 부딪쳤다. 학습동아리에 참여하여 비영리법인(Verein Freie Altenarbeit Göttingen e.V.) 의 회원이 된 시민들은 두 가지 유형이었다. 한 그룹은 나중에 이 공간에서 거주하고 싶은 사람들이었고, 다른 한 그룹은 당장 여기서 살고자 하는 노인들이었다. 가장 중대한 문제는 수리 비용을 마련하는 것이었는데, 이 혁신적 방법으로 주거공간을 마련하는 것에 적극적으로 동참한다는 의미에서 20명 회원들은 재건축비를 모두 분담하였다.

프로젝트 팀의 구성원들은 공동주택에서 살아본 경험이 없는 사람들이었지만 이들은 공동 주거공간 만들기를 성공적으로 수행해 내었다. 따라서 협회는 자체 조직을 구축하기 위해서 ABM 비영리 법인(Arbeitsgemeinschaft Behinderung und Medien e.V.)에게 프로젝트의 설립을 위한 컨설팅을 요구하였다. 프로젝트를 실현시켜보려는 의지가 매우 강했던 노인들과 시민들은 함께 프로젝트를 완성시키고자 노력하였다. 많은 문제가 있었지만 미래의 거주자라는 정체성이 동질성을 만들어 주었고, ABM 비영리 법인이 수많은 문제들을 해결해 주면서 성과를 거두게 되었다.

마침내 38명의 회원으로 구성된 괴팅겐 노인 법인(Freie Altenarbeit Göttingen e.V.)이 발족되었다. 공동주택의 재건축과 수리에 들어간 비용은 약 2억원에 달했다. 그러나 공동주택 운영을 위한 월세 및 거주비는 개인들의 연금으로 해결할 수 있을 정도로 책정되었고, 각종 기부금과 지원금도 프로그램 운영을 위한 경비로 충당할 수 있었다. 다행히 공동주거 공간의 경영비는 괴팅겐시의 보조금과 니더작센 주의 보조금 및 기타 사회기부단체의 기부금 등으로 충당될 수 있었다. 이처럼 과거에 경영에 대해 경험을 갖고 있지 않은 회원들도 '실천을 통하여 배운다'는 의지를 소지하고 공동주택의 경영 및 자치를 시작하였다.

1993년 재건축과정에서는 웨스트-팔렌 주의 하겐시에 있는 "좋은 뜻을 가진 친구들 법인"(Kompanie des guten Willens e.V.)에서 칠 작업을 도와주었다. 이외에 미래 거주자가 될 시민이 "퇴직자 지원팀"이라는 기부단체를 알려주어 매일 3만원을 지원받을 수 있었다.

1994년 1월, 69~85세까지의 노인 11명이 입주하게 되었고, 여름에는 200명의 하객들을 초대하여 개소식을 가졌으며, 지하에는 공동거주공간의 운영을 위한 사무실도 마련하였다. 이후 독일매체에 괴팅겐의 노인 공동주택은 노인들의 힘으로 만들어지고 운영되는 최고의 노년기 거주공간으로 여러번 소개되었다(http://freiealtenarbeitgoettingen.de).

2) 오스트리아의 노인 공동주택

재가복지형태로 지역사회 노인들이 실버 공동주택에 살도록 복지서비스를 제공하는 비엔나의 복지부(Wiener Sozialdienste)는 노인의 삶의 질 보장을 위한 실버공동주택을 다음과 같이 운영하고 있다. 비엔나 시의 실버공동주택에 거주할 수 있는 대상은 노인, 병자, 장애인, 사회적으로 취약한 사람들 및 그들의 가족이며 이들에게 간호, 상담 및 다양한 치료서비스를 제공한다.

비엔나 시에는 간호사와 사회 복지관 직원들이 중심이 된 "비엔나 홈 케어협회"가 1946년에 설립되어 초기에는 소외계층과 노인들에게 식사, 의복, 연료, 세제 등을 지원하기 시작하였으나 최근에는 간호와 관련된 돌봄 업무를 제공하고 있다.

1950년대 노인요양사(홈헬퍼)는 교육을 받지 않은 상태에서 고용되기 시작하였으나, 1960년대 말과 1970년대 초기에는 스타허(Stacher) 시에 협회가 설립되었고, 1975년 고용노동부사무소에서는 노인요양사에 대한 직업교육을 실시하기 시작하였다. 초기에는 노인을 돌보는 찾아가기 서비스와 청소서비스만 지원하였으나 1976년부터는 점차적으로 장애를 가진 모든 이에게 서비스를 확대시켜 재가돌봄에서부터 장애치료까지 지원하고 있다. 홈 케어 및 방문치료를 제공하는 에르고치료까지 서비스의 영역이 크게 확대되었다.

2002년에는 비엔나 사회복지부는 비영리단체로 전환되어 회원들이 단체 운영을 자율적으로 수행하고 있다. 비엔나 사회복지부의 일은 이제 시민이 주도적으로 운영하는 공동체적인 연대로 발전되어 자치조직으로 운영되고 있다.

노인 공동주택이 제공하는 서비스는 아래와 같이 크게 4가지 영역으로 구분된다.

① 일과 활동
- 노인병 관련 치료를 담당하는 센터의 역할을 수행
- 수공관련 작업을 담당
- 집 수리 담당

② 자기개발과 치료
- 평생학습관련 자기개발 지도
- 노인 질병 치료 및 간호 지원
- 수공 관련 지원을 담당
- 배우자 및 가족 치료 제공
- 노인들의 의미있는 작업·활동을 방문 지도하는 에르고치료 서비스 지원
- 훈련 및 예방 지도

③ 간호와 돌봄
- 방문 치료

- 노인공동주택에서 집중적인 돌봄 실시
- 노인질환 치료
- 재가 복지
- 시설 지원
- 다양한 간호 지원
- 열쇠 조립 및 수리

④ 주거와 상담

- 자유로운 주거 활동을 보장
- 집중적인 돌봄을 제공
- 재가 복지 지원
- 요구에 의한 개별 서비스 지원
- 종일 돌봄과 반종일 돌봄 지원
- 발달을 촉진하는 주거센터로서의 역할 수행

비엔나 사회복지부와 자 회사에는 1,400명이 65세 이상 노인을 대상으로 무료로 지역에서 재활이나 장애 보호를 요청하는 경우 재가복지를 지원하고 있다.

① **비엔나 사회 서비스 및 간호 서비스 회사** (GmbH)

비엔나 사회 서비스와 간호 서비스 회사는 비엔나 사회복지기금에 의해 지원을 받는 민·관의 협동기관으로, 대규모의 민간 복지 단체이다. 회사는 방문 서비스, 노인센터, 커뮤니티를 통해 다양한 의료 및 간호 서비스를 통합 지원하는데 하루에 약 2,600건의 서비스 지원 작업을 수행한다. 연간 서비스를 받는 대상자는 약 2,800명이다.

② **비엔나 사회 서비스 및 프로모션 회사**

비엔나 사회 서비스 및 추진회사는 대상자를 개별 관리, 지도 및 장애 아동, 청소년 및 성인을 지원하는 전문 회사로 연간 1,200명의 노인들이 이용하고 있다. 직업자활 서비스를 제공하는 것이 목적이므로, 이들이 다시 직장으로 복귀하도록 지원하고 있다.

3) 스웨덴의 시니어 코하우징

1970년대 노인인구가 급속히 증가하면서 노인 시설에 대한 불만이 커져 노인 및 중증 장애인을 위한 소규모의 서비스 주택이 건설되기 시작하였다. 1980년 이전까지 스웨덴에서는 노인이 자기 집에서 살 수 없는 경우에는 주거와 서비스가 제공되는 복지시설로 입주하는 것이 일반적이었다. 그러나 사회복지법이 사회지원법으로 바뀌면서 노인 지원 서비스의 주된 목표는 노인들이 자신의 삶을 스스로 경영해 나가면서 자립적으로 자신의 집에서 살도록 지원하는 것에 중점이 놓였다. 노인요양사가 가정을 방문하여 식사나 돌봄과 관련된 요양을 지원하고, 방문간호사는 질병치료 및 간호 서비스를 지원하기도 한다. 노인들이 자신의 집에서 가능한 오래 살 수 있도록 지원하는 방안이 노인 주택정책의 중점이 되어 왔으므로 젊고 건강하며 정상적인 노화 과정에 있는 노인을 위한 새로운 주거 방식을 많은 이들이 선호하고 있다.

노인 코하우징에 입주하려면 부부 중 1명이 최소한 55세 이상이어야 하며 신체적, 정신적으로 건강한 상태여야 하며 함께 동거하는 자녀가 없어야 한다. 그러나 입주 연령은 각 나라마다 차이가 있어 네덜란드나 독일의 경우에는 50세 이상이면 가능하다. 또한 코하우징의 규모는 10명 이하가 거주하는 곳에서부터 100명 미만의 거주자가 생활하는 주택까지 매우 다양하다.

일반적으로 다양한 연령이 거주하는 연령통합형 코하우징은 자치적으로 관리하는 경우가 많지만, 신체적, 정신적 장애를 가진 거주자가 많은 코하우징은 위탁 업체가 관리하며 의·식·주·간병 등의 서비스를 제공해 주는 경우가 많다. 그러나 노인이 거주하는 코하우징에서는 이 두 가지 유형이 복합적인 형태를 이루는 경우가 많다(Vestbro, 1982; 최정신, 2006, 재인용).

초기에 코하우징은 경제적으로 여유가 있으며 건강한 노인들만을 위한 대안적인 주택이라는 비판도 있었으나 최근에는 공공임대주택의 형식으로 비영리 주택회사가 공공임대주택을 제공하고 있어 모든 노인을 대상으로 일반화되는 추세에 있다.

식사시간 및 취침시간이 정해져 있고, 식사메뉴를 선택할 수 있는 권한이 없어 개인의 자유가 제한되는 양로원 보다는 자기결정권과 참여권을 갖고 인간다운 노년기 삶을 보장할 수 있기 때문에 코하우징은 선호되고 있다.

4) 덴마크의 시니어 코하우징

(1) 시설

덴마크 최초의 코하우징은 1987년에 설립된 '미드고즈그룹펜' 노인 코하우징이다. 이곳 거주자의 95%는 이주민이며 5%만이 덴마크인이다. 이들은 함께 모여 조리 및 식사는 물론 게임도 자주하며 여름에는 공동으로 정원과 채소를 함께 가꾸며 산다. 솔로젠 시니어고든에 있는 노인 코하우징에는 현재 97세의 여성할머니가 스스로 자립적인 생활을 하며 살고 있다. 대부분 코하우징의 거주자들은 남성들보다 여성들이 압도적으로 많으며, 부엌, 식당, 거실, 샤워실, 손님방, 온실 등은 공동으로 이용하는데, 이들은 온실을 자랑스럽게 여기며 화초 가꾸기를 즐기는 것으로 나타났다.

일반적으로 코하우징 지하실에는 개인용 창고가 있으며, 자전거 보관소, 공동 기구 보관실, 세탁실, 독서실, 취미활동실 등이 따로 마련되어 있다.

(2) 여가 및 학습 활동

공동으로 즐기는 여가 및 학습 활동의 종류에는 저녁식사 이후의 사교 모임, 1년에 3~4차례 가는 여행, 정원 가꾸기, 취미 활동, 독서 및 토론, 외국어 및 외국문화 배우기 등이며 세탁도 공동으로 한다.

거주자들은 코하우징 운영을 위한 회의에 가장 많이 참석하며 선호하는 공동 활동은 차마시기와 공동 식사, 정원가꾸기, 독서활동이지만, 운동이나 취미활동은 상대적으로 선호도가 떨어지는 것으로 나타났다.

(3) 입주 동기

코하우징으로 입주하는 동기는 배우자가 사망한 경우가 가장 많다. 주거관리와 관련해서 코하우징에서 생활하는 가장 좋은 점은 주택과 정원관리 부담에서 벗어난 것, 노인에게 적합한 주거공간에서 사는 것, 작은 공간에서 살게 된 것 등으로 나타났다. 코하우징을 선택한 이유는 '건물의 위치가 좋아서'가 가장 많았고, '설계와 디자인이 마음에 들어서', '문화활동에 쉽게 접할 수 있어서' 등으로 나타났다. 코하우징에 거주하는 동기에는 '홀로 사는 것보다 안정적'이며, '이웃과 자주 만날 수 있어서', '공동생활에 참여하고 싶어서', '외롭지 않기 위해서' 등으로 나타났다. 상대적으로 코하우징의 이념이 좋아서 입소한 경우도 50%가 넘는 것으로 나타났다(최정신, 2003b).

앞으로 우리나라에서도 노인들이 주택관리의 부담에서 벗어나 공동으로 생활하는 공동주택을 선호하게 될 것이므로 자율적인 자치 경영을 통해 생활하도록 공동주택의 설립이 활성화되어야 할 것이다.

5) 핀란드의 로푸키리

핀란드는 긴 겨울과 백야가 특징인 나라로 영토의 크기는 우리나라의 3배이지만, 인구는 10분의 1에 불과하며 국토의 70%는 숲으로 이루어져 있다. 핀란드는 자작나무로 대표되는 대자연의 혜택을 받으며 국가경쟁력 세계 1위, 국가투명성 1위, 범죄율 세계 최하위를 기록하는 살기 좋은 나라이다. 특히 국민소득의 45%를 세금으로 거두며 일궈낸 복지 제도는 은퇴자들의 천국이라고 할 수 있다.

수도 헬싱키 외곽에는 평균 나이 70세인 58가구 69명의 주민이 모여 사는 아파트가 있다. 이들은 직접 아파트 설계와 디자인을 계획하였으며 공동의 생활규칙을 지키며 생활하고 있다. '마지막 전력질주'를 뜻하는 '로푸키리'로 불리는 아파트는 2006년에 실버공동체로 만들어 졌다. 로푸키리는 6년에 걸쳐 완공되었으며, 2000년에 은퇴 여성 10여 명이 "노인요양시설보다는 노인 공동체를 만들자"라고 발의한 것에서 시작되었다. 서로 도와가며 외롭지 않은 인생을 살아보자는 아이디어는 곧 실행에 옮겨졌다. 이들은 헬싱키 시에 "시유지를 염가에 임대해 달라"고 요청했고, 노인 자살로 골치를 앓던 시청에서는 땅을 내주며 환호하였다. 이 후, 노인들은 주택 조합을 설립해 아파트를 건설하여, 호텔처럼 1층과 꼭대기 층에 공용공간을 넣고, 2~6층에 살림집 58채를

헬싱키의 시니어 코하우징 로푸키리(Loppukiri)

배치했으며, 입주금(56m²·17평형 2억 5,500만 원)을 시가보다 저렴하게 분양하였다. 따라서 로푸키리에는 60~80대 노인들이 대거 입주하 였다.

로푸키리가 양로원과 다른 점은 "돈을 내고 돌봄 서비스를 받는 요양원과 달리 로푸키리는 나의 집"이라는 인식을 갖고 산다. 식사·청소·빨래·건물 관리 등 생활에 필요한 모든 일을 노인들끼리 협동하면서 해결한다. 입주자들은 매주 월~금요일 오후 5시에 공동 식당에 모여 함께 식사를 하고 6개 조로 나눠 매주 돌아가며 밥을 하며 세탁실·관리실·사우나·체조실·회의실 청소도 순서를 정해 함께 해결한다.

로푸키리는 노인복지 선진국인 핀란드에서도 최신 모델이다. 냉전이 종결되면서 구소련이 몰락하자 핀란드 경제는 1990년대에 극심한 불황을 겪으면서, 노인 자살이 증가하자 로푸키리가 대안으로 등장하여 인기를 얻게 되었다. 가사노동을 분담한다는 실질적인 목적 외에 로푸키리는 이웃과 상호 소통하며 자율적인 노년의 삶을 이끌어가는 것은 크게 환영되었다.

입주자들은 합창단·요가클럽·독서클럽·문학클럽·연극클럽·재능 기부클럽 등 15개 동아리를 조직하였다. 문학클럽은 지난해 공동 문집을 냈고, 연극클럽은 전문 극단의 도움을 받아 극장에서 공연을 했으며, 소말리아 이주 여성들에게 수영을 가르쳐주는 재능 기부 등도 하고 있다.

6) 미국의 글래시어 서클

2006년 캘리포니아주 데이비스시의 글래시어 서클(Glacier Circle)에는 60~86세의 노인 40명이 함께 거주하고 있다. 분양을 받으려면 2억원을 내야 하며 임대로 거주하려면 매달 약 35~55만원을 지불하면 되는데, 교수, 교수, 작가, 과학자 등 다양한 직업경력을 소지한 거주자들이 상호적인 도움을 주고받으며 생활하고 있다. 이곳은 휠체어의 사용이 가능하며 함께 살고 있는 이웃들로부터 신속하게 실질적인 도움을 받을 수 있는 것이 장점이다.

현재 미국에는 약 120개의 시니어 코하우징이 있고, 앞으로 80~100개가 더 세워질 예정이다(백재현, 2011).

3 한국형 노인 주택 사례

한국형 노인주택은 아직까지 유럽식 모델로 시니어 공동주택이 지어진 곳은 없다. 그러나 노인들이 모여서 살 수 있도록 여러 채의 집을 지어 함께 마을을 이루는 노인 거주 마을은 점차 증가하는 추세에 있다.

1) 전라남도

전남발전연구원은 '고령인구 구조변화에 대응한 전남 노인주택 정책방안'에서 고령화에 대응한 지역 맞춤형 주택공급 방안의 필요성을 주장한다.

고령가구의 다양한 주택수요에 대응하고, 노인 주거복지 체계를 도입하여 기존 주택을 리모델링하는 정책을 활용하여 효율적인 노인주택을 만들어가려는 필요성이 고령사회에서 증가하고 있기 때문이다.

도시와는 달리 농촌은 이미 초고령화사회로 진입하였다. 전남지역 인구고령화 비율이 2010년 현재 20.4%이고 전반적으로 급격한 고령화가 진행되고 있으므로 이에 따른 고령가구의 주거안정성 보장은 매우 시급하다. 젊고 건강한 시니어 계층과 일반 고령 계층, 저소득 고령 계층 등에 따라 주택 수요가 다르므로 분양형 시니어타운, 고령자 전용 임대주택 등 수요맞춤형 노인주택이 다양하게 공급되어야 할 것이다.

향후에는 노인주택 정책을 주거복지와 연계하여 시·도·읍 등 각 거점지역에 고령자 주택개조 업무를 상담하는 '노인주거복지센터'의 설립, 전남지역 빈집과 폐교 등을 활용한 독거노인들의 '독립된 거주공간' 도입, 비도시지역 고령가구를 위한 '노인주택단지 조성' 등도 필요할 것으로 전망된다(광주 CBN 뉴스, 2012).

표 3 입지형태별 노인주택 유형

구분	도시형	도시 근교형	전원·휴양지형
입지적 특성	·대도시 입지 ·기존의 공공, 상업, 의료 시설 등과 밀접한 관계를 유지할 수 있는 지역	·도시와 가까운 곳에 입지 ·사회활동을 위한 대도시 왕래가 가능한 지역	·중소도시에 경관이 좋은 곳에 입지 ·자연환경과 온천수 등이 풍부한 곳 ·휴양과 농원, 화단 꾸미기가 가능한 지역
거주 시설 형태	·일반주거와 혼합(통합) 주거시설 노인전용시설 (노인홈, 그룹홈)	·노인타운(저층, 고층) ·노인복지센터 ·레저와 건강시설	·노인촌 ·휴양, 전원적 주거시설 ·각종 편의시설 및 문화시설
규모 구조	·100~150세대 ·단독 주택, 공동 주택, 노인 시설	·500~1000세대 ·커뮤니티형 노인주거단지 (단독 공동주택)	·100~500세대 ·단독 주택, 테라스 주택, 연립 주택, 아파트
교통 거리	·도시 내 가족과 인접거리가 짧은 곳	·도시에서 1시간~1시간 30분 접근 가능 ·고속도로, 인접도로, 전철 접근 가능	·중소도시 인접 ·기존 국도 및 지방도로와 연계가 좋음.
선호 특성	·여성들이 선호 ·고령자 일수록 선호도 감소	·고령자 일수록 선호도 감소	·고령자 일수록 선호도 증가
장점	·기존 생활권의 연장 ·가족친지의 교제 유지 ·도시기능의 직접 활용 ·병원과의 직접 연계 가능 ·문화, 정보의 지속적 연계	·도시형과 전원형 장점 활용 ·교통망의 신속성 ·도시기능의 간접 활용 ·생활편의시설의 간접 활용 ·병원과 간접 연계 가능 ·문화, 정보의 간접 연계	·온천, 명승지, 해안가 등 관광명소가 많은 곳 ·토지 확보가 용이 ·별장의 개념
단점	·토지 가격이 고가 ·자연 환경의 악조건 ·주변 생활권과 분쟁	·자연환경 조건이 보통 이하 ·부대 시설이 필요	·문화, 정보의 괴리 ·운용 비용이 고가 ·의료서비스 기능 필요

출처: 부산광역시 도시개발공사, 1997.

2) 은퇴자 전원마을 조성

횡성 등에 은퇴자 마을이 조성되었지만, 이러한 은퇴자 마을은 덴마크에서 시작된 코하우징과는 조금 다르다. 한 집에서 사는 것이 아니라 각자 집을 갖고 사는 것이 다르지만, 하나의 커뮤니티를 구성하고 있다는 점에서는 비슷하기도 하다. 은퇴자 마을에서는 노인들이 민박을 통해 수입을 기대하고 있으나, 외국의 시니어 코하우징의 거주자들은 같은 공간에서 연금 및 지자체의 후원금 등으로 생활하며 여가, 학습 및 봉사활동을 즐기며 활동적인 노년기를 보낸다는 점에서 뚜렷한 차이가 있다.

– 곡성군 보성강변 강빛 마을 사례

외국의 공동주택과는 조금 다른 개념이지만 최근 우리나라에서도 은퇴노인들이 생활할 수 있는 은퇴자 마을들이 조성되고 있다. 강빛마을은 1998년부터 2006년까지 곡성군수를 지낸 고 촌장이 2007년 정부의 전원마을 조성 계획에 따라 추진하였다. 강빛마을은 100가구가 넘는 은퇴세대가 농촌에 살면서 건강, 일, 소득, 취미활동을 할 수 있도록 설계되었다. 1층에는 주인이 살고 2층에는 손님이 민박을 할 수 있도록 건축되었다.

강빛마을 사람들은 공동의 프로그램에 함께 참여해야 하는데, 이들은 마을 한쪽에 마련한 식당에서 아침과 저녁식사를 함께 준비하고 해결한다.

또한 민박을 통한 소득창출이 가능하도록 모든 가구가 민박을 운영할 수 있도록 건물을 설계하였다.

이외에 마을에 있는 다목적 회의실과 교육장을 이용하여 거주자들의 전문성을 살릴 수 있는 강의, 취미교육 프로그램도 지원되어 은퇴노인들이 평생학습에 참여하면서 내적인 만족감을 느끼도록 계획하고 있다.

토의 거리

나의 외할머니는 83세 이시다. 여기저기 아프다고 하시면서도 즐겁고 신나게 문화센터에 다니시며 십년 넘게 수영과 고전 무용을 배우시고, 국내 자선 공연도 하셨는데, 지난 해 위출혈로 응급실에 다녀오신 후로는 건강에 대한 자신감을 잃으셨는지 문화센터도 그만두시고 동네 노인정에 다니시며 소극적으로 생활하신다.

문화센터에서 수영이나 고전무용을 배우실 때는 곱게 화장도 하시고, 옷차림에도 신경을 쓰시고, 친구분들과의 통화나 모임도 빈번하셔서 곁에서 뵙기에도 신나고 즐거워 보이셨는데, 이제는 그러지 않으시니 생기도 없어 보이시고 갑자기 더 늙어지신 것 같다.

동네 노인정에는 특별한 프로그램 없기 때문에 외할머니의 생활이 외롭고 적막하게 느껴진다. 점점 쇠약해 지시고 자신감도 잃어 가시는 외할머니를 뵈면서 노인교육을 제공하는 곳이 많아지기를 바란다. 문화센터나 복지관 종교단체 노인대학 등 활성화되고 있지만, 연세가 많아 바깥활동이 자유롭지 못하다. 노인들이 소외되지 않고 함께 더불어 살면서 적합한 교육 등을 받고 서로 알고 있는 것들을 나눌 수 있는 방법은 없나요?

1. 노인들이 공동으로 거주하는 공동주택에 대한 생각을 토의해 보자.

2. 노후설계전문가로서 내담자가 이러한 상담을 문의해오면 어떻게 조언할 것인지 조원들과 함께 이야기해보고 중요한 조언 2가지만 적어 보자.

제 8 장

노년기 취업 및 상담

8장

노년기 취업 및 상담

1 일하는 노년기

1) 60세 정년연장법과 문제점

고령사회를 앞두고 2013년에는 60세 정년연장법이 통과되어 노인들이 60세까지 일하는 시대가 되었다. 정년 60세 규정은 2016년 1월 1일부터 공공기관, 지방공사, 지방공단, 300인 이상 사업장에 적용되며, 이듬해인 2017년 1월 1일부터는 국가 및 지자체, 300인 미만 사업장등 모든 사업장으로 확대된다. 2017년이 되어야 정년연장법에 의해 60세까지 일하게 되지만, 기업이 제도를 시행하는 방식은 결정할 수 있어 다양한 정년제가 실행될 것으로 예견된다. 그러나 정년을 연장하는 전제조건으로 임금이 최고조에 달하는 일정 연령 이후 부터 급여를 줄여나가는 방식을 적용하는 것은 어느 회사나 거의 동일하다.

고령의 근로자 고용을 기피하는 것은 고령의 근로자에게 지급해야 하는 인건비에 대한 부담때문이다. 정년을 60세로 연장하게 되면 연평균 4~5%의 추가 인건비가 들고, 해마다 5% 내외로 올려야 하는 임금은 결국 정년 연장으로 인해서 매년 10% 정도의 인건비 지출을 늘려야 되기 때문이다. 정부는 기업의 부담을 줄여주면서 고령자 고용을 확대시켜 나가기 위해서 세제지원 대책을 발표하였다. 세제지원 대책에는 60세 이상 노인과 장애인에 대한 고용창출 세액 공제 금액을 현행 1인당 1,000만원에서 1,500만원으로 인상해서 취약계층 고용을 장려하는 것이 포함되어 있다. 이러한 취지에는 노인일자리를 만드는 기업에 다양한 혜택을 지원한다는 의도가 포함되어 있다.

그러나 고령근로자의 고용에 대한 기업들의 저항은 생각보다 매우 크다. 사업장의 특수성을 고려하지 않은 채 일괄적으로 정년을 연장하는 것도 문제로 지적된다. 예를 들면 노인요양원에서는 일의 특성상 힘이 센 청년층이 필요하지만, 고령의 근로자들이 늘어나면 노인들에게 제공하는 요양서비스의 질이 떨어지게 된다는 의견도 있다.

60세 정년연장법은 유럽의 복지국가가 정년을 아예 없애버리거나 65~67세까지 보장하고 있는 것에 비교해 볼 때 아직도 인생 100세 시대의 요구를 수용하는데 미흡하다. 앞으로 정년연장은 유럽의 복지국가의 경우처럼 점차 상향조정되어야 한다. 즉 퇴직의 개념을 없애고 근로자가 원하는 시기까지 일할 수 있도록 노년기의 자기결정권이 보장되는 제도로 수정되어야 할 것이다. 고령의 근로자를 보호하는 유럽의 정년사례와 고령의 근로자를 일자리의 위험으로부터 보호하는 제도 등을 살펴보자.

2) 유럽의 정년사례

우리나라는 2013년이 되어서 60세 정년연장법을 제도화하였으나, 일본은 같은 시기에 유럽 국가들처럼 65세 정년을 의무화하여 고용을 통한 노후보장을 정부가 마련하는데 성공하였다. 아시아에서는 싱가포르 등이 65세 정년을 의무화하고 있다. 유럽공동체는 노인취업의 활성화를 위해서 2001년 스톡홀름에서 2010년까지 모든 회원국은 55~64세 까지의 노인고용률을 50% 달성해야 한다고 규정하였으나 유럽 국가들도 노인고용률 50%를 달성하는데 어려움을 겪고 있다. 이에 따라 많은 유럽공동체 회원국들은 2011년으로 접어들면서 노인으로 진입하는 65세까지 근로를 보장하였을 뿐만 아니라 이후에도 자신의 의지에 따라서 2년간 연장해서 단축근무를 할 수 있도록 배려하였기 때문에 실제 67세까지의 고용보장이 이루어졌다고 할 수 있다. 이중에서도 덴마크와 영국은 정년제도를 없애고 근로자가 원할 때 까지 근로할 수 있도록 하였다. 또한 핀란드는 유럽에서 가장 높은 노인취업률을 자랑하고 있는 나라로 노인의 53%가 취업 중이며, 68세까지 고용을 보장하고 있다. 프랑스는 향후 8년간 67세로, 스페인에서도 2013년부터 2027년까지 67세로 점차 퇴직 연령을 상향조정할 예정으로 알려져 있다.

미국의 경우에도 사회보장금이나 고령자 유족연금을 받을 수 있는 나이를 점차 67세로 상향조정하고 있어 미국의 노인들도 66세까지 일하고 있음을 알 수 있다.

표 1 각 국의 퇴직 연령

국가	남(세)	여(세)	55~59세 고용률(%)	60~64세 고용률(%)	65~69세 고용률(%)
오스트리아	65	60	39	7	1
벨기에	65	65	45	12	1
영국	없음	68	69	40	10
덴마크	없음	65-67	77	35	9
프랑스	65	62	51	12	1
독일	67	67	61	23	4
그리스	65	65	65	18	4
네덜란드	65	65	53	22	3
노르웨이	67	67	74	33	7
스페인	65	65	46	22	0
스위스	65	64	77	46	7
스웨덴	65	65	78	58	5

출처: OECD Pensions at a Glance (2005). HRS, ELSA and SHARE.

남성보다 여성이, 건강이 좋지 않은 준고령자들이 일반적으로 조기에 은퇴하는 것으로 나타났다. 따라서 많은 나라들이 고령노동자가 노동현장에서 일하도록 근무조건을 개선하고 건강을 촉진할 수 있는 고용제도를 만들기 위해서 노력하고 있다. 노인취업을 위해서는 노인이 일할 수 있는 근무환경을 만들어가야 하지만, 우선 노인의 건강을 보호하고 유지되도록 하는 것이 가장 중요하다. 독일에서는 근로능력이 감퇴된 고령의 근로자 및 장애근로자도 일할 수 있는 근로환경을 마련하고 있다. 노인의 취업문제 해결을 위해서 부르싱(Brussing, 2005)은 노인의 약화된 근무능력을 기업이 수용하고 과도한 체력소모가 요구되는 일자리에서는 고령자의 건강 보호를 위한 제도적인 보완을 강조하고 있다. 예를 들면 건강이 좋지 못한 60세의 노인요양사가 일을 하는 경우에는 보조요양사나 도우미와 함께 일하도록 하거나, 근무시간을 단축시키고 대신 평생학습에 참여하는 기회를 부여하여, 교육의 시간을 근로 시간으로 인정해 주는 평생교육 제도 등을 접목시켜 정년 시기까지 일하도록 배려하는 것이다.

독일에서는 고령의 근로자가 장시간 노동에 시달리지 않도록 고령 근로자를 위한 시간단축제도(Altersteilzeitgesetz)를 1988년 12월부터 시행하고 있다. 55세부터 단축근무를 원하는 근로자들은 근무시간의 50%만 일하면 된다. 기업이 임금의 50%만을 지불하고, 기업이 실업자나 신규사원을 채용할 때는 연방 노동사무소(Bundesanstalt für Arbeit)가 나머지 50%의 임금을 지급한다. 단축근무를 하는 노동자가 연금 불입시 불이익을 받지 않도록 근로자는 50%가 줄어든 소득에서 연금을 납입하지만 이러한 단축근무를 촉진하기 위하여 연방노동사무소가 일부 연금을 대납해주며 기업주가 부담해야 하는 연금의 일부도 보조해 주므로 실제로 50%만 일을 하고도 실제 연금은 과거 월급의 90%에 상응하여 납입을 하므로 고령 근로자는 많은 혜택을 받으며 여유로운 노년을 준비해 갈 수 있다.

단축근무제를 시행하는 목적은 청년일자리 확대가 가장 큰 목적이나 노인들이 노동시간을 단축시켜 일하는 대신 나머지 시간은 노인교육 및 은퇴교육 등을 받고 행복한 노후를 준비하도록 하는 데에 있다. 고령의 근로자들에게는 일과 학습을 구분하지 않고 노인교육을 받는 시간을 근로로 인정해 주어 노인들이 공동체 사회를 만들어 가는 사회적 역량을 개발시키도록 지원하고 있다.

3) 고령 근로자의 장점

고령 근로자들을 고용하였을 때의 장점은 젊은 근로자보다 애사심이 높고, 현장의 일을 능숙하게 처리해나가는 숙련공이므로 제품의 완성도가 뛰어나 돈으로 환산할 수 없는 이익을 회사가 얻을 수 있다는 것이다.

제철회사 관계자는 "똑같은 쌀, 똑같은 밥솥으로 밥을 해도 누가 밥을 했느냐에 따라서 맛이 달라지듯이 같은 제철 공장에서 철광석으로부터 선철(銑鐵)을 만들어 내는 가마인 고로에서 나오는 쇳물의 질도 작업자가 누구냐에 따라서 천지차이가 난다"고 말한다(동아일보, 2013). 평생 고로에서 작업을 한 숙련공의 솜씨는 신입사원과 비교해 볼 때 엄청난 차이가 난다는 것이다. 고령 근로자들의 장점은 일터에서 숙련된 작업을 수행해 나가므로 우수한 제품을 만들어 내는 것, 회사에 대한 충성심이 높고, 근무 태도가 우수한 것, 신규 사원들의 어려움을 잘 돌보아 주는 것 등이다. 따라서 30년 이상 현장에서 근무한 근로자들을 고용하게 될 때는 추가 인건비에 대한 부담보다는 품질이 좋은 물건을 생산해 낼 수 있어 오히려 제품에 대한 질과 만족도 등을 향상시킬 수 있다.

2 노인 일자리 통계

1) 우리나라 노인인구 현황

(1) 노년기는 여성의 시기

60세 이상 노인 인구의 특성은 남성노인보다 여성노인의 수가 연령이 증가할수록 월등히 많아진다는 것인데, 노인인구를 연령대별로 살펴보면 다음과 같다.

그림 1 노인인구 현황

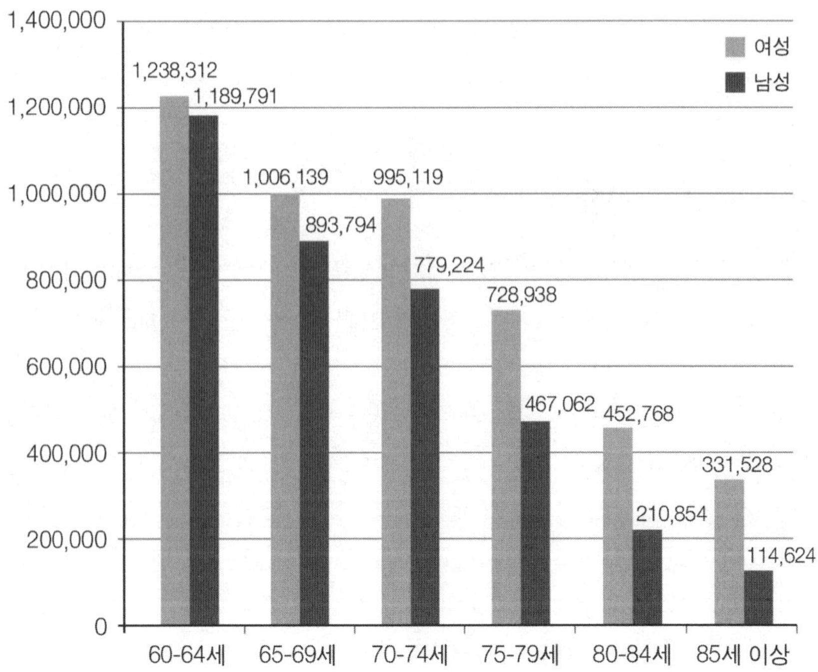

출처: 한국노인인력개발원(2013). 노인인구현황(2012), 주민등록 인구 통계, 2012년 기준.

2012년도 노인인구는 60~64세까지는 남성은 118만명, 여성은 123만명으로 나타났으나, 65~69세까지는 남성 89만명, 여성 1백만명, 70~74세까지는 남성 78만명, 여성 93만명, 75~79세까지는 남성 46만명, 여성 72만명, 80~84세까지는 남성 21만명, 여성 45만명, 85세 이상에서는 남 11만명, 여성 35만명으로 나타났다. 이것을 그래프로 살펴보면 [그림 1]과 같다.

(2) 노인인구 비율 연도별 추이

65세 노인이 전체 인구 중의 몇 %를 차지하는 가에 대한 비율을 10년 단위로 분석한 결과를 보면 1960년도에는 2.9% 밖에 되지 않았으나 2000년도에 7.2%로 늘어나면서 한국사회는 고령화사회로 진입하였다. 또한 2010년에는 노인인구층이 11%, 2013년도에는 12%로 늘어났으며, 65세 이상인 고령자는 613만 명으로 늘어났다. 2020년에는 15.7%로 추정되며 2030년에는 24.3%로 급속히 증가하게 된다. 이후에는 저출산 고령화 현상이 더욱 뚜렷해 져서 2050년경에는 노인인구가 37.4%로 늘어날 것으로 추정되는데 자세한 현황은 [그림 2]와 같다.

그림 2 총 인구에 대한 노인인구 비율 추계치

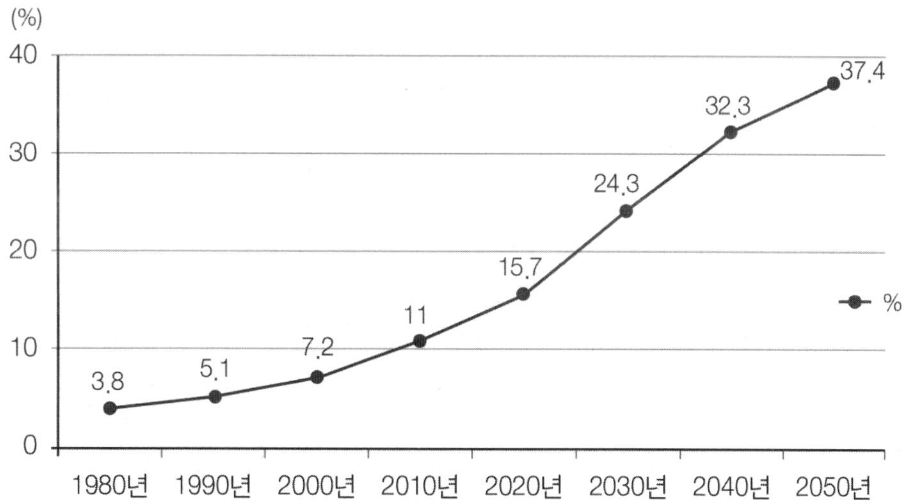

출처: 통계청: 장래인구 추계(2010~2060년).

2) 노인인구의 증가

통계청의 '2013 고령자 통계'에 의하면 65세 이상 노인 인구는 2013년에 600만명을 넘었다. 2013년도 10월 2일 노인의 날에 수정된 통계에서는 65세 이상 인구는 613만 7,702명으로 전체 인구의 12.2%를 차지한다. 65세 인구가 500만명을 넘어선 시점이 2008년이었는데 대략 5년만에 고령인구가 급속히 증가하였음을 알 수 있다.

취업하려는 50세 이상의 중고령층이 급증하고 있다. 2003년까지 전체 경제활동 인구 중에서 50세 이상의 중고령층은 24%를 차지하였으나 2013년 10년 후에는 35.6%로 급증하였다. 급속한 고령화 현상은 경제 성장, 자본 시장, 노동시장 등 경제분야에 중대한 영향을 미칠 것으로 예측된다. 급속한 고령화를 늦추려면 출산장려 정책의 확대 실시와 가정생활과 근로가 가능한 여성취업 정책을 수립하고 육아 문제 및 자녀 양육 문제를 사회와 노인층이 공동으로 지원해야 할 것이다.

그림 3 노인인구의 증가

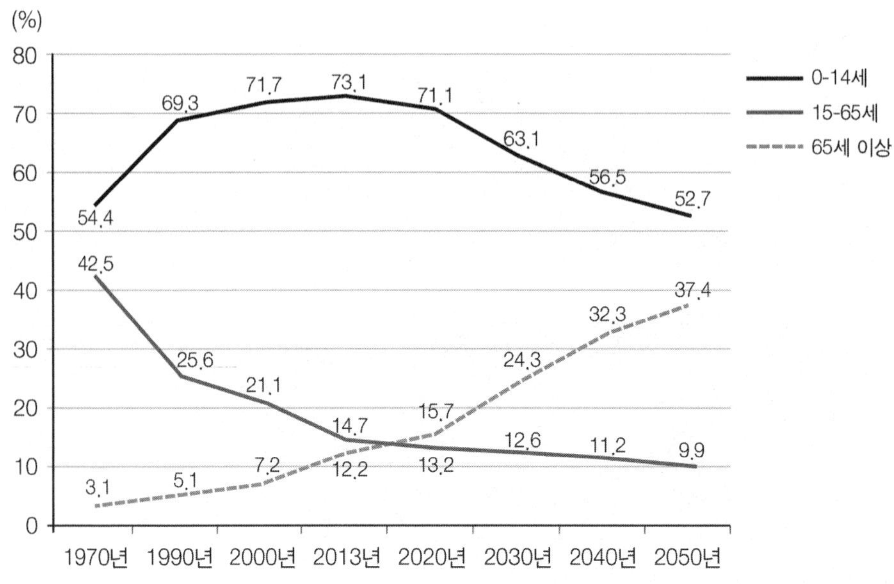

출처: 처음으로 600만명을 돌파한 65세 노인인구(통계청, 2013).

2012년도 조사에서는 향후 현재 일자리에서 계속 일하기를 원하는 근로자들은 89.7%, 전일제 근무를 희망하는 근로자는 12.8%, 1일 4~8시간 미만의 일자리도 34.9%가 선호하는 것으로 나타났다.

노년기의 소득보장이 시급하다고 응답한 사람들이 42.4%이므로 근로에 대한 기회보장은 생계가 막연한 노인에게 가장 필요하다. 그 다음으로 경제활동기회가 20.5%, 의료서비스가 15.2%, 장기요양에 대한 요구도 8.5%로 나타나, 노인들을 위한 경제적 보장과 장기요양 보호에 대한 지원이 매우 시급함을 알 수 있다.

3) 일본의 고령화 추세

일본에는 2013년도 현재 약 25.1%, 즉 3,197만명이 만 65세의 고령자이며, 고령자 비율은 2020년에는 29.1%에서, 2040년에는 36%로 늘어날 전망이다. 따라서 창업하는 노인들이 늘어나고 있으며 베이비붐 세대를 지칭하는 단카이 세대를 주 고객으로 하는 실버산업들이 늘어나고 있다.

그림 4 일본의 노인인구 비율 추계치

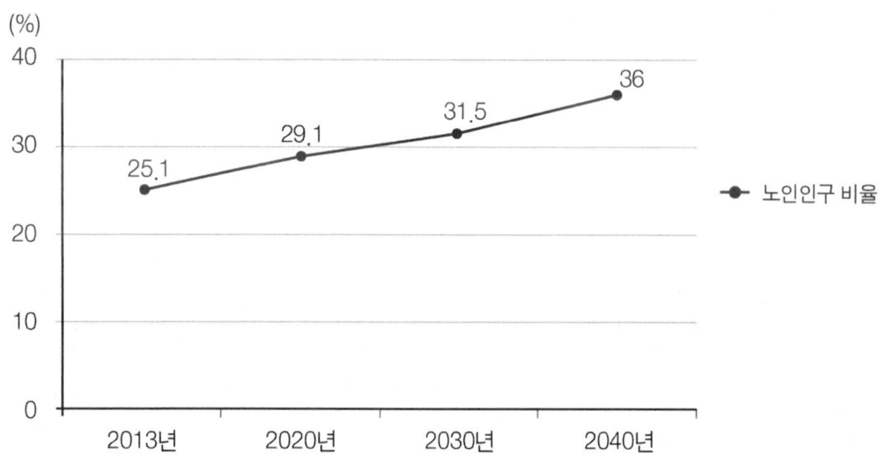

출처: 일본국립사회보장 인구문제 연구소.

우리보다 장수하는 노인이 많은 일본의 사례를 통해 일본 노인들의 근로 경향을 살펴보자.

(1) 창업

60세 이상 노인들의 창업을 도와주는 노인 창업지원센터가 늘어나고 있다. 시니어전문 창업지원센터인 '세컨드라이프'에서 컨설팅을 받고 퇴직 후에 1인 컨설팅 기업을 차리는 노인들이 증가하고 있다. 이들은 외국계 무역회사 등에서 근무했던 경력을 이용하여 중소업체를 대상으로 경영 컨설팅 등도 하고 있다. 세컨드라이프 창업지원센터는 창업을 희망하는 중고령자들에게 저렴한 가격으로 사무공간을 빌려주기도 하며, 창업컨설턴트 상담 서비스를 제공하며 창업에 관심 있는 사람들을 대상으로 학습동아리도 운영하고 있다. 일본의 경우 창업지원센터를 통해서 창업을 했거나 창업을 준비하는 중장년은 60~70대가 약 700여 명 정도로 조사되었다.

(2) 노인의 주 고객인 시니어 산업

저출산 고령화사회가 되면서 노인들이 액티브한 시니어들로 바뀌면서 일본의 커피숍은 전후 베이비붐 세대인 단카이 세대를 주 고객으로 하고 있다. 30석 정도 되는 일본 도쿄의 한 커피숍은 중장년을 대상으로 중장년들이 좋아하는 원목 의자와 탁자를 마련하고 다이얼식 전화기, 레코드, 풍금 같은 60~70년대를 연상케 하는 물건들을 배치하여, 청년들이 주로 이용하는 커피숍과 차별화시키는 데 성공하였다. 스마트 폰이나 노트북 등 디지털 매체를 사용하도록 와이파이(WiFi) 등도 설치하였다. 노인들이 과거에 마셨던 들깨 커피 등 향수가 우러나는 메뉴를 개발하고 과거를 생각나게 하는 놋쇠 잔에 생크림 커피를 담고, 노인들이 앉아 있는 곳에 가서 주문을 받는다.

일본의 고령자들은 연금을 받으며 근근이 살아가며 자녀의 짐이 되는 부양의 대상이 아니라 거대한 소비시장을 형성하고 있다. 일본에는 시니어 전용 매장이 들어서 의료기에서부터 의류, 신발 등 생필품을 한곳에 모아 팔고 있다. 과거에는 노인들이 의료기나 건강보조 식품 등을 주로 구입했으나 최근에는 혼자 여행을 즐기기 위해서 등산화 및 등산복, 여행용 가방 등의 구입이 늘어나고 있으며, 혼자 살고 있는 노인들이 간단하게 조리해서 먹을 수 있는 반가공 식품 등의 매출이 급속히 늘어나고 있다(동아일보 2013년 8월 26일).

3 진로 및 직업진로 상담

1) 진로 및 직업 상담

진로상담은 개인의 진로발달을 촉진시키거나 진로계획, 진로 및 직업의 선택과 결정, 실천, 직업적응, 진로 변경 등의 과정을 돕기 위한 활동이다. 이와 유사한 직업상담은 선택 가능한 직업의 결정, 각 직업의 조건들, 취업에 필요한 조건, 취업 절차 등 보다 구체적인 수준에서 취업을 돕는 활동을 지칭한다(김봉환 외, 2000).

일반적으로 직업 상담이란 상담의 기본원리와 기법에 바탕을 두고 진로나 직업에 관련된 논의에 일차적인 초점을 맞춘 상담자와 내담자 사이에 일어나는 면대면 과정으로 상담의 기본원리에 기초하고 있다. 따라서 직업상담을 할 때는 은퇴 노인이 진로를 계획하도록 준비시키는 단계, 직업을 선택하는 단계, 선택한 직업에 적응하도록 지원해 주는 단계 등으로 나누어 계속적으로 지원해야 한다. 노인들이 재취업 할 수 있도록 이들에게 관련 취업정보를 제공하고 현실 적합한 취업계획을 세우도록 보조하며, 효과적인 구직활동을 수행하도록 관련된 기술 및 조언을 제공하고 필요시 심리적, 정서적 지지까지 제공해야 한다.

노인의 재취업은 쉽지 않다. 그럼에도 불구하고 취업에 필요한 각종 정보를 제공하고 조건 및 절차 등 종합적인 관련정보를 제공하여 개인의 능력과 적성에 맞는 직업선택이 이루어지도록 효율적인 역할을 담당해야 한다. 직업진로 상담할 때는 대상에 대한 차별적 진단과 차별적 지원을 해야 한다. 이때에는 각 노인의 구직 수준에 따라 차별화된 상담을 진행해야 하며, 노인들이 살아가는 삶의 환경 및 과거의 경력 등이 매우 다양하기 때문에 생애사적인 맞춤형 상담을 제공하도록 최선을 다해야 한다.

2) 취업 준비

은퇴 후 취업을 원한다면 어떠한 곳에서 취업할 것인지 목표 정하고 자신의 목표를 달성하기 위해 실제적인 노력을 기울여야 한다.

취업준비를 위해서는 첫째, 정보 수집 활동이 필요하다. 자신의 능력, 적성, 흥미, 성격과 같은 자신에 관한 정보뿐만 아니라 직업 현황, 전망, 취업 방법, 필수 요건, 승진 경로, 작업 환경과 같이 자신이 관심을 갖고 있는 직업세계에 대한 정보를 수집해야 한다. 둘째, 필요한 도구를 갖추어야 한다. 자신이 목표한 직종에 취업하려면 필요한 교재 등을 구입하고 각 직업에서 요구하는 자격증 및 면허증 등을 취득해야 한다. 셋째, 설정된 목표를 달성하기 위해 이력서를 작성하고 면접에 응하는 실천적 노력이 요구된다.

3) 진로 및 취업에 영향을 미치는 요인

(1) 신체적 조건

신체적 조건이란 체격, 색맹 여부, 성별, 적성, 외모 등을 말한다. 체격은 유전에 의한 것이므로 통제할 수는 없지만 중요한 영향을 미친다. 색맹이 있는 경우에는 특정한 색을 구별하지 못하므로 화가, 의사, 기사 같은 직업을 갖기 어렵다. 양성평등 사회라고는 하지만 여성보다는 남성이 취업현장에서 선호되고 있으므로 진로 및 취업의 방향을 결정할 때는 자신의 신체적 조건을 고려해야 한다.

(2) 심리 및 정서적 요인

심리적 요인이란 흥미, 적성, 욕구, 감정 그리고 가치 같은 것을 말한다. 심리나 정서적 요인들은 직접 만지고 느낄 수 없기 때문에 개인의 행동을 통해 추측할 수밖에 없다. 특히 개인의 흥미는 능력보다 취업현장에서 성공적인 취업활동을 계속하도록 하는데 중요한 영향을 미치는 것으로 나타나므로 자신의 흥미가 무엇인지 다양한 방법을 통하여 탐색해 보아야 한다.

(3) 환경적 요인

개인이 살고 있는 환경은 진로 및 취업 활동을 계속해 나가나는데 영향을 미친다. 때로는 자신의 신체적, 흥미보다는 생계유지를 위한 취업이 우선시되기도 하므로 자신이 살고 있는 환경, 자신이 소지하고 있는 흥미와 능력 그리고 자아효능감 같은 것을 충분히 고려하여 진로를 선택해야 한다.

(4) 우연적 요인

인간의 힘으로는 조정할 수 없는 위기 및 천재 지변, 친지 및 배우자의 사망, 이사 등은 우연적 요인이 될 수 있다. 삶에서의 위기적 사건은 생계형 근로를 강요하기도 하지만 반대로 근로의 기회를 빼앗아 가기도 한다. 따라서 우연적 요인도 개인의 진로 및 취업 방향을 결정하는 매우 중요한 요소가 될 수 있다. 노년기에도 변화하는 상황에 대한 적응이나 조율(Attunement), 굴하지 않는 명랑성(Buoyancy), 그리고 문제를 발견하는 명확성(Clarity)을 향상시켜가는 ABC 전략을 사용하여 창업, 취업 또는 창의적인 작품 활동 등을 통하여 자신의 능력을 개발시켜야 한다.

4 근로자 유형 및 합리적인 의사결정 지원

노후설계전문가는 퇴직 노인들이 자신이 원하는 곳에 취업하도록 직업세계에 대한 정보 등을 안내하여 구직자들이 최종적인 진로를 선택하도록 의사 결정에 도움을 주어야 한다. 근로할 수 있는 충분한 능력과 정보를 갖고 있더라고 이를 적절히 활용해서 최선의 선택을 할 수 있는 의사결정 능력을 갖고 있지 않다면 올바른 진로를 결정하기가 어렵다. 하렌(Harren)은 진로 의사를 결정하는 근로자들의 유형을 3가지로 나누고 그들의 특징을 다음과 같이 분석하였다.

① 합리적 유형: 합리적 유형에 속하는 노인들은 진로에 대한 의사결정을 할 때 자신의 상황을 현실적으로 평가한다. 자신의 현재 상황에 대하여 정확한 정보를 수집하고 신중하고 논리적으로 의사결정을 할 수 있으며 자신이 내린 결정에 대해 책임감을 갖는다. 따라서 노후설계전문가는 이같은 합리적인 유형의 노인과 상담할 때, 이들의 이야기를 적극적으로 경청해 주고 결정을 존중해 주며 적극적으로 취업을 지원해 주는 지지자가 되어야 한다.

② 직관적 유형: 진로 의사를 결정할 때 일부 노인들은 자신의 상황을 감정적으로 평가하는 경향이 있는데 이들이 직관적 유형에 속한다. 이들은 직업에 대한

환상이나, 감정, 상상에 근거하여 직업을 즉흥적으로 결정하는 경향이 있다. 노후설계전문가는 직관적 유형의 노인과 상담할 때는 직업 현장의 실제적인 상황과 정보 등에 대한 정확한 정보를 수집하고 결정하도록 안내하여 즉흥적으로 결정하지 않도록 안내해야 한다.

③ 의존적 유형: 일부 노인들은 진로에 대해 스스로 내린 의사결정에 대해 책임을 지지 않으려는 경향을 보이기도 한다. 이와같은 의존적 유형은 의사를 결정하는 과정에서 타인의 영향을 많이 받으며 매우 수동적이고 순종적이다. 그러나 사회적으로 인정받고 싶어 하는 요구가 강하여 취업의 요구는 강하지만 자신이 처한 상황 때문에 여러 가지로 제한을 받는다고 느낀다. 자신의 취업문제를 주체가 되어 적극적으로 해결하지 못하므로 노후설계전문가는 이러한 유형의 노인과 상담할 때는 노인이 가장 잘 할 수 있는 일, 취미와 적성이 맞는 일 등을 추천해 주고 취업 후에도 책임감을 갖고 현장에 잘 적응하고 있는지 추후 상담을 계속 지원해야 한다.

이와같이 진로 결정유형을 3가지로 나눌 수 있음을 알고 노후설계전문가는 이들이 합리적인 의사결정을 할 수 있도록 능력을 배양해 나가야 한다.

자신의 특성에 맞는 직업을 선택하여 은퇴 이후에 삶의 질을 높여나가는 것은 매우 중요하다. 노인들이 자신의 특성에 맞는 직업에 대한 구체적인 탐색을 할 수 있도록 단기, 중기, 장기적인 진로 계획을 세우도록 안내해야 한다.

5 직업진로 상담의 과정과 전략

1) 관계수립과 내담자 분석을 통한 문제의 진단

직업진로 상담의 첫 단계에서 상담사는 상담하러 온 내담자와 마음을 터놓을 수 있는 관계맺기에 성공해야 한다. 내담자와 관계를 맺어가려면 가장 먼저 내담자의 정서 및 심리적 상태를 고려하여 적극적으로 공감해줄 수 있어야 한다. 이후 내담자의 문제를 이해하고 평가하려면 다양한 정보를 알고 있어야 한다. 노후설계전문가는 진로문제뿐만 아니라 내담자의 성격, 지능 및 교육수준, 사고, 정서 행동을 포함한 내담자의 심리상태, 가정환경, 과거 직업 경력 등을 포함하는 여러 영역에서 자아정체감, 의사결정 양식, 진로 결정의 상태, 자신에 대한 이해 정도 등을 평가할 수 있어야 한다. 이때는 내담자에 대한 일반적인 정보, 진로계획과 관련된 정보, 취업에 대한 열정 및 자기주도적인 학습을 통한 능력 개발 정도 등도 평가하여 내담자의 문제를 진단해야 한다.

표 2 문제 진단을 위한 내담자 분석 방법

구분	내용
내담자에 대한 일반적 정보 분석	내담자가 갖고 있는 취업문제나 목표를 이해하기 위해 필요한 정보를 분석 - 학업성적, 학력, 지능, 적성, 흥미, 직업에 대한 정체성, 자신감 정도, 정서 상태 등을 분석
취업 계획과 관련된 정보 분석	취업 상담을 필요로 하는 내담자 유형을 분류하기 위해 필요한 정보를 분석 - 진로문제 해결 능력, 학습능력, 취업하려는 직업 및 직업현장에 대한 이해 분석, 취업 장애 요소 등을 분석
취업 발달에 관한 정보 분석	내담자의 과거 취업 경험이나 의식, 취업 탐색이나 실천에 필요한 능력이나 준비도를 평가 - 내담자의 과거 직업 경력이나 경험, 교육훈련 경험, 여가 활용 방식 및 자기주도적인 학습 능력 등을 분석

2) 진로 계획을 위한 준비 단계

노인이 재취업하도록 관련 취업정보를 제공하고 현실에 적합한 취업계획을 세우도록 보조하며, 효과적인 구직활동과 관련된 기술 및 조언을 제공해야 한다. 필요한 경우에는 심리적, 정서적 지원도 제공해야 하는데, 이때에는 내담자의 이야기를 들어주고, 도움이 되는 진로상담 사이트 등을 소개해야 한다.

좋은 노후설계전문가가 되려면 평소에 노인진로 및 취업에 관련된 기사, 보도 자료 등을 관심있게 살펴보고 중요한 정보는 스크랩하였다가 활용하는 것이 좋다.

직업을 검색하여 노인들이 원하는 능력을 개발하여 취업을 지원하려면, 직업사전을 이용해서 자격증, 취업 전망 등을 찾아 보고 정보를 제공해야 한다.

• 노인일자리 사업의 유형

유형		내용	근무조건	일자리 예시	
사회공헌형	공익형	공공서비스 향상 및 지역사회 현안문제 해결 등을 목적으로 창출한 일자리로서 공공의 이익에 부합하고 사회적으로 유용성이 강한 일자리	1일 3~4시간, 1주 3~4일 근무, 매월 20만원씩 총 9개월 간 참여	미래세대 지원 사업	초등학교 급식도우미사업
				자원회수 및 재활용 사업	폐현수막 재활용사업
				녹색환경 관리 지원 사업	자전거 보관관리 및 수리 지원사업
					친 환경 EM 활용사업
				지역사회 관리 지원 사업	지역사회 환경개선 보호 사업
				공중질서 계도 지원 사업	지역사회 문화재관리 지원사업
				공중이용시설 관리 지원 사업	주정차질서 및 지하철 계도지원사업
					지하철 이용질서 계몽사업
					스쿨존 교통지원사업
					도서관 관리 지원사업
					생활근린시설 관리지원사업
					공공의료기관 및 복지시설 관리 지원사업
	교육형	전문성을 소자한 노인이 다양한 계층을 대상으로 자신의 경륜과 지식을 전달함으로써 세대 간 문화전승의 효과를 살리고 교육대상자의 능력을 향상시키는 일자리		학습지도 강사파견 사업	1-3세대 강사파견
					노-노교육 강사파견
					체육건강 강사파견
				전문해설 및 안내 지원 사업	숲생태 해설사
					문화재 해설사업
					기타 안내 사업
				전문 상담 및 통번역 사업	노인학대 예방사업
					통번역 예방사업 등
					기타 상담 사업
				기타 사업	보육교사 도우미 사업
					노인일자리 모니터링 사업 등

<table>
<tr><td rowspan="11"></td><td></td><td></td><td rowspan="11"></td><td colspan="2"></td><td>기타 분류표 외 교육형 사업</td></tr>
<tr><td rowspan="10">복지형</td><td rowspan="10">사회 · 경제 · 문화적 소외계층을 대상으로 제공되는 사회서비스 확대를 도모하고 서비스이용자의 사회적응 및 안정적 생활을 유지할 수 있도록 지원하는 일자리</td><td rowspan="6">소외계층 돌봄지원 사업</td><td rowspan="3">노-노 케어</td><td>독거노인 돌봄 지원사업</td></tr>
<tr><td>거동불편 노인 돕기 사업</td></tr>
<tr><td>생활시설이용자 돌봄지원 사업</td></tr>
<tr><td colspan="2">청소년보호 지원 사업</td></tr>
<tr><td colspan="2">지역아동센터 연계 지원 사업</td></tr>
<tr><td colspan="2">장애인 돌봄지원 사업</td></tr>
<tr><td rowspan="2">가족친화지원 사업</td><td colspan="2">다문화가정 지원 사업</td></tr>
<tr><td colspan="2">한부모가정 지원 사업</td></tr>
<tr><td>주거환경개선 지원사업</td><td colspan="2">주거환경 개선 지원 사업</td></tr>
<tr><td>문화복지 지원사업</td><td colspan="2">문화복지 지원 사업</td></tr>
<tr><td rowspan="15">시장형</td><td rowspan="9">공동작업형</td><td rowspan="9">노인에게 적합한 업종 중 소규모 창업 및 전문 직종 사업단을 공동으로 운영하여 창출되는 일자리로서 일정기간 사업비 또는 참여자 인건비를 일부 보충지원 하고 추가 사업소득으로 연중 운영하는 일자리</td><td rowspan="4">공동작업형: 180만원</td><td colspan="3">공동작업장 운영 사업</td></tr>
<tr><td colspan="3">지역영농 사업</td></tr>
<tr><td colspan="3">기타 공동작업형 사업</td></tr>
<tr><td colspan="3">식품 제조 및 판매 사업</td></tr>
<tr><td rowspan="5">제조판매형: 200만원</td><td colspan="3">공산품 제작 및 판매 사업</td></tr>
<tr><td colspan="3">매장 운영 사업</td></tr>
<tr><td colspan="3">아파트 택배 사업</td></tr>
<tr><td colspan="3">지하철 택배</td></tr>
<tr><td colspan="3">세차 및 세탁 사업 등</td></tr>
<tr><td rowspan="6">수익창출형</td><td rowspan="6">수요처의 요구에 의해서 일정 교육을 수료하거나 관련된 업무능력이 있는 자를 해당 수요처로 파견하여 근무기간에 대한 일정 보수를 지급받을 수 있는 일자리</td><td rowspan="6">연중 참여자 1인당 연간 15만원의 부대경비 지원</td><td colspan="3">식품제조 및 판매 사업</td></tr>
<tr><td colspan="3">공산품 제작 및 판매 사업</td></tr>
<tr><td colspan="3">매장 운영 사업</td></tr>
<tr><td colspan="3">아파트 택배 사업</td></tr>
<tr><td colspan="3">지하철 택배 사업</td></tr>
<tr><td colspan="3">세차 및 세탁 사업 등</td></tr>
</table>

출처: 한국노인인력개발원 노인일자리정보 시스템, 2012.

• 노인일자리 사업 창출 실적

노인일자리는 공익형 일자리가 가장 많으며, 그 다음으로 복지형, 교육형, 인력파견형, 시장형이 많지만 시장 자립형, 창업모델형 등의 실적은 저조하다.

공익형일자리 사업 중 지역사회환경개선보호 사업의 경우, 사업량, 사업단 수가 가장 많으며 참여 인원의 비율이 49%를 차지하여 가장 대표적인 사업임을 알 수 있다. 참여자의 수를 볼 때 스쿨존 교통지원사업에는 12.3%, 초등학교 급식도우미사업에는 12%의 노인이 참여하였다.

복지형 사업에서는 독거노인돌봄 지원사업에 참여한 노인의 비율이 36.8로 가장 많으며, 거동불편노인돌봄 지원사업도 24.7%가 참여한 것으로 나타났다.

교육형 사업으로는 1~3세대 강사 파견 사업이 교육형 사업의 대표적인 사업이며 참여 노인은 36.5%를 차지한다. 그 뒤로는 노노교육 강사파견 사업이 15.2%이며, 보육교사 도우미 사업도 12.1%로 나타났다.

시장형 사업에서는 공동작업장 운영사업에 참여한 노인들이 20.2%로 가장 많으며 식품제조 및 판매 사업에 18.8%가 참여하였다. 시장형 사업에서는 공동작업장 운영사업 및 제조판매형과 같은 공동작업형과 공산품 제작 및 판매, 식품제조 및 판매 지하철 택배, 세차 및 세탁사업과 같은 수익창출형에서의 참여율은 7.2%로 나타났다.

• 노인일자리 사업 창출 수행기관 별 실적

노인일자리 사업을 가장 많이 창출한 곳은 2012년도를 기준으로 71%로 차지한 지자체로 나타났으며 그 다음으로 노인복지관, 시니어클럽, 대한 노인회, 융합사회복지관, 노인복지센터의 순으로 나타났다.

• 커리어넷(http://www.career.go.kr)

커리어넷 사이트에서 고령자 재취업 가능성이 높은 직업으로 선정한 직업은 다음과 같다. 고령자 유망직업의 목록은 고령자 재취업 가능성 항목과 일자리 창출, 취업경쟁, 물리적 환경, 근무시간 항목에 대한 현재 순위 비교를 통해 선정된 것인데, 다음과 같은 직업이 있다.

감정평가 전문가, 석유화학기술자 및 연구원, 경영지도 및 진단 전문가

경영지원 관리자, 방문 판매원, 석유 및 천연가스생산직(기계조작)

컴퓨터시스템감리기술자, 발전설비기술자, 큐레이터 및 문화재 보존원
법률관련 사무원, 전기부품 및 제품생산직(기계조작)
패스트푸드원, 청소년지도사 및 기타 상담전문가
농림어업 시험원, 가스기술자 및 연구원, 에너지시험원, 자연과학 연구원
섬유공학기술자 및 연구원, 무역 사무원(관세 사무원 포함)

• 어르신 일자리 활성화를 위한 고령자 적합 직종

서울시는 2013년도 6월 경로당코디네이터 · 보도파수꾼 · 에너지지킴이 · 요양코디네이터 등 총 13개 유형 76개 직종을 고령자 적합 직종으로 발표하였다.

6개 직종은 '고령자 고용 확산'을 가장 중요한 목표로 설정하였다. 이것은 서울시의 55세 이상 고령자 취업 현황 중 단순노무직과 도우미와 관련된 취업률은 매년 낮아지는 반면 전문직과 교육직 등의 취업률은 높아지는 사회 현실을 반영하고 고령인력 활용에 대한 사회적 인식을 개선할 목적으로 수행됐다. 우선 각종 자료 등을 통해 총 191개 고령자 직종 목록을 취합한 뒤 수행 적합성, 진입 가능성, 공급 안전성을 충족하는 직종 76개를 최종 선정했다. 이 중에는 현재 어르신 취업이 일반화되어 있는 시설관리경비직, 배달직, 환경미화직 등의 직종 이외에도 다문화가정 방문교사, 고령자 상담가, 도슨트, 향토 보안관, 설문 조사원 등이 새롭게 부상하고 있는 직종으로 대거 포함됐다. 고령자 취업 활성화를 위해서는 단순히 교육 훈련 지원에서 끝나는 것이 아니라 교육 훈련 과정과 실제 인력 수요처와의 실질적인 취업 연계 지원이 필요하다.

현재 지원되고 있는 사업: 76개 직종 중 경로당 활성화 코디네이터, 마을활동가, 요양코디네이터, 도시농업전문가, 농촌서포터즈 등

고령인력 활용에 관한 세부계획 마련 후 추진할 직종: 고령자 일자리 창출이 가능할 것으로 보이는 새로운 직종은 도시민박 운영자, 층간소음 관리사, 보도파수꾼, 에너지 지킴이, 준사서, 돌봄도우미 등

기존 일자리 중에서 활성화되지 않은 직종을 검토를 통해 활성화 하려는 직종: 통행료 징수원, 노인운동 치료전문가, 개인여가 컨설턴트, 웰다잉 관리사, 공연해설사, 복지주거환경 코디네이터, 지역 내 응급치료사, 반려동물 학대감시원 및 반려동물 장의사 등

• 한국노인인력개발원의 노인일자리 유형

시니어 인턴십, 고령자 친화기업, 시니어 직능 클럽, 노인주유원 사업, 시험감독관 사업, 아파트 택배원, 시설관리원, 기업연계형 사업, 카드 배송원, 커뮤니티 비즈니스형, 바다사랑 지킴이. 경비원 3교대 사업, 노인일자리 경진대회 사업, 창업모델형 등이 있다.

3) 목표의 설정

구직자의 직업진로와 관련된 문제가 진단되면 내담자와 상담자는 함께 진로상담의 목표를 설정해야 한다. 목표가 명확하게 설정되지 않으면 이후에 상담과정에서 내담자가 추구해야 할 목표를 알지 못해 방황하게 되므로 실천가능한 목표를 설정해야 한다.

4) 문제해결을 위한 개입

홀랜드 직업흥미 적성 검사 등을 통하여 상담자는 내담자가 직업흥미 적성을 알고 결정하도록 문제해결을 위해 개입해야 한다.

– 홀랜드 이론의 가정

대부분 사람들의 직업흥미 적성은 여섯가지 유형으로 구분될 수 있다. 6가지 유형은 현실적 유형(Realistic), 탐구적(Investigative) 유형, 예술적(Artistic) 유형, 사회적(Social) 유형, 진취적(Enterprising) 유형, 관습적(Conventional) 유형으로 분류될 수 있다. 개인의 행동은 일반적으로 자신의 성격과 환경의 상호작용에 의해 결정된다. 개인의 성격과 개인이 처해있는 작업 환경에 대한 지식은 진로선택, 직업변경, 직업성취 등에 관해서 중요한 결과를 예측할 수 있도록 한다. 그러나 홀랜드 이론은 인간이 이미 태어날 때부터 태생적으로 부여받은 능력을 개발시켜 직업으로 발전시킨다는 이론에 근거한 것이므로 후천적인 교육의 효과나 일상생활적인 상황과 맥락을 고려하지 못한 단점이 있다. 미국의 백인 20세 남성만을 기준으로 한 연구 결과이어서 우리와는 문화가 다른 미국의 이론이므로 여성이나 노인의 경우에는 이러한 유형의 분류가 일치하지 않을 수도 있다. 직업이 발달하는 속도가 매우 빠르고 교육을 통하여 후천적인 능력의 개발 등이 가능하므로 홀랜드 이론은 현재 직업상담에서 가장 많이 쓰이는 이론으로 홀랜드 이론에 근거한 6가지 유형의 직업을 노인에게 적합한 직종으로 살펴보면 다음과 같은 유형으로 구분할 수 있다.

• **현실적 행위자:** 독립 , 안정 지속을 중시하고 실용적 가치가 있는 곳에서 일하기를 좋아하고 운동 또는 기계 작업을 잘하므로 옥외에서 기계를 사용하는 직업을 선호한다.

운전사, 목수, 컴퓨터 공학, 전기, 기사, 환경 연구, 임업, 농부, 목장업, 응급조치, 가정부, 실험실 작업, 마사지, 정비사(자동차), 기계 엔지니어, 운동 트레이너, 물리 치료사, 배관공, 수의사, 야생동물관리사 등의 직업이 적당하다.

• **예술가적 유형:** 표현력이 뛰어나므로 독창적이며 심미적인 특성을 갖고 있어 예술가 등의 직업에 적합하다.

한옥수리사, 요리사, 제과, 제빵사, 화훼장식사, 요리 예술, 레스토랑 영업, 만화가, 도예, 컴퓨터 애니메이션, 컴퓨터 아트, 화장품 및 메이크업 아티스트, 패션 모델, 가구 디자인, 인테리어 디자이너, 보석사, 무술가, 음악가, 화가, 사진 작가, 도예가, 조각가, 세트 디자인, 시각 예술, 웹 디자인, 웹 개발 전문가, 나무 조각사, 장식사, 다도연구가 등의 직업이 좋다.

• **탐구형 사상가:** 지적 성찰력과 호기심을 갖고 있어 조직적 , 합리적 , 분석적이며, 논리적인 과학에 관심을 갖고 있어 문제 해결 능력이 뛰어나다.

컴퓨터, 정보 기술, 컴퓨터 프로그래머, 변호사, 심리학자, 연구 및 개발전문가 등으로 일할 수 있다.

• **사회적 유형(서포터):** 사회적 유형은 타인에게 관대하여 환자나 소외계층 돌보기를 선호한다. 이들은 타인을 배려하고, 돕는 일, 감정 이입 능력이 뛰어나며 친절한 사교능력을 소지하고 있다. 이들은 팀 웍, 사회적 상호 작용, 관계 구축, 사회의 개선을 위한 작업을 좋아하므로 다음과 같은 유형의 일이 적합하다.

사회운동가, 마을만들기 운동가, 학업 상담, 육아 및 아동 돌보미, 교육 상담 또는 교육, 유아 및 노인 교육, 글로벌 연구, 건강 의학, 간호사, 영양사, 작업 요법 및 물리 치료사, 심리학자, 정신과 의사, 공중 위생, 종교 및 성직자, 비서, 사회 복지, 특수 교육, 언어 치료사 등으로 일 할 수 있다.

• 진취형: 모험과 야심을 갖고, 독단적이며 외향적이다. 이들은 정력과 열정이 있으며, 자신감을 갖고 있으며 낙관적이다. 이들은 설득력이 있고 지배적이며, 스스로 동기 부여를 잘할 수 있다. 다른 사람에게 영향을 미치는 책임감을 소지하고 위험을 감수하며, 토론과 경쟁을 선호한다.

사회활동가, 관리 지원, 교육 행정, 기업가, 이벤트 기획, 모금 활동, 통역사, 변호사 및 법률 보조원, 컨설턴트, 시장 조사 분석가, 사무실 관리자, 부동산, 주식 중매인, 텔레마케팅사 등으로 일할 수 있다.

• 관습적 유형: 자율적으로 질서를 잘 지키며 철저하고 꼼꼼하다. 정밀도와 정확도를 중시하여 실제 작업, 정량적 측정 및 구조화된 환경 속에서 일하는 것, 자료를 기록하거나 정리하는 것을 좋아한다.

회계·세무 고문, 보험 수리사, 관리 지원, 출납원, 서기, 기자, 고객 서비스, 데이터베이스 관리자, 교육·상담 또는 교육, 재무 분석가, 보험, 법률 보조원, 관리, 시장 조사 분석가, 비서 등의 일이 적합하다.

5) 취업과정 지도, 종결 및 추수지도

취업 지도 과정에서는 구직자가 자기 이해를 공고히 하여 구직을 효율적으로 실천해 나가도록 탐구하는 태도와 자기주도적인 취업 정보의 습득 및 자격을 갖추어 나가는 과정을 재확인하고 점검하도록 해야 한다.

상담의 종결 단계에서는 내담자가 합의한 목표를 충분히 달성해 나갔는지를 확인하고 대비해 나가도록 한다.

상담사는 앞으로 내담자가 해결해야 할 문제를 예측하고 내담자가 취업한 이후에는 자신의 직장에 만족하고 있는지, 초기 직업현장에 적응하는데 어려움이 있는지 등에 관하여 질문하고 필요한 경우 지속적으로 지도해 나가야 한다.

토의 거리

다음의 취업 상담 사례를 보고 적당한 상담 방법을 조원들과 논의해 보시오.

여성 사례

1. 연령: 1955년생
2. 결혼 상태: 미혼
3. 직장생활: 상업계 고등학교를 졸업한 후, 한 중소기업에서 경리로 15년 동안 근무하다가 그만 둠. 30대에는 매표소직원으로 발권을 담당하였고, 개인병원에서 의료보험 청구하는 일을 겸업. 그 후 놀이방 창업, 꽃집, 약국 등에서 아르바이트 또는 계약직으로 잠깐씩 일을 하다가 현재는 백화점 식품부에서 포장을 담당하고 있음.
4. 현재 직업: 백화점 식품부에서 포장 담당(4개월 근무)
5. 최종 학력: 상업계 고등학교 졸업

*** 취업 경력**

15년 회사경리-30대 퇴사(나이가 들어 사장과 불편해짐)-매표소에서(금, 토, 일)/개인병원서 의료보험 청구하는 일을 보조(월~목): 15년 정도 - 보육교사 자격증을 취득하고 놀이방 운영(부적절한 장소선택, 자녀를 양육해 본 경험과 학부모를 상대하는 경험이 부족하여 경영에 실패함)-노원여성인력개발센터(서울시가 지원하는 바리스타 양성 과정 참여: 나이가 많고 바리스타 경험이 없어서 취업이 되지 않음, 창업을 할 수 있는 형편이 되지 않음, 공부하는 과정은 굉장히 재미있었는 데, 그 후에는 취업할 여건이 형성되지 않음-꽃방창업 지원(3개월)-약국취업(고객서비스를 잘못해서 해고됨)-고용지원센터에 매일 출근하면서 인터넷으로 취업 정보를 얻고 있음.

*** 취업 요구**

끊임없이 일자리를 찾고 노력하나 사회에서의 연령 제한이 너무 많고 급격한 사회의 변화로 예전에 받은 교육이 쓸모없어짐, 청년층을 선호하는 서비스직이 너무 많음, 경험이 풍부한 50대의 장점을 살려서 수입이 적더라도 앉아서 일할 수 있으며 결혼을 하지 않아 노년의 경제적 대비에 보탬이 될 수 있는 직장을 원함, 친구들이나 아는 사람이 주위에 거의 없이 혼자서 생활하고 있어서 사람들을 상대하는 직장은 어려움, 컴퓨터를 전혀 하지를 못해 구직에 어려움이 있음. 꽃방 창업, 지원 과정을 공부할 때 꽃을 갖고 하는 예술이 재미있었음, 잘한다는 소리도 들음, 플로리스트로 일할 수 있는 곳에 취업하고 싶음.

1. 구직자의 취업 요구를 구체적으로 분석해 보자.

2. 취업의 목표를 정해 보자.

3. 적성과 흥미 그리고 현재의 자격증 등을 갖고 취업할 수 있는 곳을 안내해 보자.

4. 취업하기 위해서 좀더 관심을 갖고 학습해야 할 부분이 있는지 논의해 보자.

5. 여성을 상담할 때 노후설계전문가가 주의해야 할 점에 대해서 논의해 보자.

제 9 장

사회참여와 자원봉사

9장
사회참여와 자원봉사

1 자원봉사의 개념

1) 노인 자원봉사의 역사

대한노인회(1969)는 예절교육, 한문, 서예 등을 가르치고 노인회 지회를 중심으로 지역봉사활동, 노인회 연합회 중심의 도덕윤리회복 교육, 어린이 유괴, 성범죄추방운동을 벌이면서 우리나라에서 자원봉사 활동을 시작하였다. 노인복지관이 설립되면서 노인들은 복지관 내에서 업무 보조, 식당 설거지 및 배식, 프로그램 강사 등으로 자원봉사 활동을 시작하였다. 노인복지법이 1981년 제정되어 국가 및 지방자치단체의 노인자원봉사활동은 활성화되었다.

1990년대에 이르러 행정자치부에서 각 지역별로 자원봉사센터를 개원하기 시작하였고, 2000년대에는 한국노년자원봉사회(1997)를 중심으로 자발적인 민간단체의 자원봉사운동이 시작되었다. 노인자원봉사자를 모집, 배치, 활용하면서, 2014년 자원봉사센터는 전국 시군구에 247개소가 설치되어 있어 다양한 자원봉사활동을 하고 있다. 전국적인 노년자원봉사조직을 갖추고 노인자원봉사에 대한 정책 프로그램을 연구, 개발, 정신교육, 기능교육 등을 실시하고 있다. 2007년에는 최초로 노인자원봉사 대축제를 개최하여 노인자원봉사가 활성화되는 계기가 마련되었다(박효영, 2012).

이같은 자원봉사의 역사에도 불구하고 우리나라 노인들은 아직도 자신을 자원봉사의 주체로 생각하는 의식이 적다. 노인역할은 전통적으로 대접받는 노인상에 굳어져 있어 자원봉사 참여율은 매우 미흡하다. 영국은 노인자원봉사활동률이 가장 높은 나라로 53%, 캐나다 36%, 호주 30.3%, 일본, 26%, 미국, 23.8%이지만, 한국은 5.3%의 노인이 참여하고 있다(한국노인인력개발원, 2011).

2) 시민사회와 자원봉사의 개념

시민사회란 정치적 또는 경제적 예속과 통제에서 벗어나 개개인의 자율적인 참여를 통해서 조화로운 사회를 건설해 나가는데 이상과 의의를 두고 있다. 즉 시민사회란 사회구성원들이 자율적인 합의와 참여를 통해 다양한 사회적 문제를 해결하고 소외되는 사람없이 누구나 삶의 질을 누릴 수 있도록 실현시켜 나가는 사회라고 할 수 있다. 고령사회로 변화해 가면서 고령인구가 증가하고 있으므로 노인은 시민 사회의 건설에 참여하려는 자발성을 소지하고 시민사회를 만들어 가는 주체로 성장하기 위해 자기주도적 학습을 계속해 나가야 할 것이다.

한국사회복지협의회(1998)는 자원봉사활동이란 사회문제의 예방 및 해결 또는 국가의 공익사업을 수행하고 있는 공식조직에 자발적으로 참여하여 영리적 보상을 받지 않고 인간 존중의 정신과 민주주의의 원칙에 입각하여 낯선 타인들을 상대로 필요한 서비스를 제공함으로써 사회적 공동선을 실천하고 동시에 자기실현을 성취하는 활동으로 정의하였다. 이같은 일반적인 자원봉사에 대한 정의는 노인자원봉사의 개념으로도 사용할 수 있다. 자원봉사는 공공의 이익에 기여하는 활동에 자발적으로 참여하는 것이므로 자발성, 봉사 활동에 참여한 대가를 요구하지 않는 무보수성, 계속적으로 참여하는 계속성이 강조된다. 노년기의 삶의 질 보장을 위한 노인 자원봉사 즉 노-노 케어가 필요한 이유는 다음과 같다.

첫째, 많은 노인들이 신체적, 정신적, 정서적, 경제적 어려움을 노년기에 겪고 있어 이들을 위한 봉사자의 손길이 필요하다. OECD 국가 중에서 노인 빈곤율이 가장 높은 우리나라 노인들은 일제 식민지 시대에 태어나 태평양 전쟁과 6.25 동란을 겪었으며 정부 수립 이후에는 민주주의와 공산주의의 극심한 이데올로기 속에서 교육기회를 박탈당하고 빈곤을 경험하면서 긴장된 시간을 살아온 '전쟁 세대'이다. 사회적 혼란 속에서 자녀 교육을 위해 희생한 세대이므로 자신의 노후 준비는 제대로 하지 못하였다. 그러나 정부는 부모 부양을 가정이 책임지도록 '선가정 후시설보호'를 원칙으로, 일부 저소득층 무의탁 노인만을 선정하여 극히 제한적인 거택 보호, 시설 보호 등을 제공하고 있을 뿐이다. 이러한 현실 속에서 가난과 질병 그리고 소외를 경험하고 있는 노인을 위해 노인이 자발적으로 참여하는 자원봉사 활동은 함께 만들어가는 시민사회 건설을 위해 매우 절실하다.

둘째, 노인들 스스로가 지역사회 또는 타인을 위해서 봉사하려는 적극적인 자발적 의지를 소지하고 있다. 이들이 사회에 참여할 수 있도록 관·민이 협력하여 만들어가는 지방자치단체의 발전을 위해서 노인들의 경험과 지식을 사용해야 한다.

노인들은 새로운 또래를 만나 성취감을 맛보고 무료함을 없애기 위해서 자신의 선택에 의해 시민의 역할을 수행해 보려는 의지가 있다. 자원봉사는 노인이 수혜자로서 또는 공급자로서의 상호적인 이익을 얻을 수 있도록 노인들 스스로가 자원봉사센터를 운영하고 관리, 경영해 나갈 수 있도록 경영 능력, 기획 능력, 노인관리 능력을 지원해야 한다.

(1) 자원봉사의 장점

자원봉사(Volunteering)는 타인을 돕는 행동을 통하여 무료한 삶을 액티브 에이징으로 바꿀 수 있는 사회참여의 한가지 방법이 된다. 무료한 삶이 보람과 즐거움으로 변화하게 되며 심리적으로 긍정적인 보상을 받게 되는데 자원봉사의 장점은 다음과 같다.

- 자원봉사는 노인이 소외되지 않고 다양한 세대와 교제할 수 있도록 연결망을 넓혀 주며 다양한 사람들과의 만남을 만들어 준다.
  같은 분야에 관심을 갖고 있는 사람들과 교제할 수 있는 기회를 통하여 경험을 쌓아가며 자신의 능력이 사용될 수 있는 곳에서 활동하므로 사회적 요구를 만족시켜 갈 수 있다.
- 자원봉사는 자신을 성장시킨다. 봉사하는 노인과 도움을 받는 타인은 상하관계로 구분되는 것이 아니라 타인에게 도움을 주는 과정에서 자신이 성장하며, 자신이 소지하고 있는 지식과 경험을 확장시켜 도움을 실천하면서 삶의 보람이나 즐거움을 찾는다.

• 자원봉사는 시민사회를 살아가는 시민들이 스스로 자신들을 돕는 행위이다. 사람들은 자원봉사활동을 통하여 타인에게 도움을 주기도 하지만 삶에서 어려운 일을 당했을 때 타인에게 도움을 받게 됨으로 공동체 사회를 만들어 가는데 기여하게 된다.

• 자원봉사는 문제해결 능력을 향상시킨다. 노년기에 타인을 돕거나 사회발전에 기여하는 활동에 참여하면 봉사자는 심리적으로 긍정적 보상감을 얻게 되므로, 문제해결능력이 향상되며 자신의 문제가 치유되기도 한다.

• 공동체의 구성원은 스스로 참여하는 자원봉사 활동 속에서 임파워먼트를 촉진시켜간다. 같은 문제로 고민하는 노인이 집단을 구성하여 서로 문제해결을 돕는 경우가 많은 자원봉사는 자발적인 조직이므로 새로운 긍정적인 노인상을 정립시켜 준다. 노인이 사회에 기여함으로서 존경을 받을 수 있으며, 자율적인 실천을 통하여 공동체 사회를 만들어가는 주체로 성장할 수 있다.

• 무료한 삶에서 벗어나 자신의 삶의 리듬을 되찾고 사회의 한 부분으로서 책임감을 갖고 생산적인 노화를 창조해 갈 수 있다.

(2) 자원봉사의 의의

자원봉사에 참여함으로써 노인들이 얻게 되는 긍정적 의의는 개인적인 의의와 사회적 의의로 나누어 볼 수 있다.

① **개인적 의의**

• 퇴직과 더불어 일반적으로 노인은 사회적 지위를 상실하게 된다. 일반적으로 자원봉사는 노인에게 소속감과 사회적 지위를 부여해 주어 새로운 단체 및 조직 내에서 새로운 역할을 수행할 수 있는 기회를 지원한다.
• 퇴직과 더불어 노인들은 자신의 잠재력을 개발해 볼 수 있는 사회참여에 제한을 받게 된다. 자원봉사는 노인이 잠재력을 개발시켜 가거나, 자신의 경험을 접목시킬 수 있는 현장에서 능력을 발휘하도록 하므로 자신의 정체성을 새롭게 구성해 나가는데 도움을 주며 자아존중감을 향상시킨다.

- 자원봉사에 참여하면서 새로운 친구들을 사귀게 되므로 풍성한 노년기를 만들어 갈 수 있다.
- 3세대가 함께 살아가는 공동체를 만들어가려면 청년들의 문화를 이해해야 한다. 3세대 공동체 모임을 통해 자녀 및 손자녀들과 의사소통능력을 증진시켜 나갈 수 있다. 또한 이들이 사용하는 컴퓨터 및 스마트폰 등을 가까이 접하게 되어 새로운 정보 통신 기기의 사용에도 능숙해 질 수 있다.
- 노년기에도 사회참여를 통하여 사회 변화 등을 직접 체험하게 되므로 계속적인 지식과 경험의 성장을 경험하게 되므로 자아통합을 이루어가는데 도움이 된다.

② 사회적 의의

노인들이 자원봉사에 참여함으로써 '도움이 필요한 사회의 짐'이라는 부정적인 노인 상을 긍정적으로 전환시킬 수 있다. 노인자원봉사가 활성화되면 노인들이 살기 좋은 사회를 건설해 나가는 주체라는 의식이 확산되어 복지의 수혜자가 아니라 복지의 제공자라는 전환점을 만들어 갈 수도 있다(김기태, 박경일, 1998). 고령자들이 스스로를 사회에서 배제시키고 낙인시키는 것을 전환시켜 자신의 능력과 경험을 적극적으로 활용하는 자원봉사 운동에 고령자들을 참여시켜 액티브 에이징하는 새로운 문화를 정착시켜 갈 수 있다.

2 노인 자원봉사 현황

1) 자원봉사활동 현황

우리나라 노인들이 자원봉사에 참여하는 활동률은 낮은 편이다. 자원봉사가 활성화되지 못하는 이유는 다양하지만 최근에는 자원봉사에 대한 인식이 크게 높아지고 있어 자원봉사에 참여하고자 하는 시민들을 위한 교육 및 홍보 등이 크게 요구된다. 자원봉사 단체는 노인복지회관, 한국노년자원봉사회, 한국노인복지회, 대한 노년회, 한국노인의 전화 등이 있다.

2) 자원봉사 영역

한국보건사회연구원은 2011년도 11월~12월 4월까지 전국 3,142개 조사구의 거주노인 11,542명 대상으로 가구형태 및 가족관계, 소득, 건강·기능상태, 다양한 사회참여활동 실태, 가치관 및 서비스 욕구 등 노인보건복지정책 개발에 필요한 노인생활실태 및 복지욕구 등을 면접조사하여 결과를 발표하였다. 노인 자원봉사의 영역 중에서는 장애인, 아동, 노인봉사 등으로 이루어지는 사회복지 영역이 49.6%로 가장 활발한 봉사가 이루어지는 것으로 나타났다. 환경정비 활동, 재활용 운영 등과 같은 환경보호영역은 21.9%, 안전지킴이, 기초 질서 캠페인 등과 같은 교통질서 분야는 6.0%, 의료봉사, 호스피스활동 등과 같은 보건의료영역은 6.0%, 박물관, 생활체육활동 지원 등과 같은 문화체육영역은 5.3%, 강의, 방과후 교실, 도서관 지원 등과 같은 교육활동 영역은 3.6%, 행정보조, 주민자치활동 지원 등과 같은 공공기관봉사 영역은 2.7%, 피해소비자 상담 및 모니터링 활동 등과 같은 소비자 보호영역은 1.4%, 예방활동 및 복구지원 등과 같은 재난, 재해 구호영역은 0.5%의 순으로 나타났다. 이러한 조사결과에서 나타나듯이 우리나라 노인들의 자원봉사는 약 절반정도가 사회복지분야에서 이루어지고 있으므로, 앞으로 자원봉사의 영역이 다양해져야 할 것으로 나타났다.

그림 1 자원봉사 활동 영역

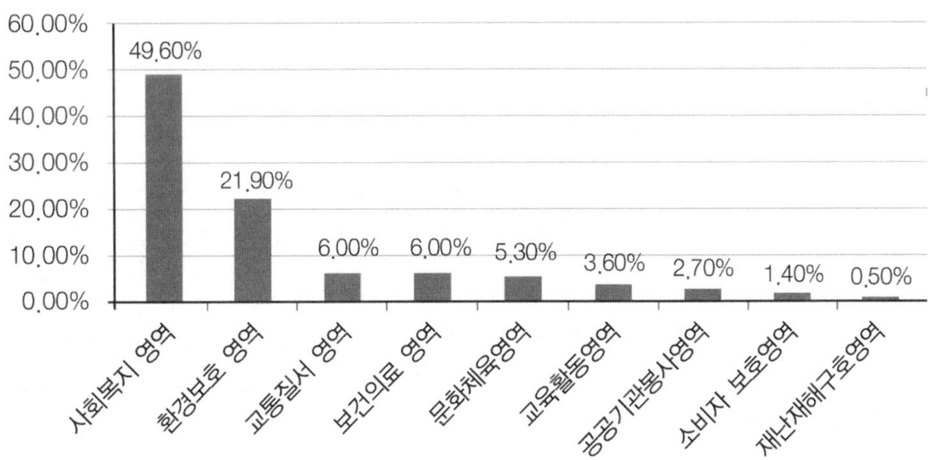

출처: 2011 노인실태 조사. 한국보건사회연구원.

자원봉사 영역은 고령화사회로의 변화에 맞추어 다양한 개발이 요구되고 있다. 문화공연 및 문화재 지킴이, 공연 봉사, 전통놀이 지도와 같은 문화영역, 전화상담도우미, 장례서비스 지원 봉사, 통번역 봉사, 교육보조 봉사 등과 같은 교육 영역, 또래 노인돕기, 가정방문 봉사, 병원 봉사, 도시락배달 봉사, 거리질서 지도 봉사, 세대통합을 위한 자원봉사 홍보 등과 같은 지역사회 봉사, 청소년지도 및 양조부모역할 봉사같은 청소년지도 봉사, 유기농법을 이용한 농사짓기, 환경보호 및 친환경 생태마을 만들기 봉사 등과 같은 환경영역, 관·민의 협동에 의한 공동체 사회의 건설을 위한 행정보조 영역, 의료봉사 영역, 집 지어주기 및 집 청소 등과 같은 기능봉사 영역 등으로 다양화되어야 할 것이다.

(1) 개인과 가정을 중심으로 한 자원봉사

노인이 도움을 필요로 하는 개인과 가정을 대상으로 가사보조, 의료 및 재활 서비스, 사회적 보호 등을 제공하는데, 구체적인 활동은 <표 1>과 같다.

표 1 개인과 가정 중심의 노인 자원봉사

구분	구체적인 활동
가사 보조 (60대 노인들이 70~80대 이상의 고령노인에게 서비스 제공)	일상생활에 필요한 일들을 지원: 청소. 세탁 식생활 지원(생필품 구입, 급식 서비스) 난방 관리(난로 청소, 점화 및 소화, 연탄 가스 점검)
의료 및 재활서비스 가사 보조 (60대 노인들이 70~80대 이상의 고령노인에게 서비스 제공)	재활기구 사용 보조, 병원 안내, 간병, 물리 치료, 운동, 마사지, 임종 간호 등
사회적 보호	어려움에 처한 개인과 가정이 올바른 사회생활을 하도록 인도하는 봉사(맞벌이 가정의 자녀 돌보기, 장난감 수집 및 공급, 장난감 수리, 아동놀이 지도, 어린이 놀이터 청소 및 관리, 한문교육, 학습부진아 지도, 청소년 상담, 청소년행사 돕기, 소년소녀가장 지원, 학원폭력예방 프로그램 지원, 미혼모 및 불우 여성 상담, 윤리 도덕 교육, 불우한 노인이나 장애인의 말벗, 외출 동행 등

출처: 대한노인회(2002). 노인자원봉사활동 관리 지침.

(2) 지역에서의 자원봉사

지역에서의 자원봉사는 구체적으로 <표 2>와 같이 이루어지고 있다.

표 2 지역사회에서의 노인 자원봉사

구분	구체적인 활동
노인입소 시설	양로시설 및 요양시설 등에서 노인이 자원봉사, 예능지도, 스포츠, 레크레이션지도, 소그룹 지도, 취미기술 지도, 놀이 친구, 신앙 상담, 이미용 서비스, 일반가정 초대 및 생일축하 파티, 외출 동행, 거동 불편자 식사 보조, 옷갈아입히기 보조, 산책 안내, 병간호, 말벗, 청소 등
복지관	사회복지관, 노인복지관에서 노인자원봉사를 함: 전화상담, 시설의 운영을 돕기 위한 후원회 모집, 직업지도 및 알선프로그램 보조, 재소자의 사회재활을 위한 프로그램 기획 및 관리, 사무보조, 운전기사, 자문위원 시설 및 사회복지제도 개선을 위한 대변자 등
근린 공원 및 환경 정화	쓰레기 줍기, 쓰레기 분류 및 관리, 나무 심기, 환경 오염 조사 및 계몽, 산불 감시 등
농촌 살리기, 환경보호 및 국산품 애용 캠페인	대도시에서 우리 농산물 이용하기, 일손돕기, 국산품 애용, 산불감시, 쓰레기 무단 투기 감시, 환경 보호 등
문화 예술	판소리 지도, 전통미술 교육, 서예지도, 도자기 만들기 지도, 연극 및 전통무용 지도, 각종 문화행사 지원, 전통문화 교육 및 진흥, 노인합창단의 병원위문 등
보건 및 의료	병원 업무 보조, 간병 서비스, 임종 간호, 환자 위문공연, 호스피스 활동 등
범죄 예방 및 법률 문제	성폭력 상담·교육 및 계몽, 유해환경 조사 및 퇴치캠페인, 지역사회 안전보호, 학교폭력예방 및 상담에 참여, 지역 방범대 육성, 무료법률상담, 유언 및 유산상속 절차 보조 등
교통 및 안전 관리	건널목 교통 정리, 지하철 안전지도원, 각종 행사를 위한 교통질서 정리, 불법주정차 감시원, 학생 등하교시 사고 예방, 교통안전지도, 지역의용 소방대 육성, 119전화 당번 등
정치 및 사회 활동	부정선거 감시, 선거사무소 사무보조, 투표·개표 참관인 활동, 선거인 등록 사업 보조, 정당 활동, 북한동포 및 중국 교포 돕기, 계몽운동, 부녀회와 공동으로 불우이웃돕기, 전통음식 바자회 운영, 불량상품 조사 및 고발 등 소비자 보호운동, 중소기업 살리기 프로그램 개발 및 자문 등

출처: 대한노인회(2002). 노인자원봉사활동 관리 지침을 기초로 수정.

3 독일 노인 자원봉사 사례

1) 스포츠클럽에서의 노인 자원봉사

독일 스포츠 클럽(Deutscher Sportbund)을 전 지역사회에서 운영되고 있다. 스포츠 클럽은 공익을 위한 비영리단체이므로 노인회원들은 자원봉사의 활동으로 아동을 위해 각종 스포츠를 지도한다. 노인인구가 증가하면서 스포츠 클럽에서는 노인자원봉사자들을 3세대가 함께 어울릴 수 있는 최적의 기회로 생각하고 자원봉사를 권장하고 있다. 노인들은 운동을 통하여 체력을 향상시키며 건강을 유지하고 친구들을 사귀면서 3세대와 상호작용할 수 있기 때문에 참여율이 높다 (Bundesministerium für Familie, Senioren, Frauen und Jugend, 2000).

회원들이 부담하는 회비는 매우 저렴하여, 분기당 약 3,000원 정도를 부담하면 매주 자신이 원하는 각종 스포츠를 즐길 수 있다. 이것은 은퇴 노인들이 아동을 지도하는 스포츠교사 및 심판 등으로 스포츠 클럽의 활동에 자발적으로 참여하기 때문이다. 이들이 아동을 지도하면서 받는 사례비는 시간당 만원 정도인데 이들이 생각하는 자원봉사의 의의는 다음과 같다.

(1) 일은 인간의 기본적 활동

평균수명이 증가하고 있으므로 상대적으로 일찍 퇴직하게 되는 노인들은 자원봉사를 통하여 타인과는 구별되는 자신만의 고유한 노년기를 만들어갈 수 있다. 퇴직 후 사회에 참여하여 봉사하겠다는 앙가지망은 매우 큰 의의를 갖고 있는데, 인간에게 일이란 '물속의 물고기가 물속을 헤엄치는 것과 같이 살아있음을 느끼게 해주기 때문'이다. 노년기에는 가장 가치 있다고 생각하는 곳에서 사회적 시민정신을 발휘하며 공동체뿐만 아니라 타인의 삶의 질 향상에 기여할 수 있다. 자원 봉사 활동의 가장 큰 핵심은 '내가 사회를 위해 미래의 비전을 제시'하는 것에 있다.

(2) 자원의 활성화

노인인구가 증가하면서 노년기 활동의 패러다임이 변화하고 있음을 알 수 있다. 노인들의 가장 큰 걱정은 시간, 경제적 능력, 지식, 실천적 잠재력, 사회적 자원 등을 소지한 노인들이 어떻게 노년기를 만들어 갈 것인 가에 있다. 노인이 소지하고 있는 문화적, 사회적 자원을 사용할 곳을 찾고 이들이 공적인 삶에 참여하도록 제도 등을 만들어 가는데 있다.

(3) 새로운 네트워크 만들어 가기

노년기에 가족 간의 네트워크는 수축되는 데 이것은 가족구성원들이 서로 멀리 떨어 살게 되기 때문이다. 따라서 사람들은 현재 자신이 살고 있는 지역 내에서 새로운 이웃사촌을 찾게 된다. 3세대가 함께 살아가기 위해서 이웃과 네트워크를 만들어 간다. 새로운 사회적 네트워크는 지역사회가 필요한 공간을 제공해 줄 때 만들어진다. 이러한 기회 속에서 노인들은 자원봉사를 위한 자치조직을 구성하고 운영 및 경영을 자치적으로 수행해 가는 자기조직화를 달성하게 된다.

(4) 사회 참여

노인들이 자원봉사에 참여하는 것은 연령이 증가하여 자원봉사할 곳이 없어지거나, 사회 참여 동기나 건강을 유지하기 위한 것이 목적이 아니라, 고령이라는 이유로 사회적으로 배제당하기 때문이다. 따라서 노인들이 나이에 상관없이 스스로 앙가지망을 나타낼 수 있도록 충분한 기회를 부여하고 이러한 기회를 통하여 사회구성원이 갖고 있는 노인에 대한 낙인을 없애는데 기여하는 데 있다.

(5) 경력 전환을 선호하는 노인들

자원봉사를 통하여 경력을 개발하려는 노인들이 증가하고 있는데, 약 30%의 노인들은 경력 전환을 위해서 자원봉사활동을 처음 시작한다. 그들은 자원봉사를 통하여 의미 있는 활동을 하고자 하며, 지역사회 및 종교기관들은 적극적인 홍보를 통하여 은퇴 노인을 새로운 자원봉사 인력으로 얻고 있다.

(6) 선구자적 활동

삶의 존재 이유를 많은 노인들이 종교에서 찾고자 한다. 노인들은 주로 위기상황 뿐만 아니라 갈등에 직면했을 때, 특별한 방법으로 삶의 유한성을 인지하고 실존의 의미에 대하여 질문을 한다. 의미찾기는 신앙인에게는 늘 열려있는 질문이다. 노인자원봉사들이 지역사회에서 봉사하도록 기회를 부여하여 노인들이 사회를 새롭게 만들어가는 선구자가 되도록 해야 한다.

(7) 사회구조의 변화를 수용

노인들이 자원 봉사의 주체가 되어 구조적 변화를 만들어가야 한다. 노인들이 좋은 교육, 자기 결정능력을 소지하고 자유롭게 자신이 원하는 곳에서 자원봉사하면서 사회 발전의 가능성을 높여 갈 수 있다. 고령사회의 사회적 부담을 해소시키고 지역공동체의 스펙트럼을 다양하게 만들어가려면 자원봉사에 대한 참여 동기를 촉진시켜야 할 것이다.

(8) 명확한 활동의 틀 제시

자원봉사자는 그들의 활동에 대하여 명확하게 정의된 책임, 명료한 조건 및 약속의 이행 등을 기대한다. 이들은 독립적이며 자율적으로 일하기를 원하며 정규 직원이 약속된 과업을 실행하기를 원한다.

봉사하기에 좋은 조건을 만들어 주어 이들이 열린 마음으로 새로운 과제에 도전하여 앙가지망을 발휘할 수 있도록 명확한 활동의 틀이 제시되어야 한다.

(9) 지원봉사자는 지역의 인적 자원

자원봉사자는 시간이 많아 봉사하는 것이 아니다. 따라서 자원봉사들의 앙가지망은 공적 측면에서 재정 감축이라는 결과에 의해서 보상될 수 있는 것이 아니다.

자원봉사자는 정규직이 하는 작업을 보완하고 확장하는 일을 하기도 하지만 그들이 관심을 갖고 있는 영역에서 의미를 부여하고 자치적으로 참여할 수 있도록 다양한 기회를 제공해야 한다.

(10) 창조적인 잠재력을 인지

사람들의 창조적 잠재력은 계속 발달된다. 자원봉사자들은 새로운 일을 하고자 하는데, 이것은 직업능력을 개발하거나 새로운 능력 개발을 선호하기 때문이다. 자원봉사 문화란 창조적인 능력을 발휘하여 공간을 만들어가는 것이므로 증가하는 노인을 수용하고 의식적으로 새로운 경험을 할 수 있는 기회를 제공해 주어야 한다. 노인인구가 증가하고 있으므로, 이들이 소지한 창조적인 잠재력을 인지하고, 자원봉사 활동을 통하여 새로운 고령사회 문화를 창조적으로 만들어 가도록 평생학습의 기회와 공간을 마련해 주어야 한다.

4 노인복지법 및 자원봉사법의 발달과 추진 체계

1) 노인복지법의 제정 및 노인복지의 발달

(1) 1980년대

1981년에 노인복지법이 제정되어 65세 이상의 노인에게 국가는 복지 서비스를 제공하기 시작하였다. 1983년에는 무료노인건강진단제도가 실시되어 저소득층 노인을 대상으로 건강보장이나 소득보장을 위한 지원이 이루어지기 시작하였고, 1986년에는 노인공동작업장이 설치되어 운영되기 시작하였다. 1987년에는 재가노인복지관련 시범 사업이 실시되어 가정봉사원 파견사업, 노인상담시설 운영 등에 대한 지침 및 재정적 지원이 시작되었다(www.karcold. or.kr). 1980년대는 노인복지법이 제정되어 다양한 복지사업이 시작된 것은 큰 의미가 있지만, 경로효친사상에 기반하여 개인이 가족 내에서 부모를 부양하도록 하는 선(先)가정 보호가 강조되어 추진됨으로써 실질적으로 각 노인이 빈곤에서 벗어나 노후의 삶을 보장받지 못하는 결과로 이어졌다.

(2) 1990년대

1990년대에는 노인복지제도가 발전한 시기이다. 1990년에는 노인승차권 지급제도, 노인복지계가 노인복지과로 확대, 개편되었으며, 1991년에는 노령수당 지급제도 등이 시작되었다.

1993년에는 시설중심의 노인 보호가 지역사회를 중심으로 전환되어 재가복지서비스가 시작되었다. 인본주의적인 측면에서 노인이 살고 있는 지역사회에서 복지를 제공한다는 측면에서 유료 노인 복지사업을 할 수 있는 근거가 마련되었다. 노인시설은 주거복지, 의료복지, 재가노인복지, 여가복지시설로 구분되었으며, 노인복지사업이 시설복지에서 재가복지사업으로 전환되면서 가정봉사원 파견사업, 주간보호 사업, 단기보호 사업이 재가노인복지사업으로 규정되어 다양한 재가노인복지사업이 시작되었다.

1997년에는 경로연금제가 도입되고, 치매나 중풍 등 만성질환을 앓고 있는 노인을 관리하는 체계가 구축되었다.

(3) 2000~2004년

2000년에는 65세 이상의 노인인구가 전체인구의 7%를 차지하게 되면서 고령화사회로 변화하면서 장기요양제도의 도입이 구상되어 노인학대 예방을 위한 법적 근거가 마련되었으며, 일부 노인복지사업은 지방으로 이양되기 시작하였다(보건복지가족부, 2008).

노인학대방지를 위해서 노인보호 및 긴급전화 및 노인보호전문기관 설치, 노인학대 신고의무 조치사항을 규정하여 노인학대를 예방하고 학대받는 노인을 위한 제도적 장치가 강화되기 시작하였다(모선희 외, 2006).

2002년에는 관계부처가 합동하여 노인보건복지종합대책을 수립하게 되어 실버산업을 활성화하고, 노인소득의 보장 및 고용촉진을 위한 대책이 마련되기 시작하였다.

노인복지사업을 재정자립도가 열악한 지방정부로 이양하게 된 것에 대해서는 노인복지의 축소라는 비판도 있었으나 그동안 중앙정부의 재정에만 의존하던 사업을 지방자치단체가 운영하도록 자율권을 부여하여 사업운영을 위한 자생력을 강화시키는 계기를 마련한 것에 의의가 있다(김미혜, 2008).

(4) 2005~2014년

2005년에는 공적 노인복지정책이 국가에 의해 강화되어 취약계층인 빈곤노인에 대한 지원이 대폭 강화되었다. 국가는 빈곤노인의 기본적인 욕구 충족 뿐만 아니라 중산층 노인이 소지하고 있는 욕구를 충족시키는 데에 까지 관심을 보여 새로운 민간 시장경제에 의한 노인복지, 고령친화산업 정책 등을 활발히 추진해 나갔다. 또한 저출산 문제를 해소하기 위해서 저출산·고령사회기본법(2005)을 제정하였다.

노년기에도 노인들이 안정된 경제력을 바탕으로 생활하도록 노인일자리

권련 법과 제도를 정비하면서 2005년 12월에는 한국노인인력개발원이 설립되었다.

2005년에는 1차 노인장기요양보험 제도 시범사업을 시작하고, 2008년에는 3차 시범사업을 완료하였다. 이에 따라서 2008년 7월에는 본격적으로 노인장기요양보험 제도가 시행되기 시작하였다. 이것은 평균수명의 증가, 빠른 고령화, 노인에 대한 사적 부양체계의 붕괴, 여성의 사회참여 증가 등으로 살아가는 생활양식이 변화하면서 노인부양은 공적인 지원정책에 의해서 해결해나가야 한다는 사회구성원의 요구를 수용한 것이다.

2008년부터 베이비부머 세대가 은퇴를 시작하면서 경제적 자본, 문화적 자본 그리고 건강을 소지한 노인층이 지속적으로 증가할 것에 대비하여 실버산업이라고 부르는 고령친화사업의 활성화를 정책적으로 지원하기 시작하였다.

2014년 7월에는 기초연금제도가 시행되어 만 65세 이상의 한국국적 소지자로 주민등록이 되어 있는 노인 중, 가구의 '소득인정액'이 '선정기준액' 이하(소득하위 70%)인 경우 받을 수 있게 되었다. 선정기준액은 단독 가구는 87만원, 부부가구는 1,392,000원이며, 소득 인정액은 월 소득 평균액과 재산의 월 소득 환산액을 합산한 금액이다. 그러나 국민연금을 받지 않는 무연금자, 국민연금 월 급여액이 30만원 이하인 자, 국민연금의 유족연금이나 장애연금을 받는 자, 장애인연금 수급자는 월 20만원의 기초연금을 받을 수 있다.

2) 자원봉사활동 기본법의 제정 및 발달

1960년대에 들어와 우리나라의 자원봉사활동은 인도주의와 자원봉사를 기본으로 하는 적십자 운동을 중심으로 조직적으로 활성화되었다. 1980년대에 들어와 경제수준과 국민의식이 증대되고 가족구조가 변화되면서 1984년 한국여성개발원에 자원봉사 인력은행을 설치하고 1985년 올림픽 조직위원회가 자원봉사단을 구성함으로써 자원봉사활동을 조직화되었다. 1995년에는 교육개혁의 한 방법으로 초중고 학생들의 자원봉사활동이 시작되었다.

자원봉사활동을 통합관리하는 행정체제를 구축하기 위해서 1995년부터 내부무 사회진흥과에서 자원봉사활동과 관련된 업무를 총괄관리하고 있으며, 1996년부터는 전국자치단체당 자원봉사센터 1개소 설치를 목표로 전국의 자원봉사센터가 설립되면서 2002년도 말에는 243개소가 설치되어 있다.

자원봉사활동기본법은 2005년에 민주사회의 건설을 위하여 민주시민이 사회에 참여하여 공동체 사회의 건설에 기여할 수 있도록 사회참여를 도모하기 위해서 제정되었고 7조(자원봉사활동의 범위)는 다음과 같다(법제처: www.law.go.kr).

- 사회복지 및 보건 증진에 관한 활동
- 지역사회개발·발전에 관한 활동
- 환경보전 및 자연보호에 관한 활동
- 사회적 취약계층의 권익증진 및 청소년의 육성보호에 관한 활동
- 교육 및 상담에 관한 활동
- 인권옹호 및 평화구현에 관한 활동
- 문화·관광·예술 및 체육진흥에 관한 활동
- 부패 방지 및 소비자 보호에 관한 활동
- 공명 선거에 관한 활동
- 국제협력 및 해외 봉사활동
- 공공행정 분야 사무 지원에 관한 활동
- 그 밖에 공익사업의 수행 또는 주민복리의 증진에 필요한 활동

이같은 자원봉사활동 영역에 맞추어 노인자원봉사도 다양해져야 할 것이다.

3) 추진체계 현황

자원봉사자들의 활동을 촉진하려면 자원봉사자를 육성하고 추진하는 체계적인 노력이 요구된다. 자원봉사 추진체계를 조직, 재원, 사업내용을 중심으로 살펴보자.

(1) 조직

자원봉사활동을 추진하는 조직들에는 자원봉사센터, 사회복지정보센터, 지방청소년활동진흥센터, 여성자원활동센터, 학생봉사활동정보 안내센터, 대학봉사협의회 등이 있다.

1996년부터는 전국에 시·도 및 시·군·구 자원봉사센터가 설치, 운영되고

있는데, 시에서 직영하거나 위탁해서 운영하기도 한다. 2009년 부처별 자원봉사센터 현황은 다음과 같다.

표 3 부처별 자원봉사센터 현황

구분	행정안전부	보건복지부	여성부	교육과학기술부
센터명	자원봉사센터 (시·도 16개소 기초 248개소)	사회복지정보센터 (17개소) 지방청소년활동진흥 센터(17개소)	여성자원활동센터	학생봉사활동정보안내센터(196개소)대학사회봉사협의회 (198개 대학)
설치 근거	자원봉사활동 기본법 제19조	사회복지사업법 제9조 청소년활동진흥법 제7조	여성발전기본법 시행령 제28조의2	교육과학기술부지침
주요 기능	자원활동가모집, 배치	사회복지자원봉사 모집, 배치, 관리 청소년자원봉사활동 육성	여성 자원 봉사	학생 봉사 활동
설치	지자체 직영 또는 민간 위탁	민간위탁(한국사회복지협의회) 광역지자체	지자체 직영	지자체, 교육청

출처: 이재완, 이관률, "충남지역 자원봉사활동의 실태와 활성화 방안," 충남리포트, 제27호 (2009,12), p.5.

(2) 재원

자원봉사활동 체계를 지원하는 재원은 크게 정부 보조금, 기업 후원금, 기관 자체의 수익금, 모금 및 지원 등으로 구성된다.

(3) 사업 내용

자원봉사자 관리 업무를 수행하기 위해서 전산화 프로그램을 개발하기도 하며, 자원봉사 전산망(VT-NET)을 구축하여 운영하며, 자원봉사와 관련된 자료를 수집하고 정보를 제공하는 일, 자원봉사와 관련된 안내 및 상담을 지원하고, 자원봉사자 교육을 위해 교재 개발과 자원봉사 프로그램을 개발하고 있다.

재가복지봉사센터에서는 사회복지관 부설 센터의 경우에는 노인, 장애인,

결손가정, 소년소녀가장 등과 같이 저소득층 가정을 대상으로 종합적인 재가복지서비스를 제공하고 지역사회 자원을 발굴하고 활용하는 역할을 담당하며 효율적인 자원봉사를 실천하는 것으로 알려져 있다. 노인복지관 부설 센터에서는 독거 노인 및 거동이 불편한 노인을 대상으로 재가복지서비스를 제공하며, 위문공연 및 사진 찍기 등의 봉사를 제공하고 있다.

5 노인 자원봉사 활성화 방안

1) 자원봉사에 대한 인식 전환

자원봉사에 대한 시민 및 노인들의 인식은 새롭게 만들어 져야 한다. 노인들은 스스로 재능이나 능력을 갖추지 못했다고 생각하므로 자신의 잠재력 등을 인식하지 못하는 경우가 많다. 아직 경험이 없는 노인들이 자신의 역량을 발휘할 수 있도록 자신의 장점을 찾도록 하여 자신의 가치 인식을 새롭게 하도록 하며, 시민들이 생각하는 노인에 대한 가치를 바꾸어 가도록 적극적인 교육이 이루어져야 할 것이다.

2) 봉사자 모집을 위한 홍보의 활성화

자원봉사자들이 자원봉사활동에 참여하는 경로는 친구나, 가족, 기존 자원봉사자의 권유나 동아리활동 등 대인 접촉을 통해서 참여하는 경우가 가장 많다. 이것은 자원봉사 활동 및 자원봉사자 모집과 관련된 홍보의 부족을 나타내는 것이다. 따라서 대중매체 등을 통하여 자원봉사에 관한 홍보뿐만 아니라 지역사회 시민들이 더 많이 참여할 수 있도록 다양한 홍보가 이루어 져야 한다. 자원봉사자의 모집을 위한 홍보시 점검 사항은 다음과 같다.

표 4 자원봉사자 모집 홍보를 위한 체크리스트

1	자원봉사자가 해야 할 일을 되도록 자세하게 기술한다.
2	자원봉사자가 필요한 기간을 명시하는 것뿐만이 아니라 한달에 몇 주 그리고 1주일에 해야 할 봉사시간 등에 대하여 자세히 기술한다.
3	봉사팀 장이나 단체가 기대하는 과업에 대하여 충분히 알려야 한다.
4	과업수행을 위한 책임에 대하여 분명히 명시해야 한다
5	봉사자가 자율적으로 과업을 수행하도록 보장해야 한다.
6	자원봉사일을 안내하는 담당자를 안내해 주어야 한다.
7	자원봉사자 모집을 주관하는 담당자는 다양한 질문에 융통적으로 대처해야 한다.
8	시만이나 노인들이 많이 모이는 장소에 집중적으로 홍보한다.

3) 문제해결능력의 향상을 지원

자원봉사자들은 봉사 시작 후 3개월이 지나면 전체의 35% 정도가 중단을 하며, 6개월이 지나면 50% 이상이 자원봉사활동을 중단한다. 자원봉사활동 중단 이유는 자신의 건강악화, 활동이 맞지 않아서, 경제적 부담, 봉사하는 기관 내 직원과의 갈등, 자원봉사자와 봉사대상자 간의 갈등, 가족의 이해 부족, 보람이 없어서 등이다. 따라서 노인들이 자원봉사를 통하여 성취감을 느끼고 갈등을 잘 해결해 나가도록 내적인 가치의 지원 및 현장에서 문제해결능력의 향상을 지원해야 할 것이다.

4) 자원봉사자의 효율적 활용을 위한 시스템 부재

자원봉사자가 자신이 희망하는 봉사를 찾지 못해 활동하지 못하는 경우도 많다. 1996(김영호 외)의 조사에서는 필요 이상으로 많은 봉사자들이 신청을 하여 70%의 기관들은 자원봉사자를 연결시키지 못하는 것으로 나타났다. 따라서 많은 자원봉사자들이 지원하는 경우에는 이들의 참여동기를 충분히 고려하여 자원봉사자를 연계해줄 수 있는 시스템을 구축해야 할 것으로 나타났다.

5) 교육과 배치

자원봉사자들이 계속 활동하도록 지원하려면 이들의 동기를 강화시키기 위한 교육이 지원되어야 한다. 자원봉사자들의 활동만족도는 자신이 적절한 곳에 배치되고 교육 등의 훈련이 적절히 이루어져 자신의 전문성이 향상되는 경우로 나타났다. 자원봉사자를 관리하는 관리자 교육은 봉사자들의 적성, 능력, 요구와 경력, 그리고 전문성에 적합한 일을 분배하고 봉사자들을 대하는 의사소통 능력을 배양시켜 봉사자들과 협동적인 의사소통을 하도록 지원하는 것이다.

자원봉사자를 적절한 곳에 배치하는 일은 자원봉사자들의 업무만족도를 높일 뿐만 아니라 서비스의 질 향상에도 큰 영향을 미친다. 자원봉사자들이 초기 단계에서 중도에 탈락하지 않도록 노후설계전문가는 이들에게 역할과 책임의식을 부여하고 지속적으로 관심을 보여주어야 한다.

6) 보상

자원봉사자들에게 평가와 보상은 자신이 한 일에 대한 자긍심과 내적인 자아존중감을 향상시키는데 큰 영향을 미친다. 현재 봉사자에게 기관이 지원하는 보상의 방법에는 정부 및 지방자치단체, 기관자체의 포상, 자원봉사자 회식 등이 대부분을 차지하고 있어 다양한 보상 방법이 개발되어 있지 않다. 그러나 독일 스포츠협회(Seniorensport im Deutschen Sportbund)는 자원봉사자들을 위해 여행이나 소풍을 함께 가거나 봉사자들이 만나서 경험을 교환하도록 정기 모임을 개최하며 고령 노인들이 스포츠에 관한 경험을 나누도록 지원하고, 생일카드를 발송한다. 자원봉사자들에게 전문성 향상을 위한 교육 기회도 대폭 제공하며, 자원봉사를 인정해 주는 상징물이나 물질적 보상도 제공한다. 이들은 포상과 같은 외적인 보상보다는 자신의 내적 가치를 높이는데 기여할 수 있는 심리적 보상을 많이 원하는 경우가 많으므로 이들의 전문성을 인정하고 활동을 계속할 수 있도록 전문성 향상을 위한 교육 및 경력 인정 등을 통한 심리적 보상을 강화해 나가야 할 것이다.

자원봉사 사례: 칠순이 넘어 해외봉사로 새로운 인생을 시작하다.

칠순을 넘어 해외봉사에 나선 선원 출신의 권오학 씨는 2013년 71세로 정부 무상원조 전담기관인 한국국제협력단(KOICA)이 최근 선발한 81기 해외봉사단원에 뽑혔다. 2012년 12월에 한국국제협력단이 그동안 62세로 제한했던 연령을 폐지하자 응시하였고 이제까지 뽑힌 자원봉사자 중에서 가장 최고령자가 되었다.

2주 동안 서울 서초구 염곡동에 있는 코이카에서 교육을 받은 후 우즈베키스탄으로 출국한다. 현지에서 과일과 채소를 재배하는 기술을 전수하고 농민들과 함께 농사도 지을 계획이다. 권오학 씨가 칠순이 넘어 이러한 자원봉사를 계획한 꿈은 매우 오래전부터 키워왔다.

"40년이 넘도록 배를 타고 100개국이 넘는 나라를 다녔다. 특히 도미니카 공화국을 찾았을 때 어렵게 사는 농촌지역의 아이들이 모습은 오랫동안 기억에 남았다"고 한다. 그 때 그 아이들을 생각하면서 우즈베키스탄에 가서 힘닿는 데까지 봉사를 하겠다고 다짐하였다.

1974년 일본 해운 회사에 삼등 항해사로 취업한 뒤 87년 선장이 된 그는 숱한 고비를 넘겼다고 한다. "세 번이나 목숨을 잃을 뻔했어요, 한번은 베트남전 때, 베트콩에게 집중사격을 받았고, 두세 번의 고비는 인도네시아 인근 해역에서 해적에 납치되었을 때이다. 칼로 위협하며 돈을 요구해 숨겨둔 비상금을 건네고 목숨을 건졌다"고 한다. 환갑이후 인생의 절반을 바다에서 보낸 뒤에 뭍으로 올라왔다고 한다. 서울 평생교육기관인 진형고에 들어가 졸업한 뒤 2010년 한경대 원예과에 입학해 공부를 계속했다. 권씨는 "지금까지 배운 과실, 채소작물재배에 관한 지식을 우즈베키스탄에 쏟아 붓고 오겠다"고 새로운 노년기의 계획을 힘차게 전했다.(출처: 연합뉴스, 2013. 4. 5, 왕길환)

토의 거리

다음의 사례를 노인이 자원봉사에 참여할 수 있도록 노인을 설득해 보시오.

73세 여성노인의 사례

5남매 중 셋째로 태어났으나 현재 남동생 한 명만 생존해 있다. 9살에 아버지를 여의고, 어머니 혼자 5남매를 기르시느라 고생하였다. 당시에는 일제 강점기로 시골에서는 그래도 가장 큰 집이었고 재산도 어느 정도 있었으나 아버지는 학자여서 서당에 나가서 아이들을 가르치시는 일을 주로 하시고, 집안일은 어머니가 도맡아서 해야 했다.

• 할머니의 성장 과정

할머니는 여자라는 이유로 학교를 다니지는 못했다. 대신 동생의 어깨너머로 글을 깨우치게 되었다. 20세가 되어서 결혼을 하였으나 두 달만에 남편은 군대를 가게 되었다. 제대 후에는 남편은 직업없이 방랑 생활을 하였으나, 자녀는 3남 1녀를 두었다. 현재까지도 남편은 아이들 양육비를 한번 벌어다 준 적이 없었다. 그러나 할머니는 친정어머니처럼 식당에서 일하고 농사일을 하고 길쌈을 매면서 자식들을 대학 공부까지 다 시키셨다. 큰 아들은 외국에서, 둘째 아들은 경찰서장이 되었다.

• 노년기 생활

자녀들은 모두 공부를 잘해서 직장에서 일하고 있으며 효도를 하고 있다.

관절염이 있어 다리가 좀 아프기는 하지만 그래도 기회가 주어진다면 할머니는 젊어서 해보지 못한 일을 해보고 싶으시다. 지금도 TV에서 좋은 말을 들으면 메모를 하고 따라 하신다.

• 할머니의 특기

요리를 잘하신다. 전에 기사식당을 한 적이 있었는데, 사람들이 식당을 하면 잘 할 것 같다고 한단다. 요즘에도 손주들이 오면 집에서 간식을 만들어 주신다고 한다. 할머니는 책읽기를 좋아하시고 글쓰는 것도 좋아하신다.

현재 관절약, 고혈압, 당뇨, 뇌졸중, 콜레스테롤 등을 조절하는 약을 5가지 약을 드시고는 있지만 정신도 맑으시고 건강하신 편이다.

• **사별**

할아버지하고는 3년 전에 사별을 하였다. 가끔 혼자 살면서 아직 건강할 때 조금 더 보람 있는 일을 하고 싶다고 하신다.

1. 노인이 소지하고 있는 내부적인 욕구를 분석해 보시오.

2. 노인은 어떤 영역에서 자원봉사할 수 있는지 적어보시오.

3. 노인이 자원봉사하는 데 장애가 되는 요인들은 무엇입니까?

4. 노인이 자원봉사에 참여하도록 설득하려면 어떠한 상담 기법을 적용해야 하는지 논의해 보시오.

5. 노인이 자원봉사할 수 있는 기관 및 행사 등을 되도록 많이 나열해 보시오

____

____

____

제10장

노년기 건강 생활

10장
노년기 건강 생활

노년기 삶의 질은 건강유지를 위해 적당한 운동을 즐기며 자신의 체질과 질병에 따른 식사 조절, 내적인 성장이 이루어지는 여가 생활을 영위해 갈 때 만들어진다. 좋은 노후설계전문가는 노년기의 신체 건강 및 정신건강에 대해 잘 알고 있어야 한다.

1 노년기 건강의 변화

1) 수면 상태의 변화

밤에 잠을 잘 수 없다는 것은 큰 고통이다. 수면의 종류는 몸이 잠을 자는 체수면(REM)과 뇌가 잠을 자는 뇌수면(NREM)의 두 가지로 나누어진다. 체수면과 뇌수면은 약 한시간 반을 주기로 규칙적으로 출현하며 하룻 밤에 체수면은 4~5회 정도 출현한다(한국재가노인복지회 편, 1998). 밤에 잠을 잘 자려면 방안의 온도가 적당해야 하며 주위는 조용하고 어두워야 한다. 너무 음식을 많이 먹거나 음주를 많이 한 경우에도 잠을 자기가 어렵다. 잠을 잘 자려면 낮잠 시간을 줄이고 가벼운 운동 등을 하고 뜨뜻한 물로 목욕을 하는 것도 큰 도움이 된다. 하지만 불면이 계속되면 불면의 원인을 파악해서 고쳐나가야 한다.

2) 체온의 변화

노인은 성인에 비해 체온이 낮은 경향이 있고 발열성 질환이 있는 경우에도 발열이 되지 않는 경우가 있으므로 주의깊은 관찰이 요구된다. 또한 쇼크 상태에서도 체온이 저하된다.

3) 시각, 청각, 지각의 변화

노화의 정도는 개인에 따라 큰 차이를 나타내지만 시각과 청각 및 피부의 감각은 일반적으로 성인의 경우보다 민감성이 줄어드는 경향이 있다.

노화로 인하여 시력의 저하가 일어나면 노인이 쉽게 넘어지기도 한다. 또한 백내장 등이 생겼을 경우에도 시력의 저하가 일어난다. 시야가 좁아지기도 하며 밝고 어두음을 잘 구별하기 어려워져서 방이 어두워져도 불을 잘 키지 않고, 바깥이 환한 경우에도 불을 잘 끄지 않게 된다.

청각의 변화로 귀가 어두워지기도 하는데 노인들은 타인과 의사소통이 잘 되지 않는 경우에는 답답해하며 초조해 지기도 한다. 큰 목소리로 이야기하며 방금 한 말을 다시 되묻는 경우, 등 뒤에서 불러도 대답을 하지 않는 경우라면 청각이 매우 떨어져 있음을 알아야 한다. 청각이 떨어져 반응을 하지 않게 되는 경우가 있으므로 치매로 오인하지 말아야 한다.

노년기에는 체온조절이 잘 되지 않아 추위를 많이 타게 된다. 또한 피부가 건조해 지기 쉬우므로 가려움증이 많아지고 몸을 부딪치며 멍이 쉽게 들며 온도에 대한 반응이 느려져서 화상을 입기 쉬우므로 특별히 주의해야 한다.

4) 식사 및 배설 상태의 변화

노년기에는 소화기능이 저하되어 설사나 변비가 쉽게 일어나게 된다. 일반적인 노화현상에 따라서 위 점막과 분비가 위축되어 만성 위염이 자주 발생하게 되며 위 점막이 얇아지게 된다. 노년기에는 위산 분비가 25% 정도 감소되어 위암, 만성 위축성 위염 등에 대한 위험이 증가하기도 한다. 따라서 균형잡힌 식사를 해야 하며 수분의 부족은 탈수증의 원인이 되므로 물을 자주 마셔야 한다. 너무 많이 과식하지 않도록 하며 식욕이 저하되는 경우에는 조리법 등을 달리하여 좋은 환경에서 정서적으로 안정된 상태에서 식사하도록 해야 한다. 식욕을 증진시키려면 운동을 해야 하며 전신운동이 잘 되지 않는 노인에게는 복부 마사지를 하여 식욕증진에 도움이 되도록 알려주어야 한다. 노년기 위장 기능 저하를 예방하려면 식사량을 줄이더라고 세끼 식사를 규칙적으로 하는 것이 좋다. 맵고 짠 음식을 조절하여 염분 섭취량이 늘어나지 않도록 하며, 과대한 스트레스는 소화 장애를 유발시키기도 하므로 스트레스를 잘 극복하고 산책 등 규칙적인 운동을 통하여 위장 기능을 촉진시켜야 한다.

5) 감정의 변화

각 노인의 정서적 상태는 매우 다양하게 나타난다. 건강한 노인에게는 감정의 변화가 별로 나타나지 않으나 그렇지 못한 노인에게는 감정의 변화가 심하게 나타난다. 활기찬 생활을 하지 못하는 경우, 표정이 어두워지며 차분함이 없어지고 화를 자주 내며, 고집이 세어지며 자기중심적인 행동을 하는 것도 일반적인 경향이다.

2 노인의 일상생활 활동 능력 지표 및 운동

1) 노인의 일상생활 활동능력 지표 및 신체기능 수준

노인이 일상생활을 혼자서도 수행해 나갈 수 있는지를 측정해 보려면 신체적, 의학적, 인지적, 운동적 능력 등이 함께 평가되어야 한다.

일상생활 활동 능력은 수단적 자립능력, 상황 대응능력, 사회적 역할수행 능력을 포함하여 13가지 항목으로 나눌 수 있다. 활동능력을 버스나 지하철 등을 이용하여 혼자 외출할 수 있는 능력, 일상생활에 필요한 일용품 구입능력, 친지의 집을 방문할 수 있는 능력, 혼자서 목욕할 수 있는 능력, 자신의 위생을 돌보는 능력, 식품을 구입해서, 요리하고, 식사할 수 있는 능력, 친지들과 사교할 수 있는 능력, 여가활동능력, 봉사활동능력 등 신체적 활동 능력과 인지 능력, 기억력을 이용하여 문제를 해결할 수 있는 능력 등 자율 활동을 수행할 수 있는지의 여부가 포함되어 있다.

고령자에게 중요한 체력적 요소는 유연성과 평형을 유지하는 능력인데, 매일 4Km를 걸을 수 있고, 20개 계단을 자신 있게 오르내릴 수 있으면 건강하다고 할 수 있다.

노인들의 신체기능 수준을 분류한 스피루두소(Spirduso, 1995)는 5단계로 신체적 활동능력을 다음과 같이 구분하였다.

표 1 노인들의 신체기능 수준

단계	활동 능력
1단계: 매우 우수	1987년에 시작된 시니어 올림픽에 참여가 가능: 행글라이더, 역도 등 매우 위험하고 힘든 스포츠를 할 수 있는 경우
2단계: 우수	일상의 신체적인 작업을 모두 수행 지구력을 요하는 스포츠와 게임을 즐길 수 있음 취미활동으로 스포츠를 즐김
3단계: 독립적인 활동이 가능	매우 가벼운 신체 활동을 함(걷기, 정원가꾸기) 모든 수단적 신체 활동이 가능 체력의 소모가 적은 활동을 즐김(골프, 수영, 여행, 자동차 운전 등)
4단계: 약함	가벼운 집안 일을 할 수 있음 집에만 있음, 음식 준비 가능 기초적인 신체 활동만이 가능
5단계: 매우 약함	일상생활 수행을 위한 모든 기초 활동이 불가능 걷기, 목욕, 옷 입기, 식사, 이동하기 등을 혼자서 할 수 없어서 가족이나 노인요양사의 도움이 필요함

2) 운동 심리학

운동이 부족하거나, 오감운동이 손상당하게 되면 학습과 행동에서 장애가 일어난다. 운동심리학은 인간의 심리적 체험과 심리정신적 발달과 감정적인 발달, 움직이는 활동과 인지력의 발달이 서로 연결되어 있음을 강조한다.

심리와 운동과의 연결뿐만 아니라, 운동을 통하여 대인관계를 넓혀가므로 개인의 사회적 생활을 원만하게 해주며, 건강한 체력은 물질적으로도 풍족한 생활을 가능케 한다.

운동심리학파는 개인의 이상행동은 운동이 부족할 때 발생한다고 보며, 개인의 이상행동을 운동(움직임)과 연결시켜 설명한다.

운동심리학의 창조자는 심리학, 교육학 사회학 그리고 의학적 이론에 근거하여 실제적인 정서적 안정의 방법을 제시하였다.

교육학에서는 운동교육학, 운동치료, 모토교육학, 모토페디, 모토치료등이 심리운동치료의 중요성을 강조하였고, 심리학에서는 심리분석과 인지심리학의 요소를 도출하여 정서적 안정감을 얻는 효과를 강조하고 있다.

(1) 에르고 요법

적당한 운동은 오감의 능력을 오래도록 건강하게 유지시키고, 운동은 신경세포를 정상화시키거나 적정화시키는 방법이 된다. 운동을 이용하여 노인의 감성이나 언어발달, 사회적 행동 및 인지 기능의 발달을 촉진시킬 수 있다. 에르고 요법(Ergotherapy)은 작업치료라고도 부르는데 성공적인 노화가 가능하도록 일상생활에서 시각, 청각, 후각, 촉각, 미각 등 오감을 이용하는 방법이다. 시각적 감각을 유지하기 위해서 미술작품을 감상하거나, 식사를 할 때는 빨간색, 노란색, 푸른색 등 채소 등을 이용하여 다양한 시각적 자극을 줄 수도 있다. 청각을 유지하려면 시끄럽거나 소란한 장소를 피하고, 조용하게 음악을 듣거나 타인과 대화를 해나가면서 청각 및 언어 능력을 사용해야 한다. 촉각을 유지하려면 모래밭 걷기, 지압 등을 하거나 피부 마사지를 해야 한다. 노년기에는 침의 분비가 줄어들어 미각이 둔화되고 짠맛을 잘 느끼지 못하게 되므로 체내 수분이 감소되지 않게 물을 자주 마셔서 침이 계속 분비되도록 하여 미각을 유지시켜야 한다.

(2) 운동심리학의 발달

운동심리학은 심리적, 교육적, 사회적, 의학적 이론이 발달하는데 다양한 기초를 제공하였다. 운동심리학의 창시자는 킵하르트(Kiphard)로 1938년 페퍼의 리듬학(Rhythmik)에서 아이디어를 얻어, 1950년대에 운동심리학(Motorpsychology)이라는 새로운 학문의 장을 열었다.

운동은 자신에게 발생하는 불안을 조절하게 되어, 안정적인 인성의 발달을 가져온다. 킵하르트는 자신이 재직하였던 프랑크푸르트 대학에서는 재활과 치료교육학과에서 운동치료를 계속 연구하였다.

악셀린(Axline)과 로저스(Rogers)의 인본주의 이론에 근거하여 아동이 자신의 문제를 감정적으로 극복하기 어려울 때, 운동하기를 싫어하거나, 자신을 표현하지 못하고 거부한다는 점에 주목하였다. 킵하르트는 노인의 경우, 감정적으로 극복하기 어려운 문제는 달리기와 운동을 하면서 안정을 다시 찾게 된다고 보았다.

운동심리학에서는 외부의 요구에 의해 운동하기 보다는 스스로 운동을 할 때 진정한 자아를 찾게 되고 자신의 효용성과 적극적인 행동 능력을 되찾게 됨을 강조한다.

(3) 노년에 좋은 운동

노년기는 체력이 급격히 떨어지고 노화 현상이 뚜렷이 나타나기 때문에 움직이는 것 자체가 운동이 될 수 있다. 무병 장수하려면 스트레칭, 걷기, 수영 등을 매일 적절하게 실천해야 한다. 최근 우리나라 100세 노인 연구에서도 장수하는 사람들은 주로 산촌에 살고 있으며, 일정량의 균형잡힌 식사를 취하고 음주와 흡연을 절제하며 매일 가벼운 운동을 통해 적절한 활동량을 유지하는 것으로 나타났다. 즉 노년기에는 바람직한 생활양식으로 균형잡힌 식사와 적절한 신체운동이 중요함을 알 수 있다. 일반적이므로 연령이 증가할수록 운동량이 줄어들게 되므로 운동을 습관화하여 노년기 건강을 유지해야 한다.

산책 및 걷기 운동: 걷기운동은 호흡의 능률을 높여 산소 섭취량을 늘리고, 다리와 허리의 근력을 키워주며 심장과 폐, 뼈의 밀도를 향상시키며 고혈압과 당뇨병의 치료에 큰 도움이 된다. 걸을 때는 등을 펴고 허리를 앞으로 내미는 느낌으로 쭉 펴고 걷는 게 좋다. 매일 30분씩 배로 숨을 쉬는 복식호흡을 하면서 걷는 것은 좋다.

수영: 물 속에서 걷는 운동은 관절에 무리가 전혀 가지 않으므로 관절염이 있는 경우에는 수영장 물 속에서 걷는 운동이 권장된다. 수영은 심장과 폐의 기능을 향상시키는 유산소 운동으로 노년기에 매우 권장되는 운동이다.

3 노년기 질환 및 식이요법

1) 노년기 질환 예방 및 관리

(1) 치아 건강

노년기에는 치아가 빠지는 만성치주염이 일어나기 쉽다. 치주염에서 시작된 염증이 동맥경화 등의 혈관 변화를 일으키고 결국 현관을 막아 뇌졸중이나 치매 등으로 이어지기도 하므로 치아 관리는 매우 중요하다.

일반적으로 치아가 많이 빠진 경우에는 생각하는 사고력에도 영향을 미치는데 4개 이하의 치아가 상실된 사람은 10개의 치아가 없어져 버린 사람보다 절반 정도 밖에 인지기능이 상실되지 않지만, 11개 이상의 치아가 상실된 사람은 그렇지 않은 사람보다 인지기능의 상실도가 2.3배로 높아진다. 결국 치아가 많이 빠질수록 뇌병변장애를 일으킬 확률이 높아지므로 뇌졸중, 인지장애 등으로 이어질 수 있다. 뇌병변이란 뇌손상, 뇌성마비, 외상성 뇌손상, 뇌졸증 등 뇌의 기질적 병변에 기인한 신체적 장애로 보행이나 일상생활 등에 제한을 받는 질병이다. 장애의 주된 증상은 몸이 마비되기 때문에 팔, 다리의 기능저하로 앉기, 서기, 걷기 등의 이동 능력이 떨어지고, 밥먹기, 옷입기, 목욕하기 등의 일상생활 수행에 장애가 올 수도 있다.

(2) 심부전

가슴통증 또는 압박이 대부분 가슴의 중앙에서 발생하며 목이나 왼쪽 어깨로 퍼져서 왼쪽 팔로 내려간다. 통증은 가슴 주변을 꽉조여 당기거나 혹은 무거운 짐을 가슴 위에 올려 놓은 것처럼 단단히 죄어오는 느낌이다.

심부전은 전반적으로 몸이 허약한 상태이며 창백한 외모, 많은 땀을 흘리며 춥다고 느끼며 숨이 가쁘고 구역질 등이 나타난다.

(3) 암

연령이 증가하게 되면 암에 걸리는 발병률이 높아진다. 미국 암협회(2008b)의 조사에 따르면 40세 이후부터 천천히 증가하기 시작하지만 특히 80대 이후에 급격하게 발병률이 높아지는 것으로 나타난다. 그러나 폐암이나 결장암같은 암은 건강하지 못한 생활방식 때문에 발생하는 경우가 많아, 많은 암은 사전에 예방이 가능하다. 암은 성차가 분명하게 나타나는 질병으로 남성의 발생률이 여성보다도 많다고 알려져 있다. 남성에게는 전립선암이 여성에서는 유방암이 가장 많이 발병하며 식생활에 따라 민족 간에도 분명한 차이가 나타난다. 암은 다음과 같은 전조 증상을 나타내기도 한다.

- 소변이나 대변 습관이 변화하여 설사 혹은 변비가 증가하기도 함
- 상처가 낫지 않으며 이상 출혈 또는 배설물이 있음
- 가슴 등에 혹이 발생하여 딱딱한 것이 느껴짐
- 소화 불량 등
- 사마귀나 점이 뚜렷하게 변화함
- 잔기침이 나고 목이 쉬기도 한다.

특히 노년기 폐암의 경우, 호흡이 빨라지고 지속적으로 기침을 하거나 기침 시 출혈이 나타나기도 한다. 자궁, 난소와 경부암 등은 갱년기 이후 출혈이나 복부 확장 등이 나타나기도 한다.

(4) 뇌졸중

다음과 같은 증상을 방치하면 뇌졸중이나 뇌일혈로 발전할 수 있다.

- 팔 혹은 다리, 얼굴 한쪽이 간헐적으로 마비되며, 쑤시고 저리다.
- 한쪽이나 양쪽 눈에 일시적인 시력 장애가 온다.
- 일시적 언어 장애가 나타나며
- 손발의 감각이 없어진다.

이외에 평상시와는 달리 두통, 현기증, 어지럼증, 구역질과 구토, 갑작스런 성격의 변화나 판단 능력의 장애 등이 나타나기도 한다.

(5) 근골격계의 질환 및 관절염(arthritis)

근골격계의 변화는 척추에서 분명하게 진행되는데 노화에 따라 추간판이 얇아지고 간격이 좁아져 척추의 길이가 줄어들게 되므로 허리가 굽어진다. 30세

이후에는 골이 형성되는 것보다 골의 흡수가 빠르게 일어나므로 골밀도가 떨어지게 되어 골다공증의 위험이 높아진다.

노화가 진행되면 근육의 탄력도와 무게가 현저히 감소한다. 근육의 탄력도는 60세 이후에 급격히 감소하는데 근력은 30세를 전후하여 최고에 도달한 후에 서서히 감소하여 80대의 근력은 20대 중반의 70~80% 밖에 되지 않는다. 동시에 근육 질량의 감소, 근육 탄력성의 저하, 자극-수축 기능이 떨어지므로 반응에 대한 속도가 떨어진다. 그러나 근골격계의 약화는 후천적인 생활환경이 큰 영향을 미치기 때문에 중년 이후에도 지속적이고 적절한 운동을 통해 근육량을 늘리고 근력을 강화시켜 노화의 속도를 늦출 수 있다.

관절염은 대부분 통증을 수반하는데, 류머티즘성 관절염과 골관절염으로 나눌 수 있다. 류머티즘성 관절염은 초기 성인들뿐만 아니라 중년기 성인들에게도 발병하며, 반대로 골관절염은 노화가 원인이므로 노년기가 되기 전에는 나타나지 않는다. 관절염이 있더라도 운동을 계속하는 것이 좋다. 운동은 윤활액의 분비를 자극하는데 윤활액은 관절들 사이에 윤활유를 치듯이 공급하고 관절들 사이의 윤활유를 공급하고 혈액을 증가시킨다. 장기간 운동을 하지 않게 되면 관절들이 얼음과 같이 딱딱하게 얼어버리는 경직이 일어나므로 물리치료를 통해 풀어야 한다. 따라서 관절염이 있더라고 운동을 꾸준히 해야 한다. 관절이 경직되면 통증의 강도가 매우 심하기 때문에 경직이 일어나지 않도록 하려면 운동을 해서 강한 통증을 피해야 한다. 관절에 좋은 운동에는 걷기, 에어로빅, 수영 등이 있으며 사과, 당근, 고등어, 녹차, 토마토, 우유, 바나나 등을 섭취하는 것이 좋다.

(6) 당뇨병

당뇨병은 당뇨로 인한 각종 합병증 때문에 조심해야 한다. 당뇨는 8시간 금식한 후 혈당을 측정했을 때 혈당 농도가 100ml당 126mg 이상인 경우를 말한다. 혈액 내의 포도당 농도를 일정하게 유지시키는 기능은 인슐린이 하는데, 인슐린은 체세포에서 포도당 흡수를 촉진하여 혈당을 저하시키고 간과 근육세포에서 포도당을 글리코겐으로 바꿔주는 작용을 한다. 단백질과 지방을 포도당으로 바꿔주는 반응을 억제하여 세포의 산화과정에서 지방과 단백질보다 포도당이 우선적으로 사용되도록 하여 혈당량을 낮춘다. 그러나 인슐린의 기능이 약해지면 세포가 포도당을 효과적으로 연소시키기 못해 혈액은 고혈당으로 끈적끈적 해진다. 혈액이 끈적해지면 혈액 순환에 장애가 생겨 심장의 부담은 늘어나고 혈당 희석을 위해서 물을 많이 마시게 되므로 소변을 자주 보게 된다. 포도당이 세포 속으로 들어가 에너지를 만들어내지 못하므로 쉽게 피로감을 느끼며 계속 배가 고프다고 느껴 많이 먹게 된다. 그러나 포도당은 다시 소변으로 배설되어 이를 보충하기 위해 단백질과 지방을 포도당으로 전환시켜 사용한다. 따라서 체중은 감소하고 상처가 잘 아물지 않으며 감염에 대한 저항력이 떨어져 염증이 자주 생기게 된다.

당뇨가 생기면 갈증이 나며 소변의 횟수의 증가, 피로, 체중 감소 등이 나타나지만 당의 수치가 너무 높으면 혼수 상태에 빠지거나 너무 낮으면 의식을 잃을 수도 있다.

당뇨병의 전조 증상으로 목이 과도하게 마르거나 빈번하게 배고픔이 나타나기도 한다. 빈번한 소변, 체중 감소, 피로감과 허약해지는 느낌, 희미해지는 시각, 가려움증, 상처가 잘 아물지 않고 타박상이 생기는 것, 구역질과 구토가 일어나며 손과 발이 마비되거나 저리는 것, 혈액 순환이 잘 되지 않는 것 등이다. 당뇨병은 치료가 힘들지만 저탄수화물, 저칼로리 식사, 운동, 적절한 피부 및 발 관리 인슐린 투약 등을 통해 효과적인 관리가 가능하다.

(7) 뇌의 노화와 치매

인간의 뇌는 20대까지는 왕성히 발달하지만 중년기 이후에는 서서히 노화한다. 뇌의 변화에 대해서는 면역체계나 중추신경계의 기능 변화와 기능 상실로 뇌의 변화가 일어난다는 이론, 세포대사과정에서 노폐물이 축적되어 기능 저하가 일어난다는 이론도 있다.

구조적인 변화를 설명하는 노화는 신경세포의 감소에 따라 부피가 줄어든다는 현상이 있고, 기능상의 노화가 나타나 기억력이 저하되거나 적절한 행동을 선택하는 실행 기능의 저하가 일어난다고 본다.

– 알쯔하이머성 치매

치매의 50% 이상은 알쯔하이머성 치매인데 서서히 진행되지만 다음과 같은 증상을 수반한다.

- 배회 및 이탈: 길을 잃음, 낙상 사고, 추락 사고 등
- 야간수면장애: 주간에 취침, 야간에 불결 행위
- 위험을 인지하지 못함: 다리미나 음식물 조리시 화재 발생
- 폭력적 행동: 타인에 대한 폭력 및 자해 행위
- 낙상의 위험이 증가: 눈이나 빗길 낙상 사고 및 어지럼증에 의한 사고
- 실금 및 실변: 실금이나 실변으로 의복이 불결해짐
- 수집증: 버린 물건을 집으로 주워오므로 거주환경이 불결해 짐
- 이식 및 과식: 세제 및 약물을 식용, 항상 배가 고프다고 느끼므로 과식을 하므로 소화가 되지 않음
- 목욕 거부 및 운동 부족

치매노인의 뇌에는 알루미늄이 축적되어 있다는 연구결과도 있으므로 알루미늄이 인체에 쌓이는 것을 예방하려면 인스턴트 음료수나 제산제 등을 되도록 피하고 양배추, 수박, 아스파라거스 같은 음식을 많이 섭취하면 글르타니온의 생성을 높일 수도 있다. 치매환자는 간, 현미, 계란, 보리 등을 섭취해야 한다.

– 뇌졸중

중풍이라고 부르는 뇌졸중은 뇌에 혈액을 공급하는 혈관이 막히거나 터져서 뇌손상이 오고 그에 따른 신체 장애가 나타나는 뇌혈관 질환이다. 뇌질환이 생기면 반신 마비, 언어장애 등이 나타나는데 뇌의 혈관이 손상되어 출혈을 일으키는 뇌출혈과 뇌의 현관이 막혀 혈액이 흐르지 않는 뇌경색으로 나뉘어진다. 고혈압, 동맥경화, 심장병, 당뇨병, 고지혈증은 이러한 뇌졸중의 위험을 높인다. 뇌졸중이 나타나면 응급처치가 중요한데 즉각적인 응급치료가 회복가능성을 크게 높이기 때문이다. 뇌졸중의 첫 신호가 나타나면 119로 전화해서 빨리 응급처치를 받아야 한다. 적당한 운동, 저염, 저당, 고단백 식사를 하고 금주, 금연 등을 하며 갑자기 찬 곳으로 나가지 않는 것이 좋다.

치매를 예방하려면 뇌 활동의 촉진을 위하여 책이나 신문 등을 많이 읽거나 퍼즐 놀이 등을 하는 것이 좋으며 햇볕을 많이 쐬고 걷는 운동을 많이 해야 한다. 또한 손가락을 많이 움직이는 것도 뇌활동을 촉진시키는데 좋으므로 뜨개질이나 손가락 운동 등을 많이 해야 한다.

(8) 파킨슨 병

뇌의 중앙신경체계의 퇴행으로 일어난다. 발이 땅에서 떨어지지 않아 걷기가 힘들어지며, 보폭이 좁아져 손 떨림이나 몸 동작이 느려진다. 도파민이라는 신경전달물질이 감소하게 되면 손과 발, 머리의 떨림, 근육약화, 근육 뭉침 혹은 마비 등으로 나타난다. 닭고기, 고구마 등이 좋은 음식으로 알려져 있다.

2) 식이요법

(1) 고혈압

혈관을 따라 흐르는 혈액의 압력을 혈압이라고 한다. 고혈압이란 수축기의 혈압이 140mmHg, 확장기 혈압 90mmHg 이상일 때를 말한다. 고혈압의 대표적인 증상은 두통으로 주로 뒷머리 부분이 빼근하거나 멍하며 심한 경우에는 땡땡 때리듯 아플 수도 있었는데 증상은 주로 아침에 나타났다가 오후에는 사라진다. 쉽게 피로해지기 때문에 짜증이 나고 신경에 예민해지며 간혹 어지럽거나 가슴이 답답하고 숨이 찬 경우도 있다.

고혈압의 원인으로는 유전적 원인과 환경적 원인이 있는데 환경적 요인으로는 염분의 과다 섭취, 비만, 노화, 흡연, 과음, 정신적 스트레스, 여성인 경우 피임약 복용 등도 문제가 될 수도 있다. 고혈압은 조기에 발견하여 치료하면 어렵지 않게 혈압을 조절할 수 있으므로 정기적으로 혈압을 측정하는 것이 중요하다.

고혈압 예방으로 비만을 일으킬 수 있는 음식을 되도록 피하는 것이 좋다. 과식과 과음을 피하고 5대 영양소가 포함된 식사를 해야 한다. 염분을 적게 섭취해야 하므로 조리는 짜지 않게 해야 한다. 동물성 지방과 당분을 지나치게 섭취하지 않도록 한다.

특히 비타민 B와 비타민 C를 충분히 섭취하도록 하는 것이 좋으므로 야채와 과일을 충분히 먹는 것이 좋다.

진한 커피, 녹차, 술 및 탄산음료 등은 지나치게 많이 먹지 않는 것이 좋다.

(2) 당뇨병

5대 영양소가 골고루 함유된 균형잡힌 식사를 하는 것이 좋다.

표준체중을 유지하기 위하여 필요한 열량을 섭취하는 것이 좋고 음식의 질과 양을 고려하여 음식을 조리해야 한다(섭취 에너지: 체중×25Kcal).

밥과 같은 탄수화물은 총에너지의 60% 정도를 섭취하는 것이 좋고, 단백질은 체중 1Kg당 1~15g, 지방질은 총 에너지의 20~25% 정도를 섭취하는 것이 좋다. 이외에 야채류, 미역, 다시마 등의 해조류나 버섯류 등을 섭취하는 것이 좋다. 생선, 고기, 계란, 대두 제품을 1일 1회 섭취하고 우유는 매일 한 컵 정도를 마시것 이외에 요구르트 등 유제품을 반드시 섭취하도록 한다.

(3) 소변을 자주 보는 경우

해조류, 두부 등 비교적 수분이 적게 들어 있는 식품을 사용하여 조리하는 것이 좋다. 음식은 되도록 싱겁게 조리하고 굴, 고구마, 강황 등 몸을 따뜻하게 하는 요리를 먹고 잠자리도 따뜻하게 하는 것이 좋다.

(4) 빈혈

빈혈이 있는 노인은 1일 3회 규칙적인 식사를 하고, 동물성 고단백질 식품으로 철분이 많이 함유된 간, 육류, 노른자, 어패류 등을 섭취하는 것이 좋다. 이외에 비타민 B_{12}, 비타민 C, 비타민 A, 엽산 등을 함유한 감, 밀감, 생야채 등을 충분히 섭취하는 것이 좋다. 만약 빈혈이 심하여 철분 성분이 들어 있는 약을 복용하고 있다면 커피, 홍차, 녹차 등은 되도록 피하는 것이 좋다.

비타민과 미네랄: 비타민은 몸 속에서 생성되지 않으므로 균형잡힌 식사를 통하여 섭취해야 한다. 비타민 A는 간, 우유, 계란 등에서 섭취가 가능하다. 미네랄은 각종 뼈와 신체의 조직을 만드는데 필요한 요소이며, 심장 박동, 혈액 순환, 신체의 내적 압력, 신경 반응, 세포 조직까지 산소를 운반하며 신체 기능을 조절한다.

(5) 심장 및 혈관의 노화와 콜레스테롤

우리 몸 속의 장기는 각각 노화 속도가 다르다. 가장 빠르게 노화하는 장기는 심장혈관으로, 나이가 들면 심장의 기능은 청년과 큰 차이가 없으나 운동할 때 도달할 수 있는 최대 맥박수는 나이가 들수록 감소하고 운동할 때 올라간 혈압이 정상으로 돌아오는 데는 시간이 많이 걸린다.

심장혈관의 노화증상에는 동맥경화증이 있는데 동맥이 탄력을 잃고 동맥 속이 좁아지게 되면 혈압이 상승하는 병이다. 심장의 노화 상태는 건강의 기본적인 척도가 되는데 여성이 남성보다 평균 수명이 긴 이유는 여성의 심장 기능은 청년기 시절과 비교할 때 기능의 저하가 크지 않기 때문이다.

콜레스테롤은 세포벽 및 호르몬과 같은 필수물을 생산하는데 필요하다. 전체 콜레스테롤의 양이 159mg 이하이면 빈혈이나 저혈압 등이 되기 쉬우며 면역력이 약해져 질병에 자주 걸린다. 높은 혈중 콜레스테롤은 고혈압이나 흡연과 같이 심장병의 원인이 되는 위험요소 중의 하나이다. 동맥경화는 콜레스테롤 수치가 높거나, 비만 등으로 동맥의 벽에 쌓일 때 발생하는데, 이것은 심장에서 혈액의 흐름을 방해한다.

콜레스테롤의 수치를 낮추어줄 수 있는 것은 다가 불포화지방산인데, 식물성 기름이나 생선에 많이 들어있다. 고등어, 청어, 정어리, 꽁치 등의 생선은 혈전의 발생을 예방하며, 류마티즘이나 편두통을 감소시키는 효과도 뛰어나다. 생선은 갑상선호르몬의 생산을 도와 동맥경화를 예방하기도 한다.

섬유질은 양배추, 감자, 당근 등에 많이 포함되어있는데, 장에서 흡수가 천천히 일어나도록 하며 동맥경화를 예방시켜 준다.

미역이나 다시마 등에 들어 있는 요오드 성분을 콜레스테롤을 분해시키는데 매우 좋다. 튼튼한 심장을 유지하려면 규칙적으로 조금 숨이 차는 정도에 이를 정도로 하루에 1시간씩 운동을 해 주는 것이 좋다. 예를 들면 달리기를 할 때 천천히 뛰다가 숨이 차도록 심장을 최대한 가동시켜 빨리 뛰는 운동을 매일 반복하게 되면 심장의 노화는 매우 느리게 진행된다.

(6) 폐

폐는 나이가 들면 탄력과 기능도 저하되어 숨을 내쉰 후에도 폐에 남아있는 공기의 양이 증가하여 허파꽈리의 면적이 줄어 산소 교환능력을 감소시킨다. 폐의 움직임과 연결되어 있는 갈비뼈나 가슴뼈의 연골과 관절이 딱딱해 지므로 호흡을 할 때 흉곽 운동의 크기가 줄어든다.

노년기에 흔한 폐질환은 감기나 폐렴인데 만성기관지염과 폐기종으로 인해 만성 폐쇄성 질환, 기관지 천식과 호흡 부전 등이 발병하게 된다. 천식이 있는 노인은 기온, 기압, 습도 등에 민감하므로 찬 공기, 온도와 습도의 변화, 담배 연기 및 오염된 공기 등에 의해 발작이 심해지며 감기에 걸리면 급속히 악화되는 경우가 많으므로 주의해야 한다. 그러나 폐기능의 저하는 다른 기관에 비해 느리게 진행되므로 지속적인 운동을 하면 예방 효과는 매우 크다.

(7) 신장

신장은 수분과 전해질의 균형을 조절하고, 산과 알칼리 간의 평형을 이루며 체내 노폐물을 배설시켜 체내의 항상성을 유지하는 중요한 기관이다. 노인의 신장은 청년기보다 70~80%로 줄어들게 되어 소변을 생산하는 사구체의 수도 60~70% 정도 감소하게 된다. 따라서 신장에서 걸러져야 할 당과 단백질이 소변에 그대로 나오기도 한다. 이러한 신장 장애는 여과장치인 사구체의 기능이 퇴화되는 것을 시작으로 하여 재흡수와 배설이 일어나는 세뇨관에 이상을 일으켜 신장병의 원인으로 발전하기도 한다. 신장 기능이 떨어지면 신장을 이식받거나 투석에 의존해야 한다. 인공 투석은 비용이 많이 들고 신체적인 고통, 일상생활의 불편을 수반하므로 신장의 기능이 약화되지 않도록 미역이나 다시마 등의 해조류를 많이 먹으며 음식은 너무 짜지 않게 먹어야 한다.

(8) 시각

다른 장기는 40대에도 비교적 건강하지만, 눈은 신체의 장기 중 가장 빨리 노화가 진행되는 곳이다. 눈의 노화는 연령의 증가, 활성 산소, 자외선 등이 원인이지만 장시간 동안 가까운 곳의 글씨를 계속보는 것 등도 주요한 원인이 된다. 컴퓨터나 책 등을 볼 때는 틈틈이 눈을 쉬도록 해주는 것이 좋으며, 야외에 나갈 때는 차양이 긴 모자를 쓰거나 선글라스를 착용하여 눈을 보호하는 것이 좋다.

(9) 청각

청각은 시각의 노화보다는 천천히 진행되지만 노인성 난청은 흔한 질병이 되었다. 난청이 생기면 타인과의 의사소통이 어려워서 사람들과의 만남을 기피하여 스스로 노년기의 소외를 자초하는 결과로 이어진다. 초기에는 높은 소리를 잘 알아듣지 못하다가 점차 중간소리와 저음을 듣지 못하게 되고 위급한 상황에서 경고음과 같은 고음을 잘 알아듣지 못하게 되면 교통사고에 노출되기 쉬우므로 청각이 현저히 떨어지기 전에 보청기를 사용해야 한다.

(10) 피부의 노화

나이가 들면 피부는 피부층이 얇아져서 주름이 늘어나고 상처가 잘 나며 땀샘과 피지선의 기능 저하로 피하 지방이 줄어들어 건조해 진다.

피부는 자외선에 의해 가장 많이 노화되는데 얼굴, 팔, 손은 다른 부위에 비해 주름이 더 굵고 깊은 것이 특징이며 검버섯과 잡티가 많이 생긴다.

흡연이나 비만 등도 노화를 촉진시키는 것으로 나타났으며, 자외선 차단제를 사용하면 노화 정도를 많이 줄일 수 있다.

토의 거리

우리나라에서 100세 노인은 2004년 445명에서, 2005년 961명, 2010년 1,836명, 2,011년에는 2862명으로 나타났는데, 이들의 대표적인 장수비결은 음식을 적게 먹는 것, 채소를 즐기고 부지런히 몸을 움직이고 긍정적인 생각을 하면 사는 것으로 나타났다.

2011년 100세 이상 장수노인 10명에게 장수 비결을 물었다. 101세 할머니는 소식, 채식 위주 식사, 맑은 국, 된장국을 좋아하는 식습관을 갖고 계시다. 여가 시간에는 책과 신문을 가까이 하며 성격은 긍정적이며 온화하다. 종교는 천주교이며 흡연이나 음주는 하지 않는다고 하였다. 이중 35%는 조상 중에 85세 이상을 산 어르신들이 있다고 답했다.

1. 100세 장수를 지켜주는 장수식품에 대해 알아보자.

2. 노년기 건강을 지키는 방법을 3가지만 적어보자.

제11장

알코올 중독 및 우울·자살 상담

11장
알코올 중독 및 우울·자살 상담

1 노인상담의 원칙

1) 노년기 정신건강

한국인의 평균수명은 1960년 52.4세에서, 1970년 61.9세, 1980년 65.69세, 1990년 72세에서 2013년 81세로 급격히 증가하였다. 그러나 고령화와 더불어 가족 구조의 변화, 심화되는 생존 경쟁, 스트레스의 증가 등으로 정신 건강은 크게 위협되고 있다.

세계보건기구(WHO)는 "건강이란 단지 허약하지 않은 상태나 병에 걸리지 않은 상태 뿐만 아니라 정신적, 신체적, 사회적으로 완전한 안녕 상태"라고 정의하고 있다. 동양에서 건강(健康)은 굳셀 건, 평안할 강으로 표현하여 마음이 편안한 것임을 의미한다. 따라서 건강이란 신체적 건강과 정신적 건강의 두 가지가 모두 포함된다. 정신건강의 영역으로 알코올 중독 및 우울·자살 상담을 보자.

2) 노인상담의 지침

(1) 통제력과 독립성의 유지

나이가 들면 노인들은 은퇴, 친지의 죽음이나 건강악화 등 다양한 상실을 경험하게 되면서 무기력감에 빠지기 쉽다. 그러나 제한적인 감정에서 벗어나

보다 자유롭고 독립적인 노년기를 보내도록 노력해야 한다. 노년기에는 독립성을 유지하려는 요구가 매우 강해지므로 정신건강과 관련된 상담을 할 때는 노인의 독립성에 대한 요구가 침해당하지 않도록 유의해야 한다. 노인상담 과정에서는 노인이 최대한 주도권과 결정권을 갖도록 배려하고, 삶의 통제력과 독립성을 유지하도록 지지해야 한다.

(2) 초기 단계에서 구체적 요구 파악

상담 초기에는 노인이 갖고 있는 구체적인 요구를 명확하게 파악해야 상담이 잘 이루어진다. 노인이 소지하고 있는 현재의 요구나 문제에 대한 단편적인 인식보다는 과거에서 현재, 그리고 미래에 희망하는 요구까지 총제적인 것을 파악해야 한다. 따라서 상담 초기에는 내담자와 충분히 라포를 형성하고 세심하게 관찰하여 많은 시간을 투자하는 것이 좋다.

(3) 적극적 경청과 메시지 전달 기술

시각과 청각의 저하와 더불어 언어표현 능력 등이 떨어져 노인들은 자신의 의견 및 감정을 표현하는데 어려움을 겪게 된다. 상담사는 노인들이 언어 이외에 비언어적인 의사소통의 상징인 표정, 손짓, 몸짓, 목소리 등으로 전달하는 의사표현을 적극적인 경청의 자세로 그 의미를 명확하게 이해하려는 기술이 필요하다.

(4) 삶의 성찰을 통한 정체성 확립

과거를 돌이켜보며 자신의 삶을 평가하는 성찰은 노인들에게 보편적으로 일어나는 과정이다. 자신의 삶을 평가하는 것은 노인에게 특히 긍정적이고 건설적인 효과가 있는데, 이런 과정을 통하여 살아온 삶의 사건들을 통합할 수 있기 때문이다. 과거의 일을 잘 이해하고 미해결된 갈등을 해결하며 여생 동안에 스스로에 대한 만족감을 갖도록 하는 것은 매우 중요하다.

성찰을 이용한 노인교육 및 상담은 긍정적이고 유쾌한 경험을 기억하도록 하여 노인들에게 즐거움을 주며 소속감을 증진시키게 된다. 노인들이 정체감을 새롭게 확립시켜 가는 것을 우울감과 소외감을 극복하는데 효과적이다. 자신의 정체감은 자서전쓰기, 앨범 만들기, 편지쓰기 등의 방법으로 재구성될 수 있다.

(5) 가족 간 친밀도 촉진

노인들은 자녀 및 손자녀들과의 관계 속에서 만족감을 얻으려는 욕구가 강하므로 가족 간의 문제는 가족과의 의사소통 기회를 증진시켜 해결해 나가야 한다. 상담사는 세대 간의 차이점을 수정해 나가도록 중재자의 역할을 수행할 수 있는 능력을 길러야 한다.

노인들은 신체적인 장애로 우울증이 동반되는 경우가 많다. 이때 노인들은 자신이 다른 사람의 관심을 받을 가치가 없다고 생각하여 고립감을 심하게 느끼게 되므로 사람들과 가족의 관심과 지지를 받도록 하여 자존감을 회복하도록 지지해야 한다.

(6) 노인 학대의 가능성을 인식

우리나라에서는 신체적 학대나 재산 착취보다는 정신적 학대나 방임 등 외형적으로 드러나지 않는 유형의 학대가 많이 발생하고 있다. 이러한 노인학대는 사회제도적 장치의 부족에서 기인하므로 급속한 고령화에 대처할 수 있는 노인부양에 관한 제도적 장치가 마련되어야 한다. 학대를 알아볼 수 있는 지표에는 다음과 같은 것이 있다.

- 노인이 거주하는 방이 지나치게 더럽고 비위생적인 경우
- 정신적인 고통과 불안을 표현하는 경우
- 사람을 알아보지 못하는 경우
- 불결하거나 날씨에 맞지 않는 옷차림을 하는 경우
- 치료받지 않은 상처나 타박상이 신체에 있는 경우 등이다.

(7) 적극적인 경청의 활용

성공적으로 상담을 이끌어가려면 노후설계전문가는 내담자인 노인의 이야기를 적극적으로 경청하고 정서적으로 지지해야 한다. 사망기가 다가올수록 노인들은 삶의 과정에서 경험한 내용들에 대해 대화할 수 있는 상대를 열망하며 대화가 잘 이루어지지 않을 경우에는 불만과 소외감을 느끼게 된다. 노후설계전문가는 적극적인 경청을 통해서 노인의 상황을 정확하게 파악하고 공감하며 정서적 후원자가 되어야 한다.

2 알코올 중독

60세 이상 노인의 알코올 의존도는 약 8%로 추정되는데, 전 연령의 평균치인 9.9% 보다는 다소 낮다. 이것은 알코올 중독자들이 노인이 되기 전에 이미 사망해 버리기 때문이다. 노인의 알코올 중독문제는 만성화로 인한 질병의 발생과 인지적인 손상, 우울 및 불안 같은 기분장애뿐만 아니라 그로 인해 가족이 겪는 부담 등과 직접적으로 연결되어 있다. 치매노인의 8%는 알코올이 원인으로 알려져 있다.

1) 노인알코올 중독의 원인 및 특징

알코올 중독의 원인은 생물학적 요인과 심리학적 요인으로 나뉘어진다.

생물학적 요인에는 유전적 특성이 많은 영향을 미치지만, 심리학적 요인의 경우 정서적 소외감, 우울, 고립, 상실감, 퇴직 등과 독신, 이혼, 사별 등 결혼상태 및 저소득 등이 원인이 된다(박차상, 2002).

2) 노인알코올 중독의 치료

– 개별상담

알코올을 중단할 수 있도록 노인을 지원하려면 금주를 결심하도록 동기화면접(Motivation Interviewing: MD), 행동주의적 자기통제훈련(Behavioral Self-control Training: BSCT)방법을 적용할 수 있다. 알코올 중독 치료에는 약물치료와 혐오치료가 병행되기도 한다.

– 집단치료

치료집단, 자조집단 등을 구성하여 함께 알코올 중독에 이야기 하고, 스스로 치유를 이끌어 내는 집단자조그룹 활동이 알코올 치료에 매우 효과적이다. 단주동맹(斷酒: AA)으로 불리는 자조그룹은 전세계적인 조직으로 우리나라에서도 활동 중인데, 과거 알코올 중독에서 벗어난 치료자들이 사회구성원이라는 소속감을 불어 넣어주고 경험을 공유하도록 하여 알코올 중독을 치료하고 있다.

– 가족치료

가족과 배우자의 태도와 대응방식은 가족이 알코올 중독에서 벗어나는데, 중요한 변수가 된다. 알코올 중독자가 혼자 보내는 시간이 길어지면 우울증과 함께 알코올 의존도가 높아지게 되므로, 가족 간 대화시간을 늘리는 등 가족 기능의 회복을 지원해야 한다.

노인을 대상으로 알코올 치료를 할 경우에는 다음과 같은 점에 주의해야 한다.

- 초기에는 대부분의 노인은 알코올 중독을 부정하므로 공감적인 접근을 통해 알코올 중독을 수용하도록 해야 한다.
- 노인 스스로 알코올 치료에 긍정적인 태도를 갖도록 지원한다. 노인의 알코올 중독 회복률은 젊은 층과 비슷하므로 노인에게 치료에 대한 절망감을 줄 수 있는 말은 하지 말아야 한다.
- 가족이나 친구, 이웃이 비공식적 지지망이 되어 주면 중독을 치료하는데 매우 효과적이다. 특히 배우자는 중독을 치료하도록 지지하고 도와야 하며, 특별한 지지망이 없는 노인이라면 집단치료를 통해 새로운 관계망 속에서 지지를 얻도록 지원해야 한다.

3 노인 우울증의 개념 및 상담

1) 노인 우울증의 개념

노인 우울증은 노인들이 겪게 되는 정서적 장애인데 다양한 요인들이 원인이 된다. 노인 우울증의 대표적인 증상은 거의 매일 불면이나 과다수면이 일어나는 것이다. 식욕 및 의욕이 떨어지며 다양한 신체의 통증이 나타나기도 한다. 따라서 노후설계전문가는 노인들의 우울증 체크를 위해서 " 밤에 잠은 잘 주무십니까?, 음식은 알맞게 드십니까, 체중은 줄지 않으셨나요?, 하루하루가 즐거우십니까?" 등의 일상적인 질문을 사용할 수 있다. 면대면 면담을 할 때는 얼굴표정이

어두워 보이거나 말 수가 눈에 뜨게 줄지 않았는지도 살펴보아야 한다. 만일 노인이 아픈 곳이 많아 병원을 다녀봐도 치료 방법이 없다고 하면 노인 우울증을 의심해 볼 수도 있다.

노년기 우울증은 청년기 우울증과는 달리 슬픈 감정보다는 의욕 저하나 기력의 감퇴로 나타난다. 즉 2주일 동안 하루 대부분의 시간을 우울한 기분으로 보내거나, 일상생활을 하면서도 즐거운 것이 하나도 없거나 또는 갑자기 식욕이 증가하거나 감소하는 경우도 이에 해당된다.

우울은 통증에 대한 민감도를 높이므로 노인들은 이유없이 여기저기 아프거나 가벼운 통증을 매우 심하게 느끼기도 한다. 노인 우울증은 적당한 시기에 치료하면 회복률이 80%에 이른다. 그러나 우울증을 방치하게 되면 만성적인 통증으로 발전하거나 신체 이상을 불러 일으켜 자살의 위험을 높인다. 때로는 치매와 우울증이 인지기능의 장애같은 증상으로 오진되기도 한다.

노후설계전문가는 노인의 우울증이 의심된다면 자주 전화를 드려서 일상생활에 대해 안부를 묻거나 과거의 삶에서 행복한 시간들을 기억해 내어 우울증에서 벗어나도록 지지해야 한다. 우울증으로 의심되는 노인은 하루 30분 정도 햇볕을 쬐면서 가볍게 걷도록 안내하며 낮잠이나 초저녁잠은 되도록 자지 않도록 주의를 부탁해야 한다.

2) 노인우울증 영향 요인

(1) 개인별 요인

노인우울증에 관련된 변인은 성별, 연령, 결혼 상태, 종교, 학력, 경제적 상태, 건강 상태 등이 모두 영향을 미치는 것으로 나타난다. 대체로 여성일수록, 연령이 높을수록, 배우자와 종교가 없는 노인일수록, 우울감이 높다. 우울증은 남성보다는 여성에게 많은데, 노인이 주관적으로 지각하는 건강의 상태가 열악할수록 우울 성향은 유의미하게 증가하고 있다(노병일, 모선희, 2007).

(2) 가족 및 사회적 요인

성인자녀와의 동거 여부, 고부 관계와 의사소통의 정도 같은 정서적 특성, 친구, 이웃, 지역사회 기관 내에서의 사회적 지지정도가 노인의 우울감에 영향을 미치게 된다. 성인자녀와 동거하는 경우에는 노인의 심리적 안녕감에 긍정적인 영향을 미치는 것으로 나타난다(이은혜, 2012).

사회적 지원은 노인의 우울감을 완화시켜 주는 핵심적인 보호요인으로 알려져 있다. 사회적 지지 가운데 가족과 친구 등의 지지가 높을수록 우울감이 낮아지므로(노병일, 모선희, 2007) 가족을 비롯한 주변과 지역사회의 사회적 지지가 증대되도록 일반인을 위한 노인교육과 지자체 담당자들을 위한 인식 교육이 이루어져야 한다.

(3) 문화적 요인

문화적응은 다른 문화와의 접촉으로 인한 변화나 사회화 정도를 말한다. 세대 간의 경험이 상이하여 상이한 문화를 소지한 개인들이 장기간 접촉을 하면서 변화의 과정에서 겪는 문화적 스트레스는 고유문화의 상실에 대한 우울증, 불확실성으로 인한 불안감, 근심 등의 형태로 나타난다. 문화적응 스트레스는 도시보다는 농촌일수록, 연령이 높을수록, 경제적인 수준이 낮을수록 문화적응 스트레스가 높게 나타난다. 또한 교육수준, 주관적으로 느끼는 생활수준이 낮은 경우에도 문화 적응 스트레스는 높게 나타난다.

3) 우울증을 위한 상담

우울증 환자를 위한 상담방법으로 가장 많이 쓰이는 상담법은 인지행동상담, 관계 상담, 회상 상담 그리고 지지상담 등이 있다(이호선, 2012).

(1) 인지행동 상담

인지행동 상담는 우울증을 유발하는 개인적인 신념과 태도를 보다 건강하고 현실적으로 바꾸는 것이 목적이다. 예를 들면 스스로 "나는 가치있는 사람이야" "나는 최선을 위해서 지금까지 살아왔지" 등으로 자신의 삶을 긍정적으로 생각하도록 자신의 신념과 가치를 긍정적으로 바꾸어가도록 지원해야 한다.

인지행동 상담에서 인간관은 외부적 요인에 의해 혼란, 불안해지기 보다 스스로 혼란과 불안을 만들어 낸다. 따라서 인간은 왜곡되게 생각하고 불필요하게 스스로를 혼란시키려는 생물학적, 문화적 성향을 소지하고 있다.

스스로 혼란해지는 신념을 만들어 내며, 계속해서 혼란과 불안을 느끼는 것이 인간이므로, 자신의 인지, 정서, 행동 과정을 변화시킬 수 있는 능력을 키워주어 자신의 신념과 가치를 긍정적으로 바꾸어나가도록 노후설계전문가가 지원해야 한다.

(2) 관계 상담

관계 상담은 정신역동치료의 형태로 내담자의 과거와 현재 관계를 살펴서 내담자의 관계 속에서 나타난 갈등을 풀어 가도록 돕는 상담이다. 상담자는 내용을 분석하여 내담자가 자신의 문제를 깨닫고 재결단을 통해 새롭게 변화하도록 지원해야 한다. 따라서 자기긍정-타인긍정의 생활태도 방법과, 자율성의 성취를 지원해야 한다.

관계 상담에서는 자신을 분석, 이해하여, 자기 통제, 자율성, 책임감을 높이고 건전한 대인관계를 맺게 하는 것이 목표이다. 자아심리학은 사고, 감정 및 행동의 통합을 중시하므로 관계상담은 집단상담의 방법으로 진행하는 것이 적합하다.

(3) 회상 상담

회상 상담은 내담자가 '지금-여기'에서 인생관을 새롭게 갖도록 용기를 주는 것이다. 현재 어려움을 겪고 있는 문제는 과거에 어떠한 문제들 때문에 겪게 되는 것인지 과거의 문제들을 재정의하도록 돕는 것이다. 노인은 새로운 것을 학습하고 저장하는 능력이 감소하며 참여 가능한 활동의 범위가 제한되므로 회상 행위는 인지능력의 쇠퇴와는 반대로 증가한다고 본다. 즉 활동과 선택의 폭이 제한된 무기력한 노인은 회상을 자주 하게 된다는 것이다.

맥마혼과 류디크(Mcmahon & Rhudick, 1964)는 회상의 동기를 논의하면서 사회적 유리와 자기도취 욕구의 실현을 제시했는데 노년기에 나타나는 사회적 유리는 현실로부터의 위축을 의미한다고 보았다. 따라서 노인은 새로운 경험을 쌓거나 학습을 회피하려는 경향이 있는데, 이것은 가까운 과거에 일어났던 일을 기억하는데 부정적 영향을 미친다. 가까운 과거에 대한 기억 상실은 고통스러운 상황으로부터의 도피를 가능케 하는 방어기제이며 거부 증상으로 언급되기도 한다. 노인은 고통스러운 현실로부터 도피하여 만족스러운 과거에 안주하려는 경향을 보인다. 그러나 과거에 일어난 사건은 노화에 따른 사회적 유리과정에서 방해받지 않기 때문에, 젊은 시절에 대한 기억은 잘 남아있다. 먼 과거에 일어난 사건을 명확하게 기억하는 것은 그 자체만으로도 즐거움이 되며 과거를 회상하는 기억 능력은 만족감과 행복감의 근원이 된다. 노년기를 회상하면서 자기도취적 욕구가 나타나기도 하는데, 매슬로우가 지적했듯이 인간은 안전에 대한 욕구와 남에게 인정 받으려는 욕구가 강하기 때문이다.

회상은 자신의 노년기의 삶의 의미를 창출해 나간다는 점에서 지속적인 자기도취적 욕구를 충족시키고 자긍심을 유지하도록 하여 노년기의 상실감에 대처해 나가게 한다는 긍정적인 측면이 있다.

1) 회상 상담의 사례

주제	결혼과 시집살이	
참가인원	8명	
소요시간	90분 (15시 ~ 16시 30분)	
보조자	사회복지사 1명	
장소	○○○복지관 집단상담실	
목표	과거를 회상하면서 새로운 삶의 전환점이 일어나도록 지지한다. 충분한 감정표현이 이루어지도록 격려함.	
세부내용	결혼생활 회상하기. "나의 남편은 ~~~~~~~~~~ 사람이었다". 시댁과의 갈등이나 추억.	
진행과정	도입 (10분)	'좋은 부모님이 됩시다.' 인사 나누기. 지난 주 주제에 관한 피드백 나누기. 오늘의 이야기 발표하기.
	전개 (40분)	남편은 어떤 사람이었나? 남편과 신혼시절. 시댁 식구들.
	마무리 (15분)	오늘의 모임과 주제의 요약 및 정리. 다음 모임 소개. 만남, 노년에 깨달은 것 공유하기.

출처: 양희복(2007), 자아통합을 위한 집단지도 프로그램 사례연구.

2) 구성원의 특징

- 참여자들은 자신의 삶을 회상하는데 매우 적극적이다.
- 참여자들은 몸이 불편하신 또래들을 잘 배려하신다.
- 자신의 삶에 대한 이야기는 추억 속에서 다시 최근의 현실로 돌아와 지금-현재의 시각에서 회고된다.

3) 집단의 역동성

결혼과 시집살이라는 주제에 대해 참여자들이 한 이야기는 매우 많았다. 그러나 그들이 경험한 가난과 시집살이에 대한 억압은 지금-현재의 시각에서는 '왜들 그래, 나는 우리 영감하구 얼마나 금술이 좋았는데', '나는 고생도 별로 안했어요.' 등으로 정화되어 나타났다.

이중 한 여성 노인이 자기 남편은 속을 태워서 자신이 가장으로 살다시피 했는데 "나이 60세가 넘어서 2년을 정말 다른 사람처럼 변하여 자신에게 너무 잘 해 주더라. 그러더니 2년 후에 죽었는데, 그때 남편의 사랑을 다 받은 것 같아서 좋은 남편으로 생각한다"고 말하자 참여자들이 대부분 공감하는 모습이 었다(양희복, 2007).

원망이나 사랑이나 집단 속에서 결혼과 시집살이에 대한 이야기는 참여자들이 과거의 구속에서 벗어나 회상을 통해 과거를 통합하고 수용하는 모습으로 나타났다.

4) 유의할 점

과거의 고통의 시간이 더 많았던 참석자들의 이야기속에서 자책, 원망, 분노, 한숨 등이 쏟아져 나올 때 노후설계전문가는 억압된 감정이 폭발하여 무거운 분위기가 되지 않도록 대화 중에는 중간 중간에 공감, 지지, 명료화를 강화하면서 모두가 공감할 수 있는 분위기를 만들어 가야 한다. 예를 들어 "얼마나 힘드셨어요!" 라고 말하며 공감을 하고, "잘 하셨네요. 잘 선택하셨어요." 하며 지지하고, "남편의 바람기 때문에 힘드셨다는 이야기이군요"라는 명료화의 방법을 활용할 수 있어야 한다.

5) 프로그램 진행 및 평가

① 도입

• 지난 주 모임에 대한 피드백을 요약하고 오늘의 주제를 남편으로 제시하고 회상을 시작하도록 유인한다.

② 전개

- 구성원들은 결혼에 대한 아름다운 추억보다 남편에 대한 원망과 고통을 더 많이 회고했다.
- 혼자사는 50대 여성이 4명, 60대가 4명, 70대가 2명, 배우자와 동거하는 분이 1명 있었으나 '선생님 저는 남편이 정말 싫어요', '고생만 하구 살았어요. 지긋지긋해요'라고 과거를 회상하기도 하였다.
- 자유롭게 이야기 하도록 지지하고, 이야기하기를 힘들어 하는 참여자는 죄책감을 가지지 않고 과거를 떨어버리도록 지지해야 한다.
- 모든 구성원이 결혼은 20대에 하였다. 일본군 종군위안부로 팔리는 '정신대'를 피하기 위해 75~78세 여성들은 자기 고향을 떠나 취직을 하거나 결혼을 하였으나, 당시 신랑 얼굴은 보지도 못하고 결혼한 경우가 대부분이다.
- 남편이 결혼하고 학도병으로 나갔다 딸 하나 낳고 24살에 사망하여 78세가 된 지금까지 혼자 살고 있는 할머니에게는 삶을 위로하는 박수가 이어졌다.
- 결혼 초부터 신랑이 무능, 외도, 음주를 즐겨, 서울로 올라와 그때부터 70세가 넘도록 혼자서 가정을 꾸려온 할머니도 있다.
- 종교 생활을 할 수 없을 정도로 일만 해야 먹고 살 수 있었음을 회상하였다.
- 남편과 행복했던 노인은 1명뿐인데 이 노인은 전체적인 분위기 때문에 자유롭게 자신의 이야기를 펼치기 어려웠다.

③ 마무리

- 오늘의 주제에 대한 느낌을 한 명씩 돌아가면서 피드백 하도록 하고 다음 주 회상의 주제를 안내하면서 회기를 마친다.

(4) 지지 상담

지지 상담이란 최근에 내담자가 겪은 심각한 스트레스나 상처 또는 상실의 경험에 대해서 집단 참여자들의 새로운 긍정적인 지지를 제공하도록 이끌어가는 상담이다.

지지 상담은 노인들이 사회적 관계를 상실했거나 또는 신체적 건강을 잃게 되었을 때 좋은 효과를 가져올 수 있다.

4 우울에 대한 증상 및 대처 방법

우울증의 증후는 다음과 같은 증상을 통해 알 수 있는데 신경계. 면역계 및 호르몬계는 서로 연결되어 있어 우울증은 약물을 통해서 치료되지 않는다. 아래의 표는 우울 증후가 우울증으로 발전하고 사고의 변화를 통해 자살을 시도하는 과정 및 상담 치료의 과정을 알려준다.

표 1 자살시도 과정 및 상담 치료

우울 증후	우울증	사고의 변화	행위	상담 및 치료
우울, 슬픔, 짜증, 불안이나, 초조 무기력, 의욕 상실 사람들을 피하기 불면 식욕변화	잠을 자지 못함 식욕이 없고 체중 감소 온종일 슬프거나 자주 운다. 이유없이 여기저기가 아프고 불편함 사람들을 만나기가 귀찮아지고 싫음 집중력과 기억이 감소 결정을 하지 못함 자신의 처지를 비관	죽음에 대해 생각 가치가 없는 존재로 느낌, 부정적 사고	자살 시도 및 자살	정신 치료 • 환자의 문제해결 능력 향상 • 스트레스의 원인을 최소화 • 우울에서 벗어나도록 지지 체계 활용
				약물 치료 • 우울로 인한 고통의 정도가 매우 심할 때 • 자살을 시도한 후에 • 3개월 이상 정신 치료를 해도 좋아지지 않을 때

노인이 경험하는 스트레스는 상실에 대한 반응이라는 것이 학자들의 생각이다. 은퇴 등으로 역할이 상실되고, 체력 저하 및 건강의 악화는 신체적 기능의 상실로 나타나며, 인지적 기능의 저하는 사회적 기능을 상실시키고, 사별이나 친지 등의 죽음은 관계의 상실을 일으키게 된다.

노년기 스트레스의 특징은 다양한 원인에 기초하고 있으며 회복가능성이 거의 없는 영구적인 상실이라는 만성적인 성격이 강하며, 다양한 기능의 상실이 중복되어 나타나는 것이 특징이다. 특히 우울은 노인의 스트레스는 기능의 상실에 대한 감정적 측면이 원인이 되어서 나타나는 경우가 많으므로 노인들이 자신의 감정을 잘 조절하고 통제하도록 노후설계전문가들이 안내해야 한다.

5 노인 자살

1) 자살 현황

65세 이상 노인 자살자수는 노인인구층이 늘어나고 평균수명이 늘어나는 고령화사회로 진입하면서 급속하게 증가하여 1993년 472명에서 2011년에는 4,406명으로 꾸준히 증가하고 있다.

우리나라는 경제협력개발기구(OECD)에 속해 있는 국가 중 자살률 1위를 기록하고 있지만 평균자살률보다도 3배 정도 높다. 더구나 75세 이상의 노인인구 층에서는 평균자살률보다 8배나 높게 나타나 후기 노인이 될수록 경제적 어려움, 신체적 질병, 배우자의 간병에 대한 부담감 등을 견디지 못하고 노인복지정책의 부재 속에서 자신의 삶을 스스로 마감할 수밖에 없는 처지에 내몰려 있다. 65세 이상 노인의 자살자 수는 1일 약 11명이며, 인구 10만명당 주요국의 자살률 추이는 [그림 1]과 <표 2>로 나타내었다.

그림 1 65세 이상 연간 노인 자살자 수

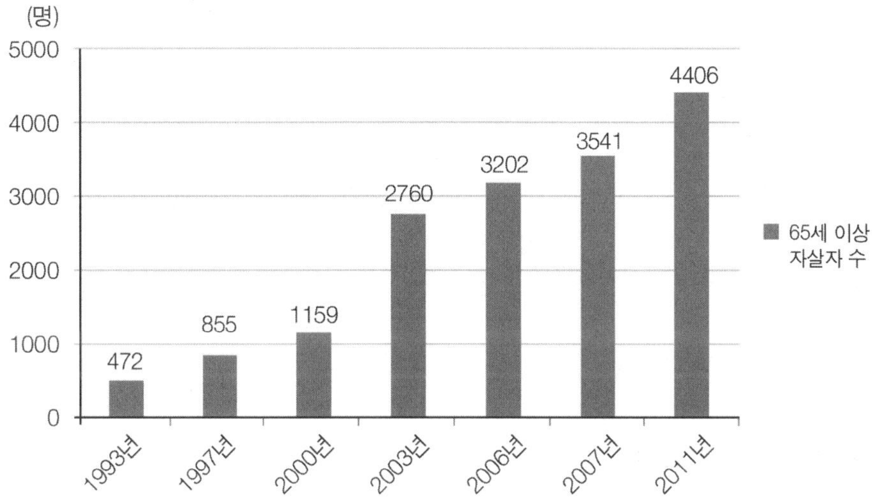

출처: 통계청(2012). 사망원인통계 재구성.

표 2 OECD 국가별 노인 자살률(2000-2002년)

국가	65-74세(명)	75세 이상(명)
한국	46.2	96
오스트리아	40.0	59.8
일본	31.2	36.7
핀란드	25.5	28.9
스웨덴	19.5	27.5
미국	13.4	23.2
영국	5.8	7.1

출처: 통계개발원 사회통계실(2007), 노인자살의 현황과 원인 분석.

국가가 2011년 자살예방법을 마련하고 자살예방 정책을 총괄하는 중앙자살예방센터(http://www.spckorea.or.kr)를 설립했음에도 불구하고 노인 자살률이 점차 높아지고 있어, 자살정책의 패러다임이 자살위험군에 대한 치료나 위기 대처에서 예방 중심으로 수정되어야 한다.

한국보건사회연구원이 노인 생활실태 및 복지욕구를 파악한 '2011 노인

실태조사'보고서에는 노인의 11.2%가 자살을 생각해본 적이 있다고 나타났다. 자살의 원인은 건강 32.7%, 경제적 어려움 30.9%, 가족 친구와의 갈등 및 단절 15.3%, 그리고 외로움이 10.3%로 나타났다. 정신건강증진센터의 조사결과에서는 노인들의 자살 충동 이유는 외로움·고독(29.9%), 질환·장애(28.3%), 경제적 어려움(23.9%), 가정불화(8.1%), 이성문제(6.4%) 등으로 나타났다.

자신의 죽음을 가족에게 알리지 못하고 혼자 사망을 맞이하는 '고독사(孤獨死)'가 늘어가는 가운데, 65세 이상 1인 독거가구가 119만명으로 2000년 54만명에 비해 2배 이상 급증한 것으로 나타나 이들에 대한 특별한 관심 및 보호가 요망된다(보건복지부, 2013).

2) 노인자살에 대한 심리학적 이해

노인자살자들의 인구 및 사회심리학적 특징은 다음과 같다.

남성노인의 자살률이 여성노인보다 3배 정도 높고, 홀로 된 남성노인의 자살률이 높다. 자살은 건강 악화와 더불어 우울증이 가장 중요한 요인으로 나타나며, 도시 저소득층 노인의 자살 가능성이 가장 높게 나타난다.

노인들은 신체적 건강 악화 및 퇴직, 배우자의 죽음, 소외와 고립감 및 역할 상실 등으로 우울증 가능성이 높아지는데 우울증상 노인은 전체 노인의 15%로 추정된다(대한신경정신의학회 편, 1997).

노인 우울증은 자신의 삶에서 일어나는 사건들을 스스로 통제할 수 없게 될 때 무기력감을 느끼게 되는데 이때 어느 누구도 자신의 불행이나 고통을 변화시킬 수 없을 것이라는 절망감을 느끼게 된다.

노화에 따라서 신체적, 경제적, 사회적, 정서적 상실을 경험하게 되는데, 이러한 상실에 대처할 수 있는 능력이 부족할 때 우울증을 겪게 된다.

3) 노인자살에 대한 사회학적 이해

사회통합이론가인 에밀 뒤르껭은 개인주의가 팽배하고 도덕적인 규제가 약화되면 사회통합이 약화되어 자살이 증가하게 된다고 보았다. 가정에서는 가족의 응집력이 약화되면 노인들의 삶에 부정적인 영향을 미치게 되는데, 이 때 자살이 늘어난다는 것이다. 사회의 통합정도가 약화되면 이기적 자살, 아노미적 자살, 이타적 자살이 증가하게 되는데 이것은 상실감, 고립감, 사회적 접촉의 결여, 지역사회 참여의 기회 부족 등이 원인이 되어 일어난다.

교환 이론: 개인 또는 집단 간 상호작용은 사회적 보상을 증가시키고 손실을 줄이려는 관계가 지속되므로 사회가 현대화될수록 노인의 지위는 하락한다는 것이다. 부모와 자녀의 관계도 교환이론적인 측면에서 보면 자녀와 부모가 교환할 자원이 부족하게 되면 이들의 관계망은 점점 약화되어 가는데, 가족 간의 통합이 자원의 결핍으로 약화되면 심리사회적 조건에 부정적인 영향을 끼쳐 사회관계망이 축소되고 결국에는 자살로 이어진다.

4) 노인자살 의심현황

자살하려는 의도를 갖고 있는 사람들은 다음과 같은 특징을 보인다.

- "나 같은 사람이 살아서 뭐해, 괜히 자식들 속만 썩이고" 등 부정적인 말을 많이 한다.
- "내가 죽으면 편해 지겠지"라고 생각하여 노인자살 뉴스에 대한 큰 호기심을 갖는다.
- 계속 해오던 지병 치료, 약 복용을 중단하며 식사를 거르기 시작한다.
- 농촌에서는 제초체 등을 구입하기도 한다.
- "내 물건에 손대지마" 등과 같이 가족에게 자살 준비를 감추기 위하여 방 안으로 들어오지 못하게 방어한다.
- 자신의 물건에 집착하던 습관을 바꾸어 "고마웠어" 라는 말을 자주하고 고마움을 표시하며 평소에 아끼는 물건을 남들에게 주기도 한다.

5) 현대판 고려장과 자살예방 및 생명존중문화 조성을 위한 법률

자살예방 및 생명존중문화 조성을 위한 법률은 2011년 3월 30일 제정되어, 2012년 3월 31일부터 시행되고 있다. 이 법은 자살에 대한 국가적 차원의 책무와 예방 정책에 관하여 필요한 사항을 규정함으로써 국민의 소중한 생명을 보호하고 생명존중 문화 조성을 목적으로 한다.

자살예방을 위한 기본 정책은 ① 자살 위험에 노출된 개인이 처한 특수한 환경을 고려하여 성별·연령별·계층별·동기별 등 다각적이고 범정부적인 차원의 사전예방 대책에 중점을 두고 수립 할 것, ② 생명윤리의식 및 생명존중문화의 확산, 건강한 정신과 가치관의 함양 등 사회문화적 인식개선에 중점을 두고 수립할 것이 명시되어 있다.

국민의 권리와 의무로서 ① 국민은 자살위험에 노출되거나 스스로 노출되었다고 판단될 경우 국가 및 지방자치단체에 도움을 요청할 권리가 있고, ② 국민은 국가 및 지방자치단체가 자살예방정책을 수립·시행함에 있어 적극 협조하여야 하며, 자살 위험성이 높은 자를 발견한 경우에는 구조되도록 조치를 취하여야 한다.

이외에 국가 및 지방자치단체의 책무로 ① 자살의 위험에 노출되거나 노출될 가능성이 있다고 판단되는 자(이하 "자살위험자"라 한다)를 위험으로부터 적극 구조하기 위하여 필요한 정책을 수립하고 ② 자살의 사전예방, 자살 발생 위기에 대한 대응 및 자살이 발생한 후 또는 자살이 미수에 그친 후 사후대응의 각 단계에 따른 정책을 수립·시행할 것이 명시되어 있다.

자살예방을 위한 사업주의 책무는 ① 국가 및 지방자치단체가 실시하는 자살예방정책에 적극 협조하며 ② 고용하고 있는 근로자의 정신적인 건강 유지를 위하여 필요한 조치를 강구하도록 노력하는 것이다.

자살예방기본계획은 ① 보건복지부장관은 관계 중앙행정기관의 장과 협의하고 「국민건강증진법」 제5조에는 국민건강증진정책심의위원회 내 자살예방전문위원회의 심의를 거쳐 자살예방기본계획(이하 "기본계획"이라 한다)을 5년마다 수립하여야 할 것이 명시되어 있다. 자살예방 기본계획에는

- 생명존중문화의 조성
- 자살 상담 매뉴얼 개발 및 보급
- 아동·청소년·중년층·노인 등 생애주기별 자살 예방 대책
- 우울증 및 약물 중독관리 등 정신 건강 증진
- 정보통신 등 다양한 매체를 이용한 자살 예방 체계 구축
- 자살위험자 및 자살시도자의 발견·치료 및 사후관리
- 자살 감시체계의 구축
- 자살 수단에 대한 통제

- 자살예방 교육 및 훈련
- 자살예방에 대한 연구 지원
- 중앙 및 지역 협력기관의 지정 및 운영 방안
- 그 밖에 자살예방대책과 관련하여 필요한 사항을 마련하도록 할 것이 명시되어 있다.

우리나라에서 노인자살의 문제를 해결하기 위한 정책은 위기 상황에 대처하는 것이 보편화되어 있다. 그러나 높은 자살률을 끌어내리려면 정부, 단체, 기업 등이 협력하여 자살 예방 사업을 강화해 나가야 한다.

'고려장'은 자식들이 늙고 쇠약한 부모를 산에다 버리는 장례 풍습이다. 실제로 그런 풍습이 있었다는 역사적 증거에 대한 논의는 아직 진행 중이지만, 역사적으로 보면 생산성이 없어 가족의 짐이 되는 노인들을 갖다 버렸다는 기록들은 외국의 경우에서도 흔히 나타난다.

고려장 설화를 보면 아들은 늙은 아버지를 지게에 지고 산으로 오른다. 산 깊숙한 곳에 아버지를 버리고, 이제 쓸 일이 없다고 생각한 지게도 버리고 온다. 손자는 지게를 찾으며 아버지에게 다음과 같이 말한다.

"나중에 아버지가 늙으면 산에 지고 갈 때 제가 써야 하니 지게를 다시 가져오세요."

그제야 아버지는 '불효'를 깨닫고, 늙은 아버지를 다시 모셔와 지극 정성으로 효도를 했다고 한다.

배우자나 자식들로부터 버림받은 노인들은 매년 천 명꼴로, 최근 3년간 26.5% 이상 늘어나고 있다. 특히 노인 스스로 자신을 돌보지 않고 방치해 고독사로까지 이어지는 '자기방임'도 무려 83%나 급증하고 있어 준비없는 노후는 행복이 아니라 불행의 시기가 되고 있다. 노후를 준비하지 못한 노인들의 대부분은 삶의 의욕을 상실하고, 자존감도 상실한 채 의지할 곳이 없이 자신을 방치하도록 내몰리고 있다. 일평생 가족을 위해 헌신한 노인들이 늙고 병들게 되면 국가 및 지자체의 도움을 받지 못하고 스스로 노후를 책임져야 하므로, 이제는 가족에 의해 행해지는 고려장이 아니라 스스로 자기를 방치할 수밖에 없는 현실에 몰리고 있다.

6 자살 상담

사람은 자신에 대한 가치를 스스로 평가하면서 삶을 살아가는 자신의 고유한 신념 등을 소지하고 있는데 이것이 자아개념(self)이다. '나는 행복한 노년기를 보낼 수 있어', '건강하게 살 수 있어'와 같이 긍정적인 자아개념을 갖고 있는 사람도 있지만, '나는 이제 쓸모가 없어 졌어'와 같이 부정적인 자아개념을 갖기도 한다. 자아개념은 개인이 어떠한 가치를 갖고 있는 가에 따라서 자신의 가치와 신념 등에 맞는 것만을 선택하는 효과로 나타나므로 개인이 소지하고 있는 자아개념은 시간이 경과함에 따라서 점점 강화되는 것이 특징이다. 이러한 강화 효과는 부정적인 자아개념을 소지하고 있는 노인에게는 자신을 극한 상황에까지 몰고 가므로 자살을 부추긴다. 매우 넓은 우주를 구성하는 큰 흐름 속에 내가 살고 있고 나는 그러한 우주 속의 작은 구성물임을 발견하게 될 때 우리는 자신을 초월한 생명력에 눈을 뜨게 된다. 노후설계전문가는 노인의 자살을 예방할 수 있는 능력을 키워가야 할 것이다.

부록 노인성 우울증 검사지

노인성 우울증 검사지		
최근 1주일 동안 자신의 느낌과 가장 맞다고 생각하는 것을 예, 또는 아니오로 답해 주세요	예(1점)	아니오(0점)
하루하루 보내는 삶에 만족하시나요?		
하루를 보내는 것이 몹시 지루하신가요?		
삶은 의미가 없다고 느끼시나요?		
내일은 오늘보다 희망적일 것이라고 생각하시나요?		
친구를 만나거나 복지관 등에 가는 일이 많이 줄었나요?		
하루 하루가 고민 때문에 괴로우신가요?		
활기찬 하루를 살고 계시나요?		
앞으로 좋지 않은 일이 일어날 것 같아 걱정이 되시나요?		

대체로 행복하다고 느끼시나요?		
아침이 되면 아무것도 하고 싶지 않은 무기력감이 드시나요?		
불안해지거나 안절부절 하지 못할 때가 자주 있나요?		
외출하는 것보다 그냥 집에 있는 것이 더 좋으신가요?		
기억이 나지 않아 곤란했던 경험이 자주 있으신가요		
살아서 쉽쉬고 있어서 행복하신가요?		
기분이 울적해질 때가 자주 있으신가요?		
자신은 쓸모없는 사람이라고 생각하시나요?		
지나간 일에 대해 걱정을 많이 하는 편인가요?		
살아있다는 것이 신나고 즐거우신가요?		
새로운 일을 시작하는 것이 두려우신가요?		
생활하는데 늘 생동감이 있으신가요?		
자신의 처지가 절망적이라고 느끼시나요?		
당신은 다른 사람에 비해 떨어진다고 생각하시나요?		
사소한 일에도 속상하신가요?		
울고 싶을 때가 자주 있으신가요?		
한가지 일을 하는데 집중하기가 어렵습니까?		
아침이 되면 기분좋게 일어나시나요?		
사람들이 많은 곳에는 가기 싫으신가요?		
현재도 과거처럼 정신이 맑다고 생각하시나요?		
결정을 쉽게 하시는 편입니까?		

출처: 대한 노인정신의학회편(2003) 내용을 수정.
평가: 15점이 넘으면 병원에서 우울증 검사를 받아보는 것이 좋음.

토의 거리

1. 다음의 상담 사례를 읽고 우울증 상담의 과정을 조별로 함께 구상해 보자.

- **인구사회학적 특성:** 72세의 남성노인으로, 3남 1녀 중 장남이다. 누이는 노인이 젊었을 때 사망하였으며 부인도 13년 전에 교통 사고로 사망하였다. 남동생 또한 간암으로 2년 전에 사망해서 동생 한 명만이 살아있다. 자녀는 3남 1녀를 두고 있으며 현재 맏아들, 며느리, 손자, 손녀와 함께 살고 있고 손자는 군복무 중이다. 같은 동네에 살고 있는 동생과는 대화가 단절된 상태이다. 평발임에도 불구하고 6.25에 참전했다는 것에 대해 자부심을 가지고 있다. 젊을 때는 농사를 지었으나 현재는 경로당에서 여가를 즐기거나 일주일에 한번씩 노인문화대학에 다니고 있다. 젊었을 때 어렵게 생활하였기에 지금까지도 검소한 생활을 하는 것이 몸에 배어 있다. 자식들에게도 무엇이든 아껴야 한다고 항상 이야기 한다. 하나뿐인 동생과는 말다툼으로 인해 대화가 단절되었다.
- **교육:** 초등학교를 졸업했고 군대에서는 영어를 배워 통역을 했다. 배움에 대한 열망이 많고 현재는 노인문화대학에 다니고 있다.
- **직업:** 초등학교를 졸업하고 젊었을 때는 농사를 지었고, 우마차를 끌어 짐을 옮겨주며 돈을 벌었으나 현재 하는 일은 없다.
- **경제력:** 자녀들이 용돈을 주면 통장에 저금한다. 몸이 불편해서 병원에 갈 때는 자녀들이 차로 바래다 준다, 6.25 참전 용사여서 매달 국가에서 6만원씩을 받고 있다.
- **신체적 건강:** 젊었을 때부터 위장병을 앓아오고 있어 꾸준히 위장약을 복용하고 있으며 시력은 좋은 편이 아니다. 5년 전 늑막염으로 입원한 적이 있다. 요즘에는 청력이 좋지 않아서 병원에 다니고 있다.
- **정신건강:** 얼마 전에 늑막염으로 병원에서 치료를 받고 난 이후에는 건강에 자신을 잃게 되었고 신경성으로 잠을 제대로 이루지 못해 한동안 우울증약을 복용하였다. 갑작스럽게 노화가 진전되었지만 자신의 노화를 인정하

지 못하고 있다.

- 여가: 자전거를 타고 다니는 것이 건강에 많은 도움이 됨, 많은 것을 배우고 싶어 시민회관에 있는 노인문화대학에 다니고 있는데, 매우 즐겁다.

– 노인이 현재 소지하고 있는 요구 및 감정을 적어 보자.

– 내가 어떻게 노인의 감정을 공감해줄 수 있는지 적어 보자.

– 어떤 말을 해야 할지 노후설계전문가로서 공감의 언어를 사용해 보자.

– 내담자의 문제를 구체적으로 나열해 보자.

2. 상담의 목표를 적어보고 노후설계상담사가 어떻게 할 수 있는지 우울증 상담의 과정을 기획해 보자.

– 인지적 상담의 방법을 기획해 보자.

– 관계 상담을 통하여 지원할 수 있는 방법을 적어보자.

– 생애사적 상담을 통하여 지원할 수 있는 방법을 적어보자.

– 지지 상담을 통하여 지원할 수 있는 방법을 적어보자.

제12장

삶의 의미 찾기와 생애사 만들기

12장
삶의 의미 찾기와 생애사 만들기

"우리의 삶에는 죽음이 내포되어 있지만 우리는 늘 죽음에 무관심한 채, 일상 생활을 살아간다"(마이스터 엑하르트).

1 의미 치료

1) 의미 요법

프랭클(V. Frankl)은 후회와 원망 및 절망을 경험한 사람들이 자신의 삶을 새롭게 이해하고 삶에 대한 의미를 만들어 내어 살아가는 힘을 다시 발견하기를 희망하였다. 프랭클은 제2차 세계대전 중 유대인 수용소에서 경험한 삶의 경험을 토대로 하여 어떠한 조건 속에서도 '지금-현재'라는 자신의 삶 속에서 새로운 의미를 찾아 나가는 것이 실존을 위해서 가장 필요함을 강조하는 의미 요법을 발전시켜 나갔다.

빅터 프랭클

노인상담에서는 노인 스스로 자신의 삶을 결정하는 삶의 주체가 되어야 하므로 노인들 스스로가 삶에서 의미를 발견하도록 인본주의의 원칙에 기반하여 지원해야 한다.

그리스 단어인 로고(Logo)는 '의미'를 뜻한다. 의미 요법(Logotherapy, 로고테라피)은 존재 의미를 상실한 채 공허와 무의미에서 방황하는 사람들에게 자신이 처한 상황을 옳게 판단하도록 도와주며, 책임있는 존재가 되어야 할 것을 강조한다. 프랭클은 개인이 살아가려는 동기를 부여하는 힘은 삶의 의미를 찾음으로써 전제를 기반으로 로고요법의 원리를 다음과 같이 설명하였다.

- 인생은 매우 비참한 어떤 상황에서도 살아가야 할 의미가 있다
- 삶을 살아가는 인간의 동기는 인생의 의미를 찾아가려는 의지이다.
- 인간은 어떤 상황에서도 의미를 찾아갈 수 있는 자유를 갖고 있으므로, 불변하는 고통의 상황에 직면했을 때도 자신의 삶을 완성해내려는 책임감을 가져야 한다.

의미요법은 인생의 궁극적인 의미와 목적을 추구하는 삶을 살아가도록 도와주는 것이다. 프랭클은 1930대 초부터 오스트리아 전역에 청소년상담센터를 세우고 경제적인 불황으로 직업을 찾지 못해 깊은 실의에 빠져 있는 청소년을 상담하면서 보수를 받지 않더라도 자신 일을 찾게 될 때 절망으로부터 벗어날 수 있음을 확신하였다.

프랭클은 제2차 세계대전 중이던 1942~1945년까지 다카우(Dachau) 강제수용소에서 수감생활을 하였다. 그는 1945년 4월 27일 부모와 아내 그리고 자녀들을 잃고 혼자 살아남았다. 수용소 포로로 잡혀간 프랭클은 자신의 모든 소지품을 빼앗겼는데, 이때에 웃옷의 상의 안감 속에는 자신의 첫 작품인 "의사에 의한 정신의 치유"(1946)를 소지하고 있었다. 원고를 빼앗기고 나서 '이대로 죽을 수는 없다'라는 목표를 세우고 살아 남아 원고를 반드시 완성시켜야 겠다는 삶의 의미를 발견하였다고 한다. 그는 쓰레기 통 속에 버려진 원고를 발견하고 속기용 기호로 원고를 복원시켜 전쟁 후에 출판하였다. 자신이 경험한 유대인으로서의 수용소에서의 고통스러운 경험을 의미있는 경험으로 재창출하여 "한 심리학자가 겪는 강제수용소의 체험"(Ein Pyscholog erlebt das Konzentrationslager, 1947)이라는 저서를 발간하였다. 책 속에서 그는 "우리는 자기 자신 뿐만 아니라 절망에 빠져있는 사람들에게 우리가 삶에서 무엇을 기대하느냐 보다는 삶 속에서 우리가 해야 할 것이 무엇인지 찾아내는 것이 훨씬 중요하다"는 것을 계속해서 상기

시키고 있다.

프랭클은 실존주의자로서 말보다는 책임있는 행동을 강조하고 있다. 그의 사상은 키에르케고르의 "의미에의 의지(will to meaning)"에 핵심을 두었는데, 자신이 수용소에서 실제로 경험했던 체험을 통하여 삶에서 의미를 발견하는 것이야 말로 생을 전환시킬 수 있다는 것에 확신을 갖게 되었다. 1905년 오스트리아의 빈에서 태어난 그는 1997년 92세의 나이로 사망할 때 까지 실존주의 철학자로서 노년기에도 신체적 또는 정신적으로 쇠퇴되는 존재의 한계를 넘어서 자신의 삶에 의미를 부여할 것을 강조하였다. 프랭클의 관점에서, 정신이란 인간의 의지이며, 인간은 미래를 기약함으로써 생존이 가능하다고 보았다. "인간의 자유는 생물학적, 심리학적, 사회적인 제반 조건으로부터의 자유가 아니라 이들 조건에 대하여 어떤 태도를 취할 수 있는 가에 대한 자유"라고 보았다(정인석, 2003).

프랭클의 의미요법을 노인상담에 적용해보면 상담이란 삶의 의미를 지향하는 존재자가 되도록 지지해 주는 것임을 알 수 있다.

2) 인간 이해

프로이드는 인간의 기본 욕구를 쾌락을 지향하는 쾌락의지로, 아들러는 의식, 무의식, 정신은 기본적으로 권력을 지향하는 권력의지로 규정하였다. 그러나 프랭클은 인간은 의미를 지향하는 '의미에의 의지'를 누구나 갖고 있다고 보았다. 인간의 자아실현을 강조하는 프랭클은 인간의 영적인 차원을 강조함으로써 인간을 육체적, 정신적 측면에서 중시했던 기존의 이론적 한계를 극복하고, 실존철학의 영향을 받아서 인간을 실존의 개념으로 이해하였다. 즉 인간은 육체, 정신, 영혼의 세차원이 총체적으로 종합된 완성성을 추구하는 존재로 보아 인간의 전체성을 통하여 자기초월을 강조하며 삶의 태도를 결정할 수 있는 내면의 자유를 강조하였다.

3) 의미요법의 핵심적 개념

1945년 제2차 세계대전이 끝나자 프랭클은 자신의 유대인 수용소 생활을 통하여 얻은 체험과 상담의 경험을 근거로 하여 영성, 자유, 책임을 핵심개념으로 하는 의미요법을 창안하였다.

(1) 영성(spirituality)

영성이란 육체적, 정신적 차원을 초월하는 현상으로 실존의 본질이며 인간만이 소지하고 있는 독특한 영역이다. 그러나 이러한 영성은 자기초월적일 때만 의미가 발견된다. 삶의 의미를 발견한다는 것은 인간의 행동 중에서 삶을 살아가는 유일한 동기가 된다고 보았다. 우리가 자신이 무슨 일을 하든 모든 걸 다 바쳐 열심히 일할 때 자신의 삶을 긍정해 나갈 수 있다. 이처럼 '지금-현재'에 최선을 다하는 책임감은 우리 내면에 영성이 잠복해 있기 때문이다.

(2) 자유(freedom)

우리는 삶에서 주어진 환경적 조건들을 마음대로 조정할 수 있는 자유는 갖고 있지 않으나 그 조건들을 우리 마음대로 해석할 수 있는 자유는 갖고 있다. 자유는 결단하는 존재로서 인간의 본질을 의미한다. 따라서 인간이 본능, 유전 그리고 환경 등에 영향을 받는다고 해도 이것을 받아들이거나 거절할 수 있으므로 결정을 내릴 수 있는 자유가 있다. 이같이 자기결정을 통한 자유는 인간이 조건을 초월해서 자유로운 인간이 되도록 한다. 프랭클은 이러한 측면에서 인간은 무엇으로부터 자유롭게 되는 것이 아니라, 무엇을 위한 자유, 무엇을 향한 자유를 소지하고 있다고 보았다.

(3) 책임성(responsibility)

자유는 무엇을 위한 것, 무엇을 향한 자유인데 이러한 것 때문에 인간에게는 책임성이 따른다고 보았다. 인간은 자유 속에서 실존성을 발견하며 책임 안에서 초월이 나타나는데 의미요법이란 인간이 자신의 책임을 인식하도록 지원하는 것으로 보았다.

인간됨이란 자신을 지각하고 책임을 갖는 것을 뜻하므로 의미요법은 인간으로 하여금 완전하게 자신의 책임을 인식하도록 지원하는 것이다. 책임감을 갖는 자아실현을 위해서 의미요법은 개인이 자신의 내적인 체험을 성찰하면서 삶의 의미를 만들어내야 할 것을 강조하고 있다.

2 인간은 의미를 추구하는 존재

1) 삶의 의미

의미요법은 노인이 어떠한 환경에 처해 있더라고 삶의 의미가 있다는 것을 확신하도록 만드는 것이다. 삶의 목적을 상실한 사람이 있다면 그들의 삶을 성찰해 보고 새로운 자아(self)를 만들어 내야 할 것을 강조한다. 따라서 의미요법이란 각 개인에게 자신의 과업을 성취해야 할 그의 책임을 이해시키는 것이며, 개인이 이러한 책임감을 느끼고 임무를 수행하도록 하려면 삶의 의미를 찾도록 지원해 주어야 한다.

"인간은 미래에 대한 희망을 갖고 있을 때 생존이 가능하다. 인간의 자유는 생물학적, 심리학적 사회학적 조건으로부터의 자유가 아니라 이들 조건에 대하여 자유를 취할 수 있는 진정한 태도가 자유이다"(프랭클, 1984)

2) 죽음의 의미

많은 철학자들이 인간의 영혼불멸을 설명할 때는 인간이 사망하면 신체는 소멸되지만 영혼은 살아남는 것을 강조한다. 이집트의 아누비스(Anubis)는 이집트 신화에 나오는 죽은 자의 신으로 지옥의 법관 앞에서 영혼의 무게를 측정하는 영혼의 안내자이고, 죽은 자들의 도시를 지키는 수호자이다.

이처럼 고대사회에서부터 인간의 죽음은 다른 생으로 가는 삶의 시작이라는 개념은 존재해 왔다. 불로 장생을 이야기한 장자는 자신의 아내가 사망하였을 때 흥에 겨워 북을 치고 장구를 치며 춤을 추었다고 한다. 그런 장자에게 '한평생 같이 살던 부인이 죽었는데 슬퍼하면 울어도 원통할텐데 북치며 춤을 추다니 있을 수 있는 일인가'라고 물었더니 장자는 '내 집사람은 살아생전 고생만 많이 했네. 이제 한줌 재가 되었으니 살았을 때 짊어졌던 많은 고통과 번민을 내려놓고 자유롭게 훨훨 날아다니면서 해방을 만끽할 수 있게 되었네, 그러니 이 얼마나 즐거운 날인가'라고 하였다고 한다. 즉 삶을 고통의 연속으로 보았을 때, 잘사는 것이 잘죽는 것이며 잘죽는 것이 잘사는 것임을 알 수 있다.

3) 노동의 의미

프랭클은 모든 사람들의 인생에는 자신이 해야 할 것 실현시켜야 할 의미가 있는 것들이 반드시 있다고 보고 각 개인은 이것을 발견하고 실현시키도록 노력할 것을 강조하였다. 프랑클은 3가지의 가치를 제시했는데 첫째, 개인이 의미를 부여하고 행하는 노동이나 활동을 창조의 가치(schoepferische Werte: creative value)로 보았다. 둘째, 자연이나 예술을 통해 배워가는 경험의 가치, 셋째, 인간의 삶에 대해 가치를 부여하는 가치관이나 태도를 가져야 할 것으로 보았다.

4) 고난의 의미

위기가 기회가 될 수도 있듯이 고통스러운 일을 당했다면 이러한 역경은 새로운 배움의 기회가 될 수 있다. 고난이 나의 삶을 보다 아름답고 풍요롭게 해주는 기회로 생각하고 고통이 나에게 주는 의미를 발견할 수 있어야 한다. 고통이 나에게 주는 소중한 메시지를 발견하고 긍정적인 사고를 할 것을 안내하는 프랭클은 고통을 자기 성장의 기회를 변화시켜 갈 때 자신의 삶을 창출해 내가는 존재가 될 수 있음을 알려준다.

5) 불안을 극복하기

우리가 상황의 목적을 인식하면, 불안을 조절할 수 있게 된다. 의미요법을 사용하면서, 프랭클은 비참한 자신의 삶이라고 하더라도 살기 위한 의미를 찾을 때 모든 행동의 변화가 나타났고 그들은 상담이 끝날 때까지 행복하였다고 기술한다. 프랭클은 불안이란 개인이 어떤 것에 의미를 발견하지 못한 때 나타난다고 보고, 불안은 새로운 의미를 찾아내면 해소된다고 보았다.

3 삶의 의미 찾기와 생애사 상담

1) 생애사 학습

생애사 학습(biographic learning)(Alheit, 2002; 박성희, 2004; 2004a; 2007; 2008; 2011b) 또는 생애사적 상담은 첫째, 개인이 자신의 위기극복을 위하여 요구하는 학습, 둘째, 생애사적 성찰을 통하여 자신의 정체성을 새롭게 구성하는 것, 셋째, 생애사적 경험에서 발견을 통하여 새로운 삶의 주기를 구성해가는 자기생산적인 재발견의 과정, 넷째, 사회변화에 따라 학습자가 융통적인 시각을 발전시켜가도록 안내하는 것이다. 사회가 빠르게 변화하면서 노인의 생애사는 안정적·직선적으로 발달하기보다는 단절화가 가속화되고 있다. 노년기에는 자신의 생애사적 과정에 따라서 생애사를 성찰하고 미래를 계획하는 시각을 발전시키도록 지원해야 한다.

생애사 학습이란 성찰을 통하여 자신의 행위적인 구조와 지식의 구조를 만들어내는 암묵적인 학습이며, 성찰에 의한 환경과의 상호작용적인 학습과정이며, 자기주체적인 논리에 근거하여 주관적인 삶의 의미를 생성해내는 과정이지만, 타인과의 의미 공유를 통하여 사회적으로 재구성되는 자기복제의 과정이다.

노인기는 고유한 학습주기가 되어야 하므로 인적 자원 개발을 위한 교육뿐만 아니라, 내적인 성찰과정으로서 생애사 학습이 촉진되어야 한다. 노인교육의 방법으로는 자기성찰과 상호작용이 가능한 학습과정을 촉진하고, 교육의 목적은 자신의 생애사를 이해하기 위한 행위구조와 지식구조의 형성을 촉진시켜야 한다. 이러한 자기주도적 학습과정을 통하여 노인은 자기 성찰과 의사소통 그리고 상호작용적인 논쟁을 통하여 고유한 자기조절적 전략을 개발(Alheit & Dausien, 2002)시켜 갈 수 있다.

삶의 주체가 되는 인간이 자신이 살아가는 삶의 상황을 파악하고 새로운 삶의 의미를 만들어낼 때 노년기의 불안감을 치료할 수 있게 된다. 생애사 학습은 자신의 삶의 이야기 속에서 삶의 의미를 찾아내는 자기주도적 학습이라고 할 수 있다. 이러한 자신의 생애사를 성찰해보는 작업을 통하여 모든 인간은 자신의 삶 속에서 창조적인 삶의 의미를 발견해 낼 수 있다. 인간이 삶의 의미를 찾게 되면 모든 행동의 변화가 나타나고 대부분은 '지금- 그리고 현재'의 상태에서 살아가는 실존자로서 자신이 삶의 주인공이 되는 행복을 느끼게 된다.

2) 생애사적 상담을 통한 자기 성찰의 지지

(1) 자기 성찰의 사례 1

62세의 여성은 좋은 가정에서 성장하여 고등교육을 받았으며 남들이 부러워하는 가정으로 시집가서 1남 1녀를 두었다. 남편이나 자녀가 남들과 같이 고속 승진하며 명문 대학을 나와서 출세하기를 바랬다. 그러나 남편은 생각처럼 승진이 잘 되지 않았고, 첫아들은 자신이 원하는 명문 대학에 합격하지 못하였고, 명문 대학을 졸업한 작은 딸은 사법고시 공부를 오랫동안 준비하였으나 합격하지 못하였다. 주변 사람들이 자신을 흉보는 것 같았고 자신의 체면이 깎였다고 생각할 때는 심한 우울증도 함께 왔었다. 이 때 자신의 삶에 대하여 깊이 생각하게 되었고 생애사전 상담을 통하여 삶의 의미를 찾게 되었다.

"저는 지금이 편합니다. 남편이나, 아들이나 딸이 제가 바라는 대로 되지를 않았어요, 젊어서는 그것 때문에 늘 마음을 졸이고 살았어요, 삶에 대하여 생각해 보게 되었는데, 어느 새인가 그것이 욕심이란 것을 알게 되었고, 포기를 했다고 할까요, 다 놓게 되니까 편해졌어요"

자신의 삶을 성찰해 보면서 자신이 가장 하고 싶은 일이 무엇인가 찾아보도록 하였다. 여성은 유년기와 청년기 등에 대하여 이야기 하면서 자신이 가장 잘 할 수 있는 일을 찾게 되었다.

"저는 원래 대학에서는 간호학을 전공하였어요, 그 때는 그것이 무엇인지도 모르고 주위에서 여자들이 하기에 좋은 직업이라고 적극 추천을 해서 대학에 합격은 하였어요, 그런데 졸업은 했지만 곧 결혼을 하게 되었고, 시부모님들도 계시고 출산을 계속해서 하는 바람에 취업을 하지 못했어요, 그리고 그 일에 대해서 제가 몸이 약해서 할 여건이 잘 되지가 않았어요, 진짜 제가 하고 싶은 일은 책을 읽는 것이죠. 늘 책 읽을 것이 항상 밀려있어요, 좋은 책을 보고 글을 쓰기도 하지요, 초고를 쓸 때는 신문에 끼어들어오는 반질반질한 새 광고지를 모아두었다가 뒷장에다 적어요, 거기에 초고를 쓰고, 고칠 때 좀 고쳐서 다시 쓸 때는 대학노트에다가 옮겨서 적습니다. 마음이 괴로울 때, 이 노트를 보면 행복해요, 이 노트가 내 전 재산입니다. 신문에서 읽고 좋다고 생각되는 그런 것은 기록을 하고 제 생각을 적어 놓았어요, 우리 삶에 인격에 유익이 되는 상식은 제가 써서 기록하고 제 생각을 덧붙여 두었어요, 너무 아까우니까 쓰는 거죠, 너무 달콤해요, 너무 맛있어요, 제가 가장 소중한 것은 10권의 대학노트에 기록된 저의 글입니다. 제가 화가 나거나 그럴 때는 제 방에 들어가 노트를 펼쳐보면서 반성을 합니다. 노트를 읽으면서 어떤 때는 '내가 이런 것을 언제 썼나' 그런 놀람도 있고, 제 보물 1호입니다. 제가 책읽기를 좋아하고, 그것이 상당이 유익해요 저희 집에 책이 많습니다. 노인한테 책을 읽는다는 것이 구원입니다. 그게 나한테 많은 도움이 됩니다. 글을 읽으면 한번 본 것이라, 친근하구요, 수양이 됩니다. 글쓰기가 좋습니다. 할아버지 방보다 제 방에 책이 더 많습니다. 그 안에 들어가면 평안함을 얻고, 아직도 그 방에 들어가면 맛있는 음식이 많이 남아있는 것 같습니다. 책도 많이 보는 것이 본인에게 힘을 주고 용기를 줍니다. 삶의 깊이를 줍니다. 또 책을 읽으면 타인을 이해하게 되고, 연민의 마음을 갖게 합니다"(박성희, 2011a 재인용)

여성은 자기 성찰을 통하여 남편과 자녀에게 거는 기대와 욕심을 버리고, 일상의 시간에 집중적으로 책을 읽고 글쓰기를 하면서 회원이 700명이 되는 교회의 시니어 공동체 회장으로서 또래노인들과 함께하는 자신의 역할을 찾았다. 글쓰기를 통하여 분노가 쌓이거나, 괴로울 때는 의식적으로 '성찰을 통하여 글쓰기'라는 창조적 활동을 통해 문제를 극복하고 있다. 새로운 정체성을 확립한 여성은 자신의 삶 속에서 자신의 흥미와 적성을 찾아내 새로운 삶의 의미를 생성해 내는데 성공하였다.

이같이 자신의 삶의 이야기 속에서 삶의 의미를 발견해 내면서 상처를 치료하며 삶의 의미를 새롭게 만들어 내어 여성은 자기완성(Selbstbildung)을 달성해 냈다. 삶의 유한성을 느끼면서 삶을 진지하게 생각하도록 하고, 깊은 인생의 체험적 진리를 책을 통해 읽고 자신을 성찰하면서 스스로 완성된 성숙자가 되기 위해 노력하게 되었다.

(2) 자기 성찰 사례 2

"나는 어려운 가정에서 맏딸로 태어나 초등학교를 졸업하였다. 위로 오빠가 있고, 아래로는 남동생이 있어서 부모님들은 내가 가사일을 도우며 취업하기를 바라셨다. 당시에 동네에 신발공장이 생겨서 쉽게 취업할 수 있었다. 내가 달달이 벌어오는 월급은 오빠나 남동생의 학비에 보태졌다. 당시에 나도 학교에 가고 싶었으나 이러한 말을 부모님에게 이야기할 수는 없었다. 아직도 여학교에 다녀보지 못한 것은 큰 한으로 남는다. 배우고 싶은 것도 많은데, 나의 삶을 돌이켜 보니 후회스러운 데가 많아서 우울증이 찾아 왔다"(65세 여성)

과거 여성들은 가정에서 자기개발을 위하여 교육을 받기 보다는 어머니를 도와 가사 일을 하며 동생들을 기르는 역할이 강조되었다. 이러한 역할에 순응하여 성장한 여성 노인은 배우지 못한 것에 대한 후회 그리고 무료한 삶을 바꾸어 보기 위하여 상담을 신청하였다. 유년기와 청년기 등 자신의 삶을 성찰해 보는 과정에서 여성은 노년기 삶의 의미를 발견하고 노년기를 새로운 삶의 기회로 바꾸기 위하여 노력하게 되었다.

"저는 모든 분야에서 부족한 점이 많은 사람이므로 뒤늦은 이제마나 배움에 열중해보려고 실천하고 있다. 올해는 00시민자치대학에서 강의를 듣기로 결정하였어요. 집 근처에 있는 노인복지회관에도 열심히 다니려고 합니다. 노인복지회관에서 가서 프로그램도 알아 보았어요. 노인 일자리 사업이 있더군요. 이제 배우지 못한 한을 풀 수 있을 것 같습니다. 전에 많이 배우신 분들도 자기개발을 안하는 분들이 많이 있는 것 같은데, 저는 열심히 배우면서 과거에 배우지 못한 것을 보충해 나갈 수 있을 것 같아요"

의미 상담이라고 할 수 있는 자신의 삶을 성찰해 본 후에 결혼 후에 오랫동안 가정이 생활공간이었던 여성노인은 자기성장을 위한 학습을 계획하고 학습을 통하여 즐거움을 느끼며, 자신을 개발해 나갈 수 있다는 삶의 의미를 만들어 내게 되었다.

이 여성을 추후 상담한 결과 다음과 같이 자신의 삶의 의미를 실천하고 있는 것으로 나타났다.

"제가 아직 건강하니까 노인복지관에서 지금은 주1회 한글 글짓기, 영어, 일어를 공부하고 있어요. 영어는 ABC부터 배우면서 이름을 영어로 쓰고 배우면서 즐겁고 행복하게 지내고 있어요. 나의 소망은 다문화 가정의 아동들에게 한글을 가르쳐 주는 것 입니다. 한글 글짓기를 공부하면서 내가 알고 있는 것을 다른 사람에게도 가르쳐 주고 싶다는 생각이 들었어요, 좋은 할머니가 되어 한글도 가르쳐 주고 한국의 문화도 많이 알려주고 싶습니다. 복지관에서 할머니, 할아버지 되기 프로그램을 운영하고 있는데, 신청을 했어요, 이제 그 꿈이 절반은 실현이 되어 다가오고 있는 느낌이 들어요"

노인들이 자신의 능력을 개발하여 무료함을 풀어갈 수 있도록 창조적인 문제 해결 능력을 키워줄 때 의미요법 상담을 성공적으로 진행된다. 또한 자신이 스스로 문제해결을 위한 목적을 설정하고 실천하도록 지원하는 것이 바람직하다.

3) 삶의 의미를 찾은 사람들

로마의 황제이자 철학자였던 마르쿠스 아우렐리우스는 사람의 일생은 자신이 생각하는 대로 된다고 보았다. 독일의 극작가 괴테는 문제가 생기면 오랫동안 자신과 대화하면서 문제를 긍정적으로 풀어나갔다고 한다. 아우렐리우스나 괴테는 우리의 인생 속에서 자신의 삶의 의미를 만들어가야 하며 이러한 목적을 이루기 위해서 노력할 때 진정 자신이 원하는 삶을 살아가게 된다고 보았다. 삶의 의미를 새롭게 찾아간 사람들을 살펴보자.

(1) 사르트르

장 폴 사르트르는 프랑스의 유복한 가정에서 성장했다. 제2차 세계대전이 일어나자 비정치적인 고등학교 철학교사 사르트르는 프랑스군에 징집되면서 적극적인 행동주의자로 변화하게 된다. 그는 대부분의 사람들은 자기가 선택하지 않은 가문과 문화 속에서 태어나 자기가 선택하지 않은 이름으로 불리며 자기가 선택하지 않은 행위와 가치관을 교육받으며 사는, 다시 말해 타인들이 기획해준 삶을 살다가 사망하게 되는 것을 깨달았다.

프랑스 병사에서 독일군이 파리를 점령했을 때에는 억압받는 시민으로, 나치포로수용소에서 포로 생활을 한 이후에는 자신에게 형성된 가치관이 자신을 짓누르고 있음을 깨달았다. 일상에 관심이 없었던 비참여 학자 사르트르에게 제2차 세계대전의 경험은 삶의 체험적 행위를 통해서만 학문적 이론이 검증될 수 있음을 확신하는 계기가 되어 현장 속으로 참여하는 지성인인 실존주의 철학자가 되었다.

자신이 소지한 정체성에 참된 자기선택적인 의미가 없음을 깨달은 사르트르는 모든 인간은 자신이 바라는 자기를 선택하고 자기 나름의 삶을 살 자유와 권리, 책임이 있다고 보았다. 사르트르는 본질적이고 필연적인 인간성은 없으며 삶에는 어떤 필연적인 의미도 존재하지 않으므로 우리는 주체적인 존재로서 자신의 삶을 스스로 창조해 나가야 할 것을 주장하였다.

아내인 시몬느 드 보부아르와 파리의 한 아파트에서 지내면서 서로 독립된 생활을 영위하면서 가끔 전화로 대화를 주고 받았다. 결혼은 하지 않은 채 51년을 함께 살면서 2년마다 동거인으로 지낼 것에 관한 계약을 재검토하고 결혼계약서를 다시 연장하였다. 홀로 내던져진 우리는 자유롭게 살도록 만들어졌으므로 인간은 자신의 삶을 살고 자신의 선택에 의해 자신의 삶을 만들어 가야 한다. 제도에 의하여 규정되고 싶지 않았던 사르트르는 노벨문학상과 프랑스교수직 등을 모두 거부한 채 참여하는 지성인으로 살았다.

(2) 니체

니체는 어린 시절 음악과 시, 그리스의 고전문학을 탐독하고 대학에서는 그리스 고전 언어학을 공부했으며 쇼펜하우어의 “의지와 표상으로서의 세계”를 읽으며 철학을 본격적으로 연구하기 시작했다. 어린 시절에 탐독한 음악과 시에 영향을 받아 그는 ‘인간다운 인간’을 창조적 인간을 뜻하는 위버멘쉬(Uebermensch: 초인)라고 불렀다.

니체는 죽음을 부정하고 삶을 긍정한 생철학자이면서 동시에 창조적이고 자유로운 실존자가 될 수 있도록 인간의 존재에 대하여 연구한 실존주의자이다. 그는 철학의 과제는 허무주의에 극복하기 위해서 철학하는 방법을 인간에게 알리는 것으로 보고 힘에의 의지, 영원 회귀, 운명애, 초인 등의 개념을 통하여 인간은 허무주의를 극복하고 영원히 살려고 노력해야 할 것을 강조하였다. 니체는 인간이 생물학적 죽음을 넘어서 허무주의를 극복하려면 창조적인 삶을 살아야 할 것을 강조하였다. 니체는 인간을 무가치하게 만드는 것을 허무주의로 보고 이러한 무의미를 죽음으로 보았다. 이러한 죽음을 극복하여 새로운 삶을 창조하려면 자신의 이성을 사용하려는 의지를 가져야 한다고 보았다. 자신의 힘에 의하는 자유 의지는 인간이 행복한 삶을 만들어 가기 위해서 이성적으로 생각하며 창조적인 삶을 살아가야 할 것을 강조하였다.

(3) 소피 제르맹

프랑스 에펠탑에는 프랑스의 많은 과학자들의 업적을 기리기 위해 이름이 새겨져 있다. 그러나 여자로 태어났다는 이유 때문에 위대한 업적을 쌓고도 이름이 새겨져 있지 않는 프랑스 과학자는 소피 제르맹(1776-1831)이다.

제르맹은 부유한 상인이었던 아버지의 덕분으로 정규교육을 받을 수 있었다. 제르맹은 13살이 되던 해인 1788년에 프랑스 혁명으로 외출이 불가능해지자 아버지의 서재에서 과학자들의 일화를 엮어 놓은 책을 발견하면서 과학에 관심을 갖게 되었다. 아르키메데스라는 수학자의 일화에 큰 감명을 받은 제르맹은 수학에 빠져 들었다. 그리스에 침입한 로마 병사들로 인해 도시는 전쟁터로 변해 버렸는데도 아르키메데스는 땅에 여러 도형을 그리며 수학문제를 풀고 있었다. 로마병사가 다가오자 "난 지금 바쁘니 방해하지 마"라고 외치며 수학공식을 만들어 내기에만 열중하자 로마병사는 아르키메데스를 한 칼에 없애 버렸다고 한다. 이 일화를 읽고 제르맹은 자신의 목숨을 바치면서도 자신의 일에 열중했던 아르키메데스를 연구하게 되었다.

아버지는 딸이 수학자가 된다는 것에 매우 반대하였으므로 처음에는 틈틈이 수학을 공부하였으나 이후에는 가족들이 잠든 밤에 혼자서 몰래 수학을 공부하였다. 1794년 파리공과대학이 나폴레옹에 의해 개교되었을 때 대학에 입학원서를 냈지만 여자라는 이유로 입학은 거절되었다. 아르키메데스로 스스로 독학했다는 것에 위로를 받으며 제르맹은 파리공대의 수학교수인 라그랑제의 강의록을 구해서 열심히 공부하였다. 라르랑제 교수의 제자인 르볼랑과 친하게 지내며 강의록을 얻어 공부하면서 의문이 나는 것은 교수에게 질문을 하고, 이해가 되지 않는 부분은 다시 설명을 부탁하면서 실력을 쌓아갔다. 어느 날 라그랑제 교수가 제르맹을 방문하여 '세상에 지지말고 꼭 훌륭한 수학자가 되기'를 진심으로 응원해 주기도 하였다. 그 후 라그랑제 교수에게서 많은 수학자들을 소개받으며 가우스를 스승으로 모셨는데 이 덕에 가우스는 많은 수학적 업적을 쌓게 되었다. 가우스가 천문학에 관심을 두자 제르맹도 물리에 관심을 갖고 어떤 물체가 움직였을 때 원래대로 되돌아 가려는 성질인 탄성을 연구하기 시작하였다. 제르맹은 탄성체 표면에 관한 연구를 통하여 현대 탄성물리학의 기초를 만들어 내는 학문적 성과를 나타냈다.

4 공허를 치료하는 실존적 대화(existential dialogue)

부정적 의미부여를 긍정적 의미부여로 바꾸자: 역전의 발상

치료가 불가능한 노인에게 질병을 치료하기 위해서 투병을 강조하기보다는 긍정적인 방향으로 바꾸어 병과 더불어 살아가기를 알려주어 긍정적인 태도를 갖도록 하는 것이 역전의 발상이다. 청년은 병과 싸워서 회복하려는 의지를 가져야 하지만, 만성화된 질병인 고혈압, 동맥경화, 관절염, 당뇨병 등을 소지한 노인은 더불어 살아가려는 긍정적인 태도를 갖게 될 때 행복한 노후를 보낼 수 있다.

노후의 삶 속에서 의미를 찾아가기

- 노년기 삶의 주인공은 '나'이므로 내 문제는 나 스스로 결정하도록 하자.
- 풍요로운 소비사회에서 물질은 불안을 제거해 줄 수 있으므로 내가 갖고 있는 것, 내가 소비하는 것으로 나의 존재를 확인할 수 있다. 그러나 노년기에는 소유를 자연스러운 생존의 양식으로 생각하고 유일한 생활 방법으로 생각하기 보다는 늘 무엇이 되고자 하는(becoming) 과정 속에서 존재의 의미, 생존의 의미를 찾아야 한다(프롬)
- 나의 소중한 가치는 나 스스로 찾아가야 한다.
- 모든 사람의 삶 속에는 어두운 부분들이 있다. 자신의 약점을 수용하고 강점을 발달시키도록 하자. 심리적 위기와 극한 상황을 극복하는 것은 삶의 의미를 발견하여 새로운 삶을 살아가는 창조성에 관한 것이다. 마음을 열고 인생의 의미를 발견하자.
- 노후에는 나만의 이야기를 창조해가도록 하자. 나의 노후는 다른 사람과

의 노후와는 다른 특별한 것이 되어야 한다.

- 인간은 늘 자신의 삶으로부터 질문을 받는 존재이다. 절망과 슬픔 속에서 남은 인생이 나에게 무엇을 기대하고 있는지를 생각하고, 살아야 할 의미를 만들어야 한다(프랭클)
- 체험을 통하여 얻게 되는 행복한 체험의 가치(experiential value)를 내면화하여 실현시켜 보도록 하자.
- 노년기에는 삶의 가치를 만들어 내고 삶의 의미를 찾아내야 한다.

5 나의 인생나무 그리기: "나를 찾아서"

나의 인생나무를 그려보는 프로그램의 목적은 노인이 살아온 자신의 전 인생을 성찰하여, 삶 속에서 일어난 일상생활의 경험을 나무를 통하여 성찰하면서, 새로운 삶의 의미를 만들어 내는데 있다. 자신의 과거를 통하여 자신이 실존하는 삶의 의미를 향상시키고, 아직 개발되지 않은 잠재력을 개발하여 자아 존중감을 높이고, 긍정적인 가족적인 관계를 형성하며, 자신이 속한 조직과 사회 속에서 긍정적인 자신의 자원을 개발하고 새로운 역할을 찾아 성공적인 노년을 계획할 수 있도록 한다. 노년기 삶의 의미를 만들어내는 프로그램의 목표는 다음과 같다.

- 나무의 모습을 통하여 자신의 삶의 의미를 만들어내어 총체적인 자신의 모습을 알도록 한다.
- 노년의 삶을 긍정적으로 평가하도록 돕는다.
- 노년기에 자신이 개발하지 못하고 잠재되어 있는 능력을 발전시켜 자아실현이 이루어지도록 한다.
- 나무가 잘 자라기 위하여 주변 환경과 조화되는 삶의 중요함을 인식하고 자신의 생활환경과 조화를 이루어가는 삶을 살도록 한다.

생애 설계 프로그램 개발(안)

준비물: 도화지, 연필, 수채화, 크레용 등

삶의 나무 그리기: 어떤 것들이 나의 가지들을 만들고 있는가?

참고: 다른 사람이 그린 삶의 나무를 보고 자신의 나무 모습에 대하여 방향을 알 수 있다.

발표하기: 여러 사람 앞에서 이야기하는 것이 어려운 구성원이 있다면 억지로 강요하지 말고, 회기가 끝나갈 때 서서히 자신의 의견을 발표하도록 유도한다.

생애사 교육은 다음과 같이 최소한 8회기의 교육을 통하여 진행할 수도 있다.

생애사 설계 프로그램 개발(안)

회기	주제	목적	세부 내용
1	반갑습니다	친목도모와 생애사학습교육을 설명	교육의 진행 과정과 유의 사항을 설명한다.
2	나의 생애사 나무 그리기	자신의 삶을 나무를 통하여 그려보기	개인적인 삶의 목표를 명백히 알도록 하고 자신의 잠재력을 분석해 보도록 한다. 지금까지의 자신의 생애와 극복방법인 학습의 방법에 대해서 발표하도록 한다. 자신의 능력과 성장 가능성에 대하여 이야기 하도록 한다. 나무 밑둥이 그리기, 가지에서 잎과 열매가 자란다, 나무는 인생의 주기와 같다. 나의 정체성으로서의 나무, 나무줄기는 내가 갖고 있는 잠재력의 저장소이다. 뿌리는 나무를 지탱하고 있다. 뿌리는 내가 갖고 있는 무한한 자원을 연결시키는 근본이 된다.
3	나무를 통해 삶을 총체적으로 표현	지금까지 삶과 학습 과정에 관하여 성찰하기	자신을 나무에 비교한다. 자신의 나무를 그룹구성원들에게 이야기 한다. 참가자 모두가 역사적, 시대적으로 같은 경험을 한 자신들의 삶속에서 발표자의 공통점을 스스로 찾아내도록 한다.
4	성찰을 통한 학습으로 나무그리기	미래의 자신의 삶을 계획해 보기	뿌리는 에너지의 원천 줄기는 에너지 보관소 다양한 나의 발달 경향을 나타내는 가지

5	구성원들의 나무를 비교	그룹으로 나누어서 자신의 나무를 비교하기	(소중한 나의 장점, 어떻게 나의 나무가 성장하면 좋겠는가?, 어떤 가지를 없애버리고 싶은가? 어떤 가지가 더 잘 자라야 하는가?, 어떤 삶의 철학을 기초로 나의 나무를 키워 왔는가?, 나의 개인적인 삶의 전략은 어떠한 나무의 모습으로 나타났는가?
6	또 만나요	자신감 향상	프로그램의 실시 중 자신이 성장한 점, 변화된 점 그리고 노년기를 보는 자신의 시각이 얼마나 변했는지 경험을 나누도록 한다. 프로그램 만족도에 대해서 이야기 하도록 한다. 프로그램의 장점, 단점과 개선점을 말해보자.

출처: 박성희(2011a), 노인교육론.

토의 거리

여성 69세

나는 농촌에서 태어났으며 밑으로 남동생이 하나 있는데, 6.25사변 당시 동생은 유복자로 태어났다. 친정어머니와 할머니, 할아버지 그리고 동갑 내기인 고모와 함께 유년시절을 보냈다. 친정어머니는 안 해 본 일이 없이 두 남매와 고모를 키웠고, 시부모님을 봉양하시며, 매우 힘든 생활을 견디어 내셨다.

유년기에는 어두운 밤에도 볏단을 나르던 힘든 시절이 기억이 난다. 당시 너무 살기가 힘들어 그저 가난만 벗어났으며 하는 생각을 많이 하고, 생활은 많이 힘들었으나 고모와 사이가 좋아 서로 의지하면서 살아갔다.

청소년기: 초등학교만 졸업을 하였다. 줄넘기 고무줄 놀이를 많이 하고 정월 대보름날에는 남의 집에 몰래 들어가 밥을 훔쳐 먹기도 하였다.

결혼기: 중매쟁이의 소개로 부잣집이라 해서 25세 때에 28세의 남편과 얼굴 한번 보고 결혼을 하였다. 남편은 잘 생긴 호남형의 스타일로 시내에 살림

을 차리게 되어 가난도 면하고 거기다 잘생긴 남편을 만나 인생이 아주 화려하게 펴 나가게 될 것이라는 꿈을 안고 결혼을 하였다.

한달 후에 남편이 사업이 망했다며 시골로 들어가 살아야 한다고 해서 시할머니, 시아버지, 시어머니와 함께 시집살이를 하게 되었다. 이때부터 눈물의 시집살이가 시작되었다.

남편은 술주정뱅이에 노름꾼에 난봉꾼으로 손찌검도 서슴지 않아 하루가 멀다하고 맞았는데 그것이 남편의 진짜의 모습이었다.

조금 있던 논과 밭은 노름으로 다 날려버리고, 당장 먹고 사는게 문제라 남의 집 품팔이와 떡장사를 시작하였다.

겨울에는 너무 추웠고 추위와 배고픔에 몸서리치는 생활을 하였다. 자식들은 그래도 끝까지 책임을 져야 한다는 생각에 남편의 매일 반복되는 매질을 참으며 남의 집 식모살이, 갖가지 장사를 하면서 아들 둘과 딸 하나는 고등학교까지 가르쳤다. 일을 많이 해서 손톱을 깍을 필요가 없었다.

남편이 50세에 사망한 후 남편의 억압과 학대에서 벗어났다.

한에 복받친 눈물을 쏟아내시며 불행하고 억울했던 결혼이야기를 하시며, 한 맺힌 설움을 말씀하였다.

남편은 저 세상 사람이지만 아직도 90세의 시아버지와 88세의 시어머니를 모시고 생계 유지를 위해 현재 아파트 청소일을 하시고 계시다.

가장 후회되는 것은 난봉꾼 할아버지와 속아서 결혼한 것, 그동안 살아온 인생이 기막혀서 자신을 좋아하는 할아버지가 나타나도 재혼은 다시 안하신다고 하셨다. 동갑인 고모와 보냈던 어린 시절이 가장 즐거운 기억이다.

1. 75세의 노인이 삶의 의미를 찾을 수 있도록 생애사 상담을 적용할 때 어떠한 과정에 따라서 지원하는 것이 좋을 지 상담 계획을 짜보자.

상담의 목표

상담의 방향

2. 혼자 된 노인들이 액티브 에이징 할 수 있도록 삶의 의미를 만들어 내려면 노인생애설계상담사가 해야 할 역할은 무엇이라고 생각하는지 토의해 보시오.

제13장

마을만들기와 비영리단체 활동

13장
마을만들기와 비영리단체 활동

1 마을만들기

마을만들기는 지역사회에 존재하는 경제적, 인적, 사회적 환경 자원을 기반으로 관과 민간의 다양한 주체가 협력하여 거주환경을 점진적으로 개선하여 주민의 삶의 질을 높이고, 지역사회라는 공동의 자산을 높여가는 자발적인 지역재생운동이다.

지역사회를 좋은 마을로 만들려면 구성원이 능동적으로 지식의 공유를 통해 지역사회가 발전할 수 있다는 신념을 가져야 한다. 지역사회 발전의 원칙은 지역의 특징과 상황에 맞는 특성화된 지역을 만들어 가려는 지역화가 강조되는 것인데, 지역화란 지역의 발전을 위한 구조를 새롭게 창출해 나가는 것이다(Reutter, 2002). 지역의 문제는 지역의 역사 및 발전 그리고 현재의 상황을 잘 알고 있어 문제해결 능력을 소지한 지역공동체가 가장 잘 해결해 갈 수 있다. 과거에는 지역사회가 갖고 있는 다양한 자원 등이 풍부하지 않아 중앙정부에서 결정하고 지자체에게 실행을 명하는 상명하복식 전략(top-down)이 기능을 발휘할 수 있었다. 그러나 사회 역동이 급변하게 진행되어 지역사회가 소지하고 있는 인적 자원 및 경제적 자본이 풍부한 시대에는 지역의 발전은 지역의 전통과 문화 및 역사를 잘 알고 있는 지역주민 스스로가 달성해 내야 한다. 고령사회에서는 지역의 노인들이 하나로 뭉쳐 사회적 자본으로 연결시켜 살기 좋은 마을을 만들어 가는 주체가 되어야 할 것이다.

위기 사회에서는 경제단위의 기본이 되는 지역이 새로운 시각에서 지역사회의 문제해결을 위한 주체가 될 것이 강조되고 있다. 주민의 참여에 의해 경제발전을 도모하고 삶의 질을 향상시켜가는 것이 목적인 평생학습도시 또는 마을만들기는 지역사회의 역할을 강조하는 요구가 수용된 것으로 볼 수 있다.

첫째, 국가발전을 위한 지역사회의 역할 증대로 지역화 촉진, 지역단위 학습공동체 조성 그리고 모든 분야의 지역사회공동체의 형성과 국가 경쟁력 향상이 강조되어 지역사회의 역할이 증대하면서 지역의 문제해결을 위한 학습공동체 조성에 대한 요구가 증가하고 있다.

둘째, 지역의 인적 자원 개발을 촉진하여 국가발전의 재도약을 위해 지역이 소지하고 있는 물적, 인적, 사회적 자원의 개발이 중시된다. 지역사회 주민들이 소지하고 있는 잠재적 가능성을 끌어낼 수 있는 교육 요구는 증가하고 있다.

셋째, 교육 행정과 일반 행정 간의 네트워크 구축을 위해 지방자치단체가 보유하고 있는 문화·교육 시설, 청소년 수련시설, 스포츠 시설, 복지시설 등을 지자체와 교육청이 함께 공동 활용할 것이 강조되면서, 학습기회가 증가하고 있다.

이와 같은 평생학습도시의 정신은 고령화 시대에 노인들이 주체가 되는 마을만들기, 협동조합 운동 등을 통하여 실천될 수 있다.

1) 전주의 마을만들기 사례

마을만들기는 문화 공간을 전시 공간 위주가 아닌 마을 속에서 찾아지는 생활 문화 중심의 자연스러운 공간으로 만들어가기 위해서 삶의 장소로서 문화적 의미를 갖게 되는 공간을 만들어가기 위한 노력이다.

> "도시는 구성원들의 개별적 자율성과 창조성으로 지탱되고 스스로에 의해 살찌워져야 한다. 다양한 사람들과 다양한 문화가 함께 오래도록 지속되는 살아있는 도시, 지역적 문화가 소중히 간직되고 지역적 삶의 일상과 문화가 연결되고 지속되어지는 공간이어야 한다. 또한 그 도시를 가장 잘 아는 사람이 해야 하는 작업이다. 시공업체가 작업을 하면 전국의 모든 도시는 공장에서 만들어진 것처럼 똑같은 상품이 되어버릴 수 있기 때문이다"(김병수 외, 2012)

(1) 전주 한옥마을

전주 교동 풍남동 한옥마을에는 700여채 도시형 한옥이 보존되어 있다. 고려시대에 축성된 전주성의 배후로 주거기능을 담당하였으며, 조선시대에 한옥이 지어져 지금의 모습을 갖추게 되었다. 그러나 1920년 일제가 성곽을 헐고 도로를 뚫어 새 길을 내면서 일본상인들이 성 안으로 들어오자 지역주민들이 항의하는 과정에서 주민이 도시건설에 참여하게 되었다. 문화재를 지키려는 주민들의 노력으로 전주 시내에는 1410년에 창건되어 태조 이성계의 초상화가 보존되어 있는 경기전, 양반가문의 자제들을 교육하기 위해서 세종 1441년에 세워진 전주향교, 우리나라에서 가장 아름다운 성당 중 하나이며 서양식 근대 건축물로는 가장 오래된 로마네스크 양식의 웅장함을 보여주는 전동 성당이 있다. 성당이 세워진 자리는 원래 전라감영이 있던 자리로 우리나라 천주교 역사상 첫 순교자가 나온 곳이기도 하다. 전동 성당은 프와넬 신부의 설계로 중국에서 벽돌 제조 기술자를 직접 데려 오는 등 많은 노력을 기울인 끝에 공사가 시작된 7년 후인 1914년에 완성되었다. 성당 내부의 둥근 천장과 스테인드글라스가 아름다우며 화강암 기단 위에 붉은 벽돌로 이루어진 건물 외관과 중앙 종탑을 중심으로 작은 종탑들을 배치한 상부의 조화로 웅장함이 느껴진다. 성당 앞의 그리스도상이 성당의 아름다움을 자아내며 '한국 최초 순교터' 라고 새겨진 기념비도 있다,

1404년(태종 4) 조선의 개국공신이며 집현전 직제학(直提學)을 지낸 조선 초기의 문신 최담이 별장으로 지은 한벽당도 있다. 물줄기는 계곡의 바윗돌에 부딪쳐 흰 옥처럼 부서지면서 거듭 굽이 돌아 남천으로 흘러가므로 전주 8경의 하나로 꼽힌다.

많은 시인과 묵객들이 이 곳을 방문했기 때문에 그들의 시가 많이 전해오고 있다. 이외에 조선시대 향교에서 공부하던 학생들의 기숙사로서 사용되었던 양사채도 남아 있다. 주민이 힘을 합해 지켜낸 문화재가 많은 전주한옥마을에도 최근에는 전주시의 정책에 따라 공공 문화시설이 많이 들어서고 있다.

한옥생활체험관, 전통술박물관, 전통공예품 전시관, 한방문화센터 등이 대표적인 공공 문화시설이라고 할 수 있다. 또한 공예 공방촌, 테마 한옥민박, 최명희 문학관 등 다양한 테마문화시설도 대표적인 명소로 자리잡아 가고 있다.

2002년 2월에는 전주시 한옥보존지원조례가 만들어져 한옥 마을을 대한 지구단위계획이 수립되고 개보수를 위한 자금이 지원되어 한옥마을의 보전, 정비를 위해 전주시 한옥보존위원회라는 민관협력기구가 만들어졌다.

그러나 관과 민의 이해관계는 상충되어 정부는 기존 시설의 이용률을 높이고 관광 수익의 극대화를 목적으로 정책을 입안하고 있다. 이러한 시책에 굽히지 않고 주민들은 한옥마을은 관광지이자 주거지역이라는 정체성을 잃지 않고 현대적인 요구를 수용하면서 전통성을 지켜 나가고 있어 성공적으로 지역주민의 힘이 발현되는 도시라고 볼 수 있다.

현재 전주시의 위탁 문화시설과 순수 민간자본으로 투자되는 문화시설은 전통문화구역에서 마을의 이미지를 만들어 가는데 기여하고 있지만 한옥마을이 해결해야 할 과제도 있다.

첫째, 한옥마을의 문화를 계속 이끌어 갈 수 있도록 한옥마을 지키기에 청년층을 참여시켜야 한다. 한옥마을의 거주자가 대부분 노인이므로 청년층들이 한옥마을의 정체성을 노인들과 함께 공유하여 전통문화를 재창조해 나가는 지킴이로 키워야 한다.

둘째, 한옥마을을 잘 보존하면서도 살기 좋은 주거지로 만들어가야 한다. 전주시는 문화시설과 도로 등 인프라를 투자하면서 현재 관광사업 중심의 개발이 이루어지고 있다. 따라서 새로운 도시발전을 위한 주민 참여가 요구되고 있다. 한옥보존이라는 '한옥마을보전지원조례'에 따른 전주시 정책과 한옥마을의 발전방안은 관과 민의 요구가 통합되어 형평을 맞추어나가야 할 것이다. 이러한 문제 해결을 위해서 마을지킴이 즉, 마을주민들과 시민단체, 전주시는 관 주도의 개발보다는 주민들의 자발적인 참여를 유도하고 한옥마을의 공동체성을 살리는 합의가 요구된다(김병수 외, 2012).

– 전주시의 박물관

전통 술 박물관: 전주의 전통 술 박물관은 우리나라의 전통 술을 주제로 만들어진 테마 박물관으로, 한옥생활 체험관인 세화관에서 운영하고 있다. 우리나라는 옛날부터 집집 마다 술을 담그던 관습이 있어 다양한 술 문화가 발전되어 왔는데 전주는 특히 집집마다 독특한 술을 개발해 술의 종류가 매우 많다.

전통 술 박물관은 우리나라 전통 술에 관한 역사와 문화, 술 빚는 과정과 시음까지를 한 자리에서 경험할 수 있는 박물관이다. 박물관 내의 양화당(釀和堂)은 전통 술 빚기 과정을 그대로 재현해서 보여 주며, 계영원(誡盈院)에는 전통 술과 관련된 제기 및 전통주들이 전시되어 있다. 박물관 내의 수음관에서는 직접 전통 술을 담가 방문객들과 함께 시음회를 열기도 하고, 전통 술에 대한 강의가 열리기도 한다.

– 한옥마을 생활체험관

음식, 놀이, 공예, 한옥 생활 등의 전통문화를 체험하는 복합 문화공간이다. 관광객들은 민요와 판소리 강습, 연, 제기 만들기, 비빔밥 체험, 매듭, 나무, 한지 공예 등을 체험해 볼 수 있다. 또한 대보름이나 단오, 동지 등 절기에 따라 명절 행사에 참여해 볼 수 있으며, 한옥개보수 아카데미, 굿판 등의 교육에도 참여할 수 있다.

– 학생들을 위한 프로그램

한옥마을과 재래시장, 농촌마을을 연계한 옴니버스 문화 탐방과 토요일에 농촌마을 찾아가는 놀토 행촌 등의 프로그램에 학생들이 참여할 수 있다.

이외에 풀꽃 연구소는 효소연구를 통해 친환경 먹을거리를 연구하며, 할머니 공방사업은 2008년 7월부터 고령자들의 일자리 창출을 도모하고 있다.

(2) 남부시장의 하늘정원

남부시장 하늘정원은 2007년 한국토지공사 '초록사회만들기위원회 지원사업'과 더불어 본격적으로 시작되었다. 하늘정원은 유쾌한 공간 만들기, 대형유통마켓과 경쟁할 수 있는 가능성을 주민이 주체가 되어 일구어 보자는 운동, 문화, 청소년교육, 상인참여 유도 등을 통해 재래시장의 가치를 축적하여 함께 개발해 보려는 주민의 의식화에서 시작되었다. 공연, 전시, 휴식, 교육기능을 추가해서 시민들이 일상생활 속에서 도시생활문화를 즐길 수 있도록 다양한 프로그램을 시도해 보고 창의적인 공간을 만들어 보려는 아이디어에서 출발하였다. 남부시장의 하늘정원 만들기 프로젝트는 다음과 같은 과정을 거쳐서 발달하였다.

재래 시장 내 2층 옥상 공간에 휴식을 위한 녹지 공간을 만들기는 주민, 작가, 전문 인력이 설계에 참여하면서 시작되었다. 이후 지역의 시민단체가 지속가능한 마을 만들기를 지원하고, 할머니 공방, 화단 가꾸기 등 꾸준한 활동의 진행이 시작되자, 시장 내 공간이 마련되어 주민, 상인 등이 힘을 합하였다. 드디어 2008년 8월~2009년 3월까지 '실버문화놀이터 리폼프로젝트'를 통해 할머니들과 지역 작가들이 하늘정원에 공방을 구성하게 되었고, 60대 이상의 할머니들의 뛰어난 손기술과 젊은 작가의 창의성이 결합되어 낡은 물건을 리폼하여 예술적 가치로 재탄생되기 시작하였다.

이러한 프로젝트의 의의는 노년층과 청년층이 새롭게 일할 수 있는 일터를 마련한 것, 쓸모없었던 공간을 창조적인 공간으로 재탄생시킨 것, 전통시장의 가치를 상승시킨 것, 도시에 녹지공간을 제공한 것 등에 있다. 이외에 폐자원으로 작품을 만들고 이를 팔아서 청소년 및 노인교육에 수익금으로 쓰고 있는 것 등은 마을 활성화를 위한 모범적인 도시만들기 활동이라고 할 수 있다.

(3) 전주 남부시장: 청년장사꾼 만들기

문화체육관광부의 정책사업으로 2008년~2010년까지 전국 16개의 전통시장을 선정해 추진한 사업이 '문전성시 프로젝트'이다. 전국의 20개 전통시장이 응모하여 서울 남문시장, 충남 홍성 전통시장, 전주 남부시장이 선정되었다.

전주 남부시장은 '청년장사꾼만들기 프로젝트'를 통해 청년장사꾼을 육성하여 남부시장 내 자발적 동력을 확보하고, 다양한 문화마케팅 행사로 젊은 고객을 유인하며, 문화적인 공간을 정비하여 시장 이미지를 개선하여 관광명소화를 통해 남부시장만의 특색있는 문화컨텐츠를 개발하고자 노력하였다. 남부시장을 유명하게 만든 것은 야시장을 개최한 것인데 시장에서 추억을 파는 사진가게, 중국인 유학생을 위한 자취음식가게, 고민을 들어주는 귀를 파는 가게, 천원네일샵 등이 인기를 끌게 되었다. 16개의 가게가 30개로 늘어나면서 평일에는 300~500명, 주말에는 700~800명이 방문하는 명소가 되었다(김병수 외, 2012).

2) 도시연대의 마을만들기 운동

(1) 인사동

인사동 북촌한옥만들기는 도시연대가 1995년부터 시작한 운동이다. 일본에서는 고도성장을 이룬 1960년대 중반, 소득증가가 반드시 삶의 질을 보장해주는 것은 아니라는 인식이 공유되면서 도시의 기능 개선에 시민이 참여하는 '마치즈

쿠리'운동이 시작되었다. 이는 정부의 거시적인 도시발전의 정책이 아닌 시민 스스로 생활 환경을 만들어가고 도시의 정체성을 발굴, 회복해 나가자는 시민운동이다. 마치즈쿠리 운동에서 영감을 얻어 인사동 마을만들기는 시작되었고, 북촌한옥마을 만들기까지로 연결되었다(김병수 외, 2012).

1995년 인사동에 차없는 거리행사가 실시된 후에 시민들이 호응을 보냈고 이어서 인사동을 유지보존하려는 활동과 작은 가게 살리기 운동 등이 일어났다. 시민들의 노력으로 인사동은 전국 최초로 문화지구제도가 시작되었다. 인사동 만들기는 핸드메이드 활동으로 발전하고자 하였으나 상인들이 주민의 지속가능한 마을 환경만들기에 실패하고 이익추구라는 상업성에 치우쳐 문화예술에 기반을 둔 문화정체성 형성에 실패하였다.

(2) 북촌 한옥마을

서울시 북촌 한옥마을 가꾸기는 한옥을 아끼고 지키려는 북촌사람과 함께 시작되었다. 인사동 상인과 문화종사자들이 인사동의 가치가 하락하고 임대료가 상승하자 북촌으로 이전하기 시작하였기 때문이다. 1980년도 이 곳이 한옥보전지구로 지정되었던 당시에는 2천여 채의 한옥이 있었으나 1990년 규제가 완화되어 개발은 순식간에 이루어져 다세대, 다가구 주택이 들어서게 되었다. 2000년이 되자 한옥은 800여 채 밖에 남지를 않았다. 서울시가 한옥의 가치를 새롭게 발견하면서 주민과 시민단체들은 함께 한옥마을가꾸기를 시작하였다. 과거 행정적 규제로 인하여 피해를 본 주민들은 이번에는 행정 주도, 주민참여형으로 북촌가꾸기 사업에 참여하여 '열린 사랑방'을 열고 각종 문제를 해결해 나갔다. 북촌 한옥마을만들기는 관과 민이 함께 협력한 성공적인 모델이지만 그럼에도 불구하고 북촌이라는 역사문화적인 장소와 주거공간이 통합한 공간으로 발전하기 보다는 서울시와 종로구가 관광마케팅에 주력하면서 관광명소로 변화하면서 급속히 상업화되고 주거공간의 기능은 위축되고 있다.

3) 일본의 마을만들기 성공 사례

마을 만들기가 성공하려면 지역사회에 필요한 요구를 찾아내야 한다. 토쿠시마현 카이카츠 마을은 인구 2000명 중 45%가 고령자로 구성되었다. 주민의 평균 연령이 80세인 마을은 산림이 80%를 차지하므로 농지는 거의 없는 마을이다. 과거에는 목재를 팔아 어렵지 않게 생활하였으나 1970년대부터 목재가 수입되면서 산림자원은 가치를 잃게 되어 빈곤한 마을로 전락하였다.

그러나 1979년 이 마을에서 근무를 시작한 농협직원 요코이시 씨는 매일 술로 나날을 보내는 주민들에게 희망을 안겨 주기 시작하였다. 그는 경제적 안정을 가져다 줄 새로운 사업을 찾던 중 초밥에 장식된 예쁜 나뭇잎이 마을에서 흔히 볼 수 있는 나뭇잎임을 알게 되었고 할머니 4명과 1987년 주 '이로도리'라는 나뭇잎 판매회사를 설립하였다. 상품은 산과 계곡에서 채취한 갖가지 나뭇잎과 들꽃으로 단풍잎에서 감나무 잎, 댓잎, 연잎 등 320가지에 이른다. 할머니들이 매일 채집하는 신선한 나뭇잎은 오사카, 교토 등 대도시의 음식점, 호텔 여관 등으로 팔려 나간다. 경영은 개별적 주문이 아니다. 주문표를 보고 노인들이 직접 수주하는 경쟁 방식을 도입하여 선착순으로 수주하도록 하였다. 물건을 생산하는 생산자에게 지시하는 시스템에서 생산자 스스로가 기회를 잡는 적극적인 참여시스템으로 전환시켰다. 마을이 방재용으로 구비했던 팩스를 이용해 각 조합원의 집에 동시 주문을 하였다.

그림 1 나뭇잎 배달 경영 흐름도(김병수 외, 2012: 94쪽) 재구성

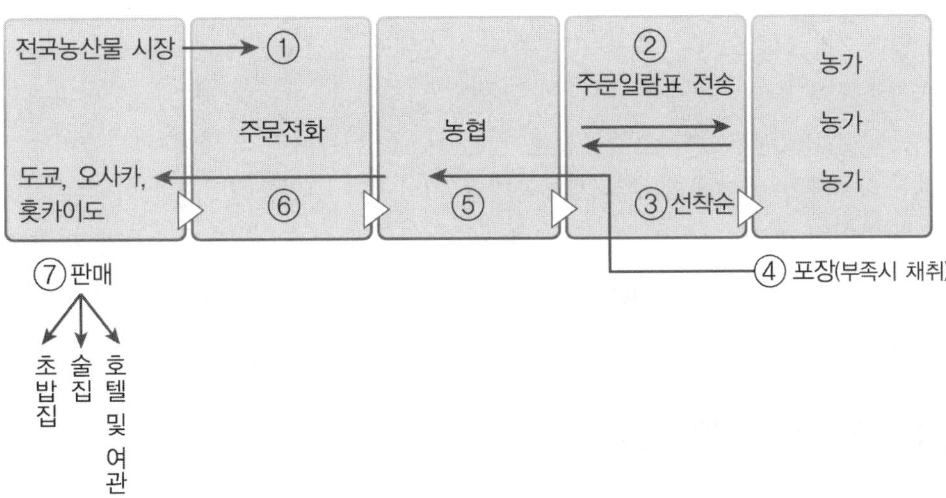

매일 저녁 요코이시 씨는 당일 실적, 다음날의 목표 출하량, 시장 동향을 생산자에게 보내 나뭇잎을 사전에 채취할 수 있도록 한다.

발주가 마감되면 (주)이로도리 홈페이지에는 막대그래프로 발주 상황이 공시된다. 각 생산자는 홈페이지를 보고 주문량과 발주량의 정도 등을 비교하면서 나뭇잎의 채취 여부를 결정한다. 각 농가는 주문량만큼의 나뭇잎을 오전에 따서 손질·포장하여 지역농협에 출하하고 농협은 농가에서 가져온 상품을 모아 매일 12시에 각 도시로 발송한다.

홈페이지는 최대한 단순하게 만들어 노인들이 편리하게 사용하도록 하였다. 장사를 하려면 컴퓨터를 배워야 하므로 현재 카이카츠 마을의 노인들은 컴퓨터 사용법을 익혀 신속한 유통 체계를 구축하여 180호 농가가 연매출 2억 5천만 엔을 올리고 있다. 선착순 발주 시스템으로 신선한 제품이 유통되어 카이카츠 마을의 나뭇잎 배달 사업은 시장의 신뢰도가 높고 전국 시장의 80%를 점유하고 있다.

이에 '함께 노력하여 일하면서 소득을 얻고 지역사회에 공헌하면서 치매를 예방하자'라는 마을 이미지가 만들어 졌다. 현재 마을에는 병상에 누워 계신 노인이 적어 의료비 지출이 적고 귀농 인구가 증가하고 있어 지역활성화 사례로 주목되고 있다.

삶의 존재감이 없었던 90세 할머니들이 사다리에 올라가 나뭇잎을 따고 83세의 할머니가 팩스로 주문을 받고 컴퓨터로 판매를 점검하면서 자아존중감이 증가하고 소통이 늘어나 마을은 하나의 공동체가 되었다. 현재 각지에서 할머니들의 성공노하우를 배우겠다는 청년들은 일본 내 뿐만 아니라 외국에서도 몰려들고 있다. 과거에는 정부에서 주는 보조금만을 기다리는 주민들이었지만 이제는 지역의 나뭇잎이 경제 자원이 될 수 있다는 발상을 통해 마을을 풍요롭게 만들어 가는데, 관·민이 협조하여 성공하였다(김병수 외, 2012).

2 사회복지 법인 만들기

법인은 법률의 규정에 의하여 설립될 것이 민법 제31조에 명시되어 있다. 법인은 법적으로 인격이 부여된 무형의 사람으로 공동생활에 있어서 권리와

의무의 주체가 된다. 사회복지서비스의 각 법에는 사회복지법인은 국가의 책임 하에 수행되어야 하므로 민간법인이 사회복지관련 시설이나 사업을 하고자 할 때는 허가를 받아야 한다. 이것은 국가나 지방자치단체는 사회복지시설을 운영할 수는 있지만 하급지방자치단체인 시나 군이 시설을 설치하려면 상급지방자치단체의 허가를 받아야 한다. 사회복지 법인이나 기타 비영리 법인은 도지사의 허가를 받아야 시설의 설치 및 운영이 가능하다. 이것은 강제규정이므로 허가를 받지 않고 시설을 설치할 때는 1년 이하, 지역 또는 100만원 이하의 벌금에 처해진다. 즉 사회복지법인은 반드시 국가 또는 지방자치단체와 사회복지법인이나 공익법인(사단법인, 재단법인), 기타 비영리법인만이 할 수 있고, 그 외의 단체나 개인은 할 수 없다.

1) 인가 신청 서류

사회복지사업법 시행령 제15조 및 동법 시행규칙 제8조에서 정하는 사회복지법인 설립허가 신청서에 첨부되어야 할 서류는 다음과 같다.

① 설립취지서 1부

6하 원칙에 의해 설립 취지를 기재하고 재산 기증 사항, 임원 선출, 정관의 심의 의결, 사업계획 및 수지 예산의 의결에 관한 사항, 발기인 전원이 기명 날인한다.

② 정관 2부

사회복지법인 정관 예시에 따라 작성하고 발기인 전원이 기명 날인한다.

③ 재산출연 증서 1부

- 재산기부 승낙서: 출연하는 재산의 소재지, 지목, 지적, 평가액 등에 관한 구체적인 내용을 기록하고 법인을 포함한 출연인의 인적 사항 및 출연일자를 기재한 후 인감 날인한다.
- 주식, 예금 등 유동자산 및 재산권의 출연 행위에는 공증인의 공증이 필요하다.

④ 재산출연자의 인감증명서 1부

⑤ 재산의 소유를 증명하는 서류 1부

출연재산이 출연인의 소유인지를 증명할 수 있는 부동산 등기부 등본, 주식의 주주명부 사본, 예금 잔고 증명, 유가증권 사본, 땅에 자라는 수목에 대한 입목, 선박, 중기 등의 등기 또는 등록필증, 공사채 및 각종 문학, 미술 등에 관한 저작권, 특허권, 실용신안권 같은 무체재산권의 등록필증 등을 첨부

⑥ 재산의 평가조서 1부

지본재산의 평가액을 일목요연하게 파악할 수 있도록 작성

⑦ 재산의 수익조서

수익용 기본 재산의 수익을 파악할 수 있도록 작성, 산출 근거를 명시

⑧ 임원의 취임 승낙서, 이력서, 신원증명서 각 1부

인적 사항(주소, 성명, 주민등록 번호), 직위와 취임 기간을 명시하고, 서명 날인한 승낙서 및 이력서, 인감증명서를 첨부

⑨ 임원상호간의 관계에 있어 법 제14조 제2항의 규정에 저촉되지 아니함을 입증하는 각서, 친족은 임원 총수의 1/3 이상을 초과하지 말아야 한다.

⑩ 사업계획서 및 예산서

설립 후 1년간의 사업계획서 및 예산서를 작성, 사업계획서는 6하 원칙에 의해 사업의 구체적인 내용을 적고 예산서는 세입, 세출항목을 구분하여 작성하고 항목별로 산출 근거를 명시해야 한다.

2) 등기에 관한 사항

민법 제 49조에 따라서 사회복지법인이 설립 허가를 받은 날로부터 3주 이내에 다음의 사항을 등기해야 한다.

등기는 법인설립 목적, 명칭, 사무소, 설립인가, 존립시기 또는 해산 사유, 자산의 총액, 출자 방법, 이사 명단, 주소, 이사의 대표권을 정한 경우, 그 제한 내용을 등기해야 한다.

3) 설립 등기

보건복지부장관으로부터 설립허가를 받은 법인은 법원에 등기해야 한다. 법인 설립일로부터 30일 이내에 사무소에 정관, 임원의 성명과 주소, 재산목록, 회의록, 그 외 보건복지부령이 정하는 비치 서류들을 반드시 배치해 놓아야

한다.

4) 설립 절차

사회복지법인, 사단법인이나 재단법인 등의 공익법인, 비영리 법인들 중에서 상대적으로 설립이 쉬운 것은 공익 법인이다.

- 공익 법인을 설립하려면 정관을 만들어야 한다. 정관에는 명칭, 사무소 소재지, 자산의 종류, 평가액, 자산의 관리방법과 회계에 관한 사항, 이사 및 감사의 정수, 임기 및 그 임명에 관한 사항, 이사의 결의권 행사 및 대표권에 관한 사항, 정관 변경에 관한 사항, 공고 및 그 방법에 관한 사항, 존립시기와 해산사유를 정할 때는 그 시기와 사유 및 잔여 재산의 처리 방법, 사무감사와 회계감사에 관한 것 등이 필요하다.
- 주무관청의 허가를 받아 5~15인 이하의 이사와 2인의 감사를 취임시킨다.
- 정관을 허가받고 임원의 취임이 승인되면 조직을 구조화 한다.

노인 상담소를 독자적으로 설립, 운영하거나 혹은 법인의 하부 조직가운데 하나로 노인 상담실 혹은 노인의 전화 등을 공익 법인으로 만들 수도 있다.

5) 노인 상담소

1981년에 제정된 노인복지법은 1993년 개정되면서 노인복지 증진을 위한 민간인의 참여를 허용하였다. 복지시설이나 기관의 설립은 사회복지법인이나 민간기업체, 시·도지사의 허가를 받은 개인이 노인복지시설이나 기관을 설치, 운영할 수 있게 되었다. 고령사회에서 민간이 운영하는 상담소를 개설하려면 다음의 사항을 철저히 고려해 보아야 한다.

(1) 상담소 개소시 유의할 점

첫째, 상담소 개설 목적을 분명히 설정한다. 상담소의 목적을 분명히 하려면 경영자, 상담사, 자원봉사자들의 교육과 훈련 정도, 경험 여부, 상담소 운영 시간 등을 점검해 봐야 한다. 상담소를 운영하려면 경영자와 상담사의 두 가지 역할을 모두 다 수행해 낼 수 있어야 한다. 이외에 상담사 및 자원봉사자들의 요구를 수용하여, 함께 성공적 노화를 수행해 가도록 노력해야 한다.

둘째, 상담소 운영에는 위험 부담이 따르기 때문에 다양한 요인을 사전에 충분히 고려해야 한다. 직원의 월급이나 보험료, 퇴직 연금 등의 기본적인 인건비, 공과금, 청소비 등 경제적 부담요인을 충분히 고려해야 한다. 상담소 개소 초기에는 책임감을 느껴 심리적 부담감이 매우 크므로 자신의 신체적, 심리적 건강 등에 유의해야 한다.

상담소 개설 초기에는 직원 채용, 홍보, 새로운 일 때문에 바쁘게 되어 가족과 함께 보내는 시간도 적어진다. 비영리 단체 경영에 실패하는 이유는 25% 정도는 경제적 요인인 자본의 부족, 부채의 증가, 과다한 경영 비용 등이 원인이 된다. 8% 정도는 직원 관리 실패, 직원들이 불성실한 업무 수행, 화재 및 물난리, 도난 등의 재해가 원인이고 나머지 7% 정도는 부주의, 잘못된 습관, 지나친 사업 확장 등으로 나타난다.

셋째, 상담소 운영에는 위험도 따르지만 운영을 잘하면 노인을 위한 다양한 상담을 제공할 수도 있다. 충분한 계획과 경영 그리고 신뢰있는 상담소를 만들어 가면 고령사회에서 노인들의 좋은 반려자가 될 수 있다.

(2) 사업계획 수립

① 내담자 집단의 크기 파악

노인 상담소를 운영하려면 정부에서 5년마다 실시하는 인구조사 자료, 시장 조사, 대학연구실 자료 등 여러 가지 통계자료들을 참고하여 지역 안에 잠재적인 노인 내담자가 얼마나 되는지 파악해 보아야 한다. 만약 자료 수집이 어려우면 지역사회 공무원에게 노인 인구사회학적 특성에 관하여 문의해 볼 수도 있다.

② 내담자들의 사회인구학적 특성 및 일상생활의 맥락 분석

내담자의 수가 파악되었다면 지역사회에 거주하는 노인들이 당면하는 문제 파악을 위해 연령, 교육 수준, 경제적 수입 정도, 가족 관계, 배우자 유무, 거주지, 성인자녀와의 동거여부, 종교적 성향 등에 대한 인구사회학적 특성을 분석하여, 이들이 일상생활을 살아가는 맥락과 상황, 문제 등도 파악해야 한다. 이외에 내담자들이 원하는 상담을 받을 수 있도록 성격검사, 직업-능력검사, 심리 진단 등 다양한 영역의 상담을 지원할 수 있도록 능력 개발에 힘써야 한다.

③ 상담기술과 대처 방법을 연구

노인 내담자를 대상으로 해서 어떠한 상담기술을 사용하여 이들의 요구를 끌어내며 어떠한 방법으로 조언해 줄 것인지, 대처 방법을 미리 연구하고 계획해 두는 것이 좋다. 예를 들면 도시노인과 농촌노인의 문제는 상이할 수 있으며 남성노인, 여성노인의 문제, 초기 노인과 후기 노인, 평생교육기관 및 노인복지관의 유무 등에 따라서도 노인들이 겪는 문제 해결 정도 등을 예측해 볼 수 있으므로 다양한 대처방법 등을 사전에 기획해야 한다.

④ 유사기관들과의 네트워크 구축

상담소에서 해결할 수 없는 복합적인 문제 등은 그 지역 안에 있는 전문상담기관에 위탁해서 내담자가 도움을 받도록 안내해야 한다. 지역사회에 있는 많은 유사기관들과 네트워크 체계를 구성하여 정보 교환이 용이하도록 관계를 구축해 나가야 한다.

⑤ 상담소 위치

상담소 개설 장소는 많은 내담자들이 이용하도록 교통이 편리한 곳을 선택해야 한다. 상담소는 조용한 곳에 많은 사람들이 왕래하지 않는 쪽으로 출입문을 내어 내담자의 사적인 비밀을 보장해 주어야 한다. 상담소 설립시에는 설립 예정지 8킬로미터 반경 안에 살고 있는 노인들을 내담자로 생각해야 한다. 이 지역 안에 있는 다른 상담소의 위치를 파악하여 개설하려는 상담소의 위치를 결정하는 것도 매우 좋은 방법이다. 유관기관들의 위치와 상담 내용들을 파악하고 이들과 차별화되는 상담전략을 개발해 내야 한다. 이같은 사전 준비가 철저히 이루어져야 다른 기관과는 차별화된 노인 상담에 성공할 수 있다.

⑥ 관민의 협력 및 후원회 결성

노인 상담기관의 필요성을 공무원에게 설득시켜 도움을 얻는 것이 좋으며 상담소의 운영은 관민의 협동을 통해 시너지를 발휘하도록 환경을 조성해 두어야 한다. 초기에는 노인상담소를 홍보하여 지역주민들에게 알리는 것이 중요하며 후원회 등을 결성하여 시민들이나 기업으로부터 후원금을 받는 것, 자원봉사자들의 도움을 받는 것도 매우 중요하다.

(3) 상담의 유형과 종류

노인 상담은 면대면 상담으로 진행하는 것이 가장 좋으며 1회에 최소한 30분 이상 면담하는 것이 좋다. 잠재적인 내담자가 많은 경우에는 상담사들을 특화시켜 법률 상담, 건강 상담, 경제 상담, 직업 상담, 여가 및 자기 개발 상담, 친구교제 상담, 우울 및 자살 상담 등으로 전문영역을 나누는 것도 좋은 방법이다.

상담자와 내담자가 일대일로 하는 면대면 상담, 같은 문제를 겪는 노인들을 대상으로 집단 상담, 가족들이 내담자를 지원하도록 가족상담 등을 제공할 수도 있다.

6) 한국노인의 전화

노인의 복지증진을 위해 유용한 정보를 제공하며 노인들의 성공적인 삶을 지원하기 위해 양질의 서비스를 제공해주는 기관 및 시설과 만날 수 있도록 연결시키는데 목적이 있다. 서울시 서대문구 북아현 3동에 있는 한국노인의 전화는 1994년에 전화 상담을 시작하였고, 1994, 보건복지부에서 노인의 전화로 창립하였으며, 1994년 보건복지부로부터 사단법인 설립인가를 받았다.

3 협동조합 만들기

현재 등록된 비영리 법인현황은 2011년 통계에서 총 29,170개로 나타났다.

비영리법인의 대표적 기관에는 교회, 성당, 사찰 등과 같은 종교단체, 종합병원, 사립학교, 사회복지시설, 고아원, 어린이 집 등이 있다.

사회적 협동조합은 협동조합기본법에 의해 설립인가를 받은 비영리 법인이지만, 사회적 기업은 법인이나 비영리 법인은 아니다. 사회적 기업은 사회적 기업육성법에 근거하여 고용노동부장관이 부여하는 일종의 인증 제도이다.

표 1 비영리 법인 현황

합계(개)	종교	학술 장학	사회 복지	교육	의료	예술 문화	기타
29,170	17,753	3,229	3,028	1,681	700	658	2,121
100	60.9	11.1	10.4	5.8	2.4	2.2	7.2

출처: 2012년 국세통계연보 자료.

일정한 요건을 충족하는 회사, 사단법인, 협동조합이 고용노동부에 인증을 신청하면 사회적 기업진흥원이 실사와 위원회 심의를 거쳐서 사회적 기업이라는 인증을 내어준다. 사회적 기업이 되면 인건비 지원을 받을 수 있다. 공모를 통해 지원 대상 기관으로 선정되면 신규채용인원이 5~30인 미만인 경우에는 약 70% 이상의 인건비와 사회보험료 인건비의 8.5%를 12개월간 지원받을 수 있다.

1) 발달

제7장 제 119조로 구성된 협동조합기본법이 2012년 12월부터 시행됨에 따라 뜻이 맞는 5인 이상이 모이면 누구나 분야와 업종에 상관없이 협동조합을 자유롭게 설립할 수 있다. 2013년 5월말 현재 1,210개가 넘는 신규 협동조합이 설립되었다. 실제 지금까지 설립된 협동조합의 대부분이 생활밀착형 협동조합으로 대리운전기사협동조합, 환경미화원협동조합, 도시락협동조합, 시민교육협동조합, 유아교육협동조합 등이 생겨났다.

60년 이상의 역사를 자랑하는 지역농협의 숫자가 1,166개인 것에 비교해 보면 협동조합은 단기간에 급속하게 발달되었음을 알 수 있다. 그러나 협동조합에 대한 인식이나 이해도는 아직 낮아 초보단계에 있다. 협동조합 선진국이라는 캐나다, 이탈리아, 스페인, 영국 등에는 연구자들이 많아, 주류 경제학자들과 함께 바람직한 경제, 사회모델에 대해 활발하게 연락하고 있다.

2) 협동조합의 정의

첫째, 협동조합은 공동으로 서유하고 민주적으로 운영되는 기업이다.

협동조합은 기업이며 운영의 원칙은 소유자, 경영자, 사용자가 동일한 것이 특징이다. 예를 들면 중소기업을 다니는 직원 30명이 회사 내에 식당이 없어 매일 점심먹는 것은 큰 걱정거리가 된다면, 직원들이 일정액을 투자하고 회사의 지원을 받아 직원식당 협동조합을 만들 수 있다.

식당장소와 장비는 회사가 제공하고 식당에서 일하는 요리사를 직원으로 고용하여 운영할 수 있다. 또한 식사를 하는 것도 직원들이므로 소유자, 경영자, 사용자가 동일해 진다. 즉 협동조합은 조합원들이 공동출자하고 참여하고 소유하고 운영되는 사업조직이다. 협동조합을 만들려는 출자를 위한 경제적 자본도 필요하지만 협동조합 운동에 참여할 수 있는 인적자원, 이외에 조합원들이 공동으로 뭉쳐서 일할 수 있는 사회적 자원이 있어야 한다.

둘째, 협력적인 경쟁을 추구한다.

2012년은 '세계협동조합의 해'이었다. 협동조합 기업은 시장에서 운영되는 경쟁 원리에 따라서 운영되지만 지역사회에 기여하고 조합원 모두에게 고루 봉사하는 공적인 의무도 갖고 있다.

3) 협동조합의 역사

과거 우리나라에도 지역의 구성원들이 지역 내 치안유지와 복리증진에 공동으로 노력하고 협력한 오가통, 상호협력하는 공동노동 조직인 두레, 상부상조하고 질서 유지를 위해 향약, 돈이나 곡식을 거두어 여러 사람이 이용한 계로 불리는 전통들이 있었다.

이탈리아 협동조합: 13세기 수도원에서 함께 농사를 짓고 공동생활을 하며 가진 것을 어려운 이웃과 나누었던 것이 이탈리아 협동조합의 정신이다.

영국의 협동조합: 방적 공장에서 하루 평균 18시간을 일하며 부족한 노동력을 충당하기 위해서 어린이들까지 일하게 되자, 오웬은 12세 미만의 아동의 노동을 금지시키고 평균 근로시간을 10시간 45분으로 제한하였다. 이후 최초의 협동조합이 1844년 영국 로츠데일에 설립되어, 공정선구자조합(Rochdale Society of Equitable Pioneers)이 만들어졌다. 당시 밀가루에는 분필가루를, 곡물에 모래를 섞어 팔기도 아는 부도덕한 상행위가 이루어지며, 맨체스터 인근에 지역상권을 독점한 중간상인들의 횡포가 심해져 생필품 가격이 급속히 올라가자 이에 분노

한 주민들은 28명의 방직공과 숙련공이 모여 작은 소매점을 만들게 되었다. 작은 소매점은 자율적이고 공정한 규칙, 스스로 생필품을 사고 팔면서 최초의 협동조합을 만들었다.

그러나 협동조합이 만들어지면서 지역상인들이 반발하기도 하였으나 전기가 끊어져 촛불을 키고 영업을 하였지만 조합원은 수천명으로 늘고 가게는 1,000여 개 이상으로 확산되었다. 성공의 노하우는 정직한 경영이며 남은 이익은 다시 조합원들에게 돌려주고 있다.

– 라이파이젠 신용협동조합

독일의 농촌에서 면장을 하던 프리드리히 빌헬름 라이파이젠(Raiffeiśen)은 1860년 신용협동조합을 만들었다. 프랑스와 프로이센 전투에서 눈을 다쳐 상이군인이 된 후에 프로이센의 작은 시골마을로 부임하였다.

그는 농민들이 자기 토지를 경작하면서도 가난에서 벗어나지 못하는 이유는 생활하는 데 필요한 돈을 봄에 고리대금 업자에게 빌려 쓴 후에, 가을에 수확한 농산물 대부분을 원금과 이자로 갚는 악순환에 있다고 보았다. 이것이 해마다 반복되면서 농민들이 고리대금업자의 배를 불려주고 있다는 사실을 간파하였다.

라이파이젠은 농민회의를 소집하여 집에 보관하고 있는 돈, 동전 등을 모아서 조합을 만들고 봄이 되면 돈이 가장 먼저 필요한 농민에게 대여해 주고, 이자는 고리대금업자의 반만 받는 신용협동조합을 만들었다. 몇 년 후 농민들의 삶이 향상되면서 라이파이젠 신용협동조합이 설립되었고 유럽의 전역에서도 농민들이 신용협동조합을 만들기 시작하였다. 유럽의 협동조합은 전체 은행에서 수신하는 금액의 20%를 차지하므로, 영향력이 막강하다.

우리나라 신용협동조합은 1959년 부산에서 캐나다인 가브리엘라 수녀가 시작하였다. 수녀는 성가 신용협동조합을 시작하여 당시 사채업자들의 이자가 한 달 7부였는데, 2부로 돈을 빌려주기 시작하였다. 현재의 신용협동조합이나 새마을 금고는 이러한 정신을 이어받은 것이다. 이들이 낮에는 일하고 밤에는 모여 협동에 대해 공부하면서 지금의 경영원칙을 만들어 내었는데 이것이 7대 협동조합 원칙이다.

국제협동조합연맹(ICA)에서는 협동조합은 “공동으로 소유하고 민주적으로 운영되는 사업조직을 통해 공동의 경제, 사회, 문화적 수요와 요구를 충족시키기 위해 자발적으로 결성된 자율적인 단체"라고 규정하고 있다.

– 국제협동조합연맹이 제시한 7대 협동조합 원칙

- 자발적이고 개방적인 조합원 제도
- 조합원에 의한 민주적 관리
- 조합원 모두가 경제적 자본 조성에 참여
- 자율과 독립: 조합원들이 관리하는 자율적인 자치 조직
- 교육 훈련 및 정보 제공: 협동조합은 모두가 협동조합의 발전에 효과적으로 기여하도록 교육과 훈련을 제공한다.
- 협동조합 간의 협동: 지역, 전국, 국제적으로 함께 협력사업을 전개하여 협동조합 운동의 힘을 강화시키고 조합원에게 효과적으로 봉사한다.
- 지역사회의 발전에 기여: 조합원들이 동의한 정책은 조합이 속한 지역사회의 지속가능한 발전을 위해 실현시킨다.

4) 협동조합의 분류

19C 초기에는 소비자 협동조합, 생산자 협동조합, 신용협동조합 등이 조직되었다. 국제협동조합연맹 9대 분야는 농업, 금융, 소비자, 어업, 의료, 주택, 서비스, 보험, 여행 협동조합 등이다. 협동조합은 조합원의 구성에 따라서 다음과 같이 분류된다.

① 일반협동조합: 조합원들은 사업 운영을 위해 직원을 고용하고 업무를 맡길 수 있다.

② 직원협동조합: 직원들이 조합원으로 참여하여 조합을 설립한다. 이때 조합원이 직원이 되기 때문에 독특한 지배구조가 생기게 된다.

생산자조합은 물건을 만드는 생산자들이 모여 공동으로 판매, 자재구매를 하면서 최고의 브랜드인 미국의 선키스트, 서울 우유 등을 만들어 갔다.

소비자조합은 소비자들이 공동으로 매장을 운영하여 필요한 물건을 구매하는 조합으로 한살림, 아이쿱(iCOOP) 생협 등이 대표적인 사례이다.

③ 다중이해관계협동조합(MHC): 다양한 계층과 소속이 조합원으로 참여하면

서 주로 사회적 가치, 공익 등을 추구하는 영역에서 활동하고 있다. 다중이해관계협동조합은 사회적 협동조합이라고 볼 수 있는데, 이것은 소외계층이 함께 참여하여 지역사회 공익 증진과 시민들의 사회통합에 기여하는 것이 목적이다.

2007년 이탈리아에는 8천개가 넘는 사회적 협동조합이 의료, 교육, 사회서비스 분야에서 구성되어 있다. 종사자는 약 24만명으로 협동조합이 사회적 일자리 창출에 기여함을 알 수 있다. 이외에 3만 4천명의 자원봉사자들도 참여하며 사회통합에 기여하고 있다.

④ 사업자 협동조합: 사업자나 기업이 조합원으로 참여하여 협동조합을 설립할 수 있다. 사업자는 주로 슈퍼마켓, 카센터, 개인택시 등이 사업자 협동조합을 조직한다.

2013년 5월말기준 협동조합은 1,355개가 신고되어 1,210개가 인가되었는데 설립현황은 다음과 같다.

표 2 협동조합 설립 현황

구분	신고	인가 건수
사회적 협동조합	76	37
일반 협동 조합	1,272	1,169
일반협동조합연합회	7	4
총계	1,355	1,210

출처: 기획재정부, 협동조합기본법 포털사이트.

5) 협동조합의 분류

협동조합기본법 제2조를 보면 협동조합이란 재화 또는 용역의 구매, 생산, 판매, 제공 등을 협동으로 영위하여 조합원의 권익을 향상시키고, 지역사회에 공헌하고자 하는 사업조직이다.

• **농업 협동조합:** 1860년대 독일과 덴마크의 농촌에서 시작되었다. 농민들이 가을에 추수를 하게 되면 대부분의 농산물을 헐값에 중간 상인들에게 넘겨야 했다. 중간 마진을 없애고 농민들이 직접 돈을 모아 유통회사와 구판장을 만들어

도매와 소매 유통을 하기 시작하였다. 농민들은 농산물의 판매뿐만 아니라 씨앗과 종자, 농기구와 비료 등을 공동구매하였고, 신용협동조합의 기능을 추가하여 농사에 필요한 돈을 빌려 쓰게 되었다. 중간 마진은 출자한 농민 조합원들에게 돌아왔는데 이것이 농업협동조합이다.

- **축산업 협동조합:** 소나 돼지 등을 키우는 축산농민들도 축산업협동조합을 만들어 공동·연합하고 있다. 현재 북유럽 대부분 국가에서 공급되는 우유는 거의 협동조합에서 만든 것이다. 1882년 덴마크의 양돈협동조합 '대니쉬 크라운'은 현재 세계 1위의 돼지수출기업으로 성장하였다.
- **수산업 협동조합:** 어촌에서는 어민들이 돈을 모아 구판장을 만들어 경매를 통해 도매와 소매로 수산물을 유통하고 있다.
- **주택 협동조합:** 1880년 경 유럽에서는 노동자와 가족이 같은 동료 근로자들과 함께 돈을 모아 땅을 구입하고 집을 지으며 주택 문제를 해결하였는데, 이것이 주택협동조합이다.

이외에 같이 일해서 만든 물건을 함께 파는 장인 협동조합, 노동자들이 함께 일하고 생산물을 내다파는 노동자 협동조합들이 있다. 노동자 협동조합은 노동운동에서 정치투쟁보다는 경제투쟁을 선호하는 프랑스, 스페인, 이탈리아 등에 많다.

고령사회인 일본에서는 실버노동자 협동조합이 잘 운영되고 있다. 은퇴한 노동자들이 출자해서 만든 협동조합은 각 노인에게 맞는 일자리를 창출해 주고 있다. 지방자치단체는 실버복지건물에 이들이 출자해서 만든 카페, 반찬 가게, 일자리 알선 센터 등을 입주시켜 운영하도록 지원하였다. 따라서 어르신들은 은퇴 후에도 생활비와 용돈을 벌 수 있어 자율적인 삶이 가능하다.

6) 사업계획 수립

협동조합을 조직할 때는 다음과 같은 점을 고려해서 사업을 계획해야 한다.

(1) 시장성 검토

전체 시장규모와 주 고객의 규모 정도를 파악하고, 시장의 역사와 흐름, 시장의 특성, 매출 목표 등을 설정해야 한다.

소비자협동조합을 조직할 때는 소비자 조합원들이 협동조합의 유일한 고객이므로 시장의 규모는 조합원들의 규모와 구매력에 의해 좌우된다. 현 조합원과 잠재 조합원의 특성과 상태를 파악하여 시장성을 검토해야 한다.

조합원들이 협동조합을 이용하려는 이유는 저렴하게 물건을 구입할 수 있으며, 서비스의 질이나 물건의 품질을 신뢰할 수 있으며, 자신들이 생각하는 사회적 가치를 지키고 확산시켜 가는데 유리하다고 생각하기 때문이다. 조합원들이 이러한 의견을 공유하게 되면 협동조합 사업은 매우 안정적으로 성장할 수 있다.

(2) 자금조달 계획 수립

3년간의 예상 매출 규모를 산정하여 협동조합 조직에 필요한 창업 초기 소요 자금을 측정한다. 이때는 3년 정도의 수지 계산서를 작성하고 난 후에 자금조달 계획을 수립해야 한다. 사업초기에 필요한 자금 중 가장 큰 비중을 차지하는 초기 시설비를 포함한 고정 투자비, 초기 홍보비와 인건비 등 주요 운영비를 산출해 내야 한다. 설립초기에는 특히 협동조합의 사업 안정성이 강조되어야 하므로 예비 운영비를 여유있게 책정하는 것이 좋다.

(3) 차입의 책임 소재와 주거래 은행 선택

창업에 필요한 초기 자금 조달은 조합원이 출자해야 한다. 조합원의 총 출자액이 적다면 사업의 규모를 축소 변경해야 하며, 만일 차입을 하게 될 때는 대표이사가 최종 책임을 져야 한다. 즉 구상권 행사 대상자는 대표가 되는 것이 일반적이지만, 초기에 사업을 구상할 때 협동조합의 대표인 임기제 이사장이 이런 책임을 가져야 하는지 총 조합원이 나누어 가질 것인지 초기에 논의해 보는 것이 좋다. 주거래 은행은 지역사회에 있는 신용협동조합이나 새마을금고, 지역농협 등이 이용하는 것이 좋다. 그러나 주거래은행이 있다 해도 조합원들의 부담을 줄여주려면 신용보증제도를 활용하는 것이 좋다. 중소기업청이나 정부가 운영하는 분야별 창업지원 기금 등을 이용해 보는 것도 좋은 방법이다.

소비자 협동조합의 경우, 필요한 인력을 조합원 중에서 채용하게 되거나 조합원들이 파트타임으로 봉사하도록 계획을 짜서 실행하면 초기 비용을 절감하는데 도움이 된다.

(4) 협동조합 간 연대와 네트워크 계획

협동조합이 만들어지면 협동조합 간 연대와 네트워크에 참여하게 된다. 협동조합 기본법 상 3개 이상의 협동조합이 모이여 연합 조직을 만드는 것이 가능하므로 앞으로 협동조합 간에 좋은 유대관계를 맺고 연합회 활동을 통하여 상생하도록 해야 할 것이다.

(5) 마 케 팅

협동조합을 잘 운영하려면 다양한 교육프로그램을 만들어 조합원들에게 교육 서비스를 제공해야 한다. 협동조합의 성격을 알리고 협동조합의 매출울 높이기 위해서 교육을 하게 되면 조합원들의 이용도가 높아져 많은 이윤이 창출되기 때문이다. 조합원들에게 물품과 서비스 원가와 마진율, 매출액, 이용 고객수, 조합의 자산변동 상황, 기술혁신이나 개발을 위한 투자 내용, 직원의 수 및 복지 현황들을 실시한 공개하는 것도 조합원들의 신용도를 높이는 마케팅 전략이 될 수 있다.

7) 정관과 규약의 작성

협동조합의 정관과 규약은 조합원 총회에서 조합원들이 정한다. 정관의 내용에는 다음과 같은 내용들이 포함되어야 한다.

• **조합원 규정과 멤버십:** 조합원의 자격, 조합원의 가입, 조합원의 책임, 탈퇴, 제명, 탈퇴·제명 조합원의 지분환급 청구권 등이 명시되어야 한다.

• **출자금 규정과 출자금의 변동:** 1인의 조합원이 총 출자금의 30% 이상을 낼 수 없으며, 2회에 걸쳐 분납이 가능하고 분납 시에는 납입 기한을 정해야 하며, 현물 출자도 가능하다.

• **직원의 임면 규정과 직원 관리:** 조합의 이사장은 직원의 임명 권한을 갖는다. 소비자 협동조합의 경우 조합원들은 실무를 담당하는 직원들의 처우와 고용의 질에 관심을 갖고 처음부터 규약으로 정해놓는 것이 좋다. 이후에는 동종의 협동조합 노동자들의 복지와 고용의 질을 비교하며 조정해 나가야 한다.

• 잉여금 배당 보전 규정: 이익과 손실 나누기

협동조합기본법에 따라서 잉여금을 처리하고 손실금을 보전하는 순서와 틀을 정하고 나머지 세부 규정은 규약으로 정해야 한다. 연말에 잉여금 배당과 관련하여 갈등이 일어나지 않게 사전 예방에 힘써야 한다.

• 잉여금 처리: 잉여금이 발생하면 가장 먼저, 총 출자금의 3배가 될 때까지 잉여금의 10% 이상을 무조건 법정 적립금으로 쌓아 놓아야 한다. 2순위, 임의로 적립해 두어야 한다. 3순위, 이용 실적 배당금과 출자 배당금으로 사용한다. 잉여금에서 법정적립금과 임의 적립금을 뺀 나머지, 즉 배당 가능 금액 중 50% 이상은 이용실적 배당으로 쓸 수 있고, 나머지는 출자금 배당으로 써야 한다. 또한 출자금의 배당은 출자액을 기준으로 1년에 10% 이내여야 한다.

8) 설립 절차

협동조합 설립은 발기인 5인이 정관을 작성하며, 설립 동의자를 모집하고, 창립총회에서 의결한 후에 설립신고를 시도지사에게 해야 한다. 이 후 사무실을 인수 인계하고 출자금을 납입하고 관할 등기소에 설립 등기를 하면 협동조합은 법인의 성격을 갖게 된다.

9) 사업자 협동조합 사례

• 서울의류봉제 협동조합: 창신동 봉제공장 사업주 180명이 모여 설립, 영세한 사업자, 직원은 2~3명, 사업주들은 제품을 만들 원단과 재료를 싸게 구입하여 원가를 낮추고, 급한 주문에 서로 힘을 모아 제품을 생산하고 있다.

• 부산골목가게 협동조합: 편의점 주인 200명이 모인 골목가게 협동조합은 대형 마트, 기업형 슈퍼마켓과 경쟁하기 위해 설립되었다. 조합원들은 공동 구매, 공동 마케팅 등으로 좋은 물건을 값싸게 공급하고 있다.

• 행복도시락 사회적 협동조합: 국내 1호 사회적 협동조합인 '행복도시락'은 결식 아동과 저소득층 노인에게 무료 급식을 제공할 목적으로 설립된 공익형 성격의 협동조합이다. 식자재 공동구매, 공공기관 도시락 납품 등의 수익사업을 병행하며, 취약계층을 조리원과 배달원으로 고용하여 의미있는 일자리를 제공

하고 있다. 대기업이 조합원으로 참여하여 재정적인 지원을 수행하는 새로운 형태의 사회공헌 모델을 제시하고 있다. 이외에 폐지를 주워 생계를 유지하는 저소득층 주민의 공동사업 수행을 위한 마중물 협동조합, 결혼이주 여성의 경제 활동과 한국 적응을 지원하는 다문화 협동조합 등이 있다(www.cooperatives.or.kr).

• **캐나다 생해몽 마을관광 협동조합**: 생해몽(Saint Raymond)은 캐나다의 작은 마을로 인구는 약 1만명이다. 경치가 아름다운 마을을 주민들이 공동으로 개발하였다. 주민들이 관광 지도를 작성하고, 관광해설사로 관광객들을 안내하기 시작하고, 카누, 카약, 승마, 등산 등의 프로그램을 개발하였다. 이러한 협동조합 활동으로 주민간의 유대가 높아지고, 마을의 소득 향상, 일자리 창출에 기여하고 있다.

• **영국의 George and Dragon 마을 주점 협동조합**: 영국 북부의 리치몬드에 있던 주점은 경영난을 이기지 못하고 2008년 8월 8일 문을 닫았다. 2년간 주점없이 살아가던 마을 주민들은 퇴근 후, 안부를 묻고 축구경기를 관람하고 식구들끼리 식사나 맥주 한잔을 마시는 마을 사랑방이 없어지자, 80명이 4억원을 모금하여 2010년부터 다시 주점을 운영하기 시작하였다. 현재 주민들이 협동조합의 형태로 주점을 운영하며, 주위의 친구 및 후원자 90명이 동참하여 조합을 구성하고 있다.

이후에는 마을 서점, 마을 빵집, 마을 요가 학원 등 다양한 협동조합을 만들고 있다.

• **일본 협동조합 성공 사례**: 중년여성들이 두부 협동 조합을 만들고, 유기농으로 영양가 있는 두부를 만들어 연간 수익이 3억 5천만원 정도에 이른다. 이들의 성공은 도시락 배달 사업으로 이어졌고, 현재 오후에 방과후 교실을 열어 아동을 돌보는 사업은 지역사회로 부터 좋은 호응을 얻고 있다.

토의 거리

우리 마을의 장단점을 생각해보고 지역사회를 재구조화하는 방법을 생각해 보자.

1. 어떠한 것이 마을의 문제인가?

2. 우리 마을의 장점은 무엇인가?

3. 함께 성장하는 교육공동체 마을을 만들어가기 위한 방법을 생각해 보자.

제14장

인생 2모작을 위한 노후 설계

14장
인생 2모작을 위한 노후설계

"미네르바의 올빼미는 황혼이 깃들어야 날개를 편다"(헤겔)

1 인생 2모작과 새로운 인생 설계

우리 민속화 중에는 고양이와 나비가 함께 그려져 있는 그림들이 많이 나오는데, 이것이 묘접도이다. 묘접도에는 장수의 염원이 담겨져 있다. 아래 그림은 김홍도의 '황묘농접도'이며 간송 박물관에 소장되어 있다.

고양이와 나비는 장수를 의미하는 동물이 아니지만 고양이의 묘는 중국어의 발음인 모와 흡사하고 나비 접은 늙은이의 질과 비슷하다. 예기의 <곡례> 편을 보면 모는 80세, 질은 90세에 해당한다. 따라서 고양이와 나비를 함께 그린 그림은 80세 노인과 90세 노인이 태평하게 어울려 산다는 의미가 담겨져 있다. 또한 이 그림에 나오

김홍도의 황묘농접도

는 패랭이꽃은 장수하기를 바라는 축수의 의미가 들어 있어 황묘농접도는 장수를 희망하면서 노인들이 함께 어울려 서로 도와가면서 행복한 노년기를 보내야 할 것을 알려준다.

1) 삶의 질을 높이는 학습

늘어나는 노년기에도 삶의 질을 향상시키려면 자기 개발에 힘써야 한다. 사회는 인간이 학습해가는 교육의 장이며, 인간은 사회 공동체 안에서 삶의 질 향상과 자아실현을 달성하기 위해서 노력하는 존재이기 때문이다.

노인교육은 노년기가 삶의 기회가 되도록 이끌어 가는데 중요한 역할을 담당한다. 노인교육은 각 노인의 삶의 상황과 맥락에 필요한 내용을 학습하고 자기 성장을 지원하기 위해서 노인의 특성과 요구에 맞는 교육방법을 찾아 가야 한다. 노인교육은 노후에 삶의 의미를 만들어내고 품위를 지닐 수 있도록 활동적 노년(액티브 에이징)을 보낼 수 있는 방법을 안내하여 성공적인 노후가 되도록 이끌어가야 한다. 노후설계전문가는 노인들이 변화하는 사회를 수용하고 자기 성찰을 통하여 정체성을 새롭게 확립하고, 건강한 심신, 윤택한 경제, 안정된 정서, 사회봉사 등을 통해 활동적인 삶을 보낼 수 있도록 안내해야 한다.

오스트리아에서 태어나 미국에서 활동한 경영학자 피터 드러커가 제시한 '지식사회'는 생산수단과 부의 원천이 자본, 천연자원, 노동이 아니라 지식과 그 지식을 가진 노동자가 중시되는 사회이다. 이처럼 지식의 중요성이 강조된 세상에서는 늘어나는 정보와 지식으로 인해 학교에서 배운 지식만으로는 살아가는 것이 어렵다. 빠르게 변하는 지식창조사회에서는 평생학습이 필요한 데, 이것은 사는 동안 배우지 않으면 자기 성장에서 뒤쳐지기 때문이다. 더구나 은퇴 후 소외되는 노인들의 평생학습은 필요성이 증대되고 있다. 인생 2모작을 해야 하는 100세 시대를 맞이하여 노인들이 자기주도적으로 배움을 즐기고 누릴 때 정체감을 확립하고 자신감과 자존감, 잠재력을 키우며 자아통합과 자아완성을 이루게 되어 성공적 노화를 달성하게 될 것이다. 따라서 평생학습에 모두가 참여할 수 있도록 노인의 학습권을 보장해야 한다.

현대사회는 급속한 사회구조의 변화, 인간수명의 연장, 기술의 혁신 등으로 교육의 대상과 범위가 확대되는 평생학습사회가 되었다. 노인교육은 무엇보다도 급변하는 사회에서 자기결정력을 증대시켜 문제를 해결하고 삶의 질을 향상시키는 데 목적이 있다. 노인 세대는 현대사회의 양상과 산업사회의 가치관을 이해하고 받아들여 필요한 지식을 습득하기 위해 계속적인 학습이 필요하다.

2) 자기결정 능력의 향상

노인 세대는 교육을 통한 목적의 달성뿐만이 아니라 교육활동 자체가 즐거워 참여하는 경향이 많아, 신체 운동과 사회적 활동 그리고 어떤 기술이나 취미를 배우고 새로운 경험을 쌓아가면서 만족을 얻으려 한다. 노인 세대는 새로운 교육을 통해 유용한 사람이 되고 의미있는 역할을 찾으려 하며, 타인에게 봉사하고 새로운 능력을 발달시키려는 욕구가 내재되어 있다. 여러 가지 지역사회활동이나 프로그램에 참여하여 사회에 공헌할 수 있는 정보를 얻으며, 그에 필요한 교육을 받고자 한다. 노인 세대는 타인들에게 수동적으로 영향을 받기 보다는 자신의 삶의 방향과 질을 자기스스로 결정하는 자기주도적인 학습자이다. 따라서 노인의 요구에 맞는 교육 프로그램을 다양한 노인교육기관과 시민단체 등이 개발해 나가야 할 것이다.

3) 새로운 삶의 기회

평균수명의 연장으로 노인은 노인성 질환 및 치매, 우울증 등의 위협에 노출되어 있어 고통을 받기도 한다. 역할상실의 상황이 계속되면 가정이나 사회에서 종전에 누려왔던 지위, 권한, 권위, 소득 등에 변화가 일어나 무료한 일상을 보내게 되기도 한다. 특히 세대 간의 가치관 차이 또는 생활양식의 차이에서 오는 갈등 등도 노인들이 극복하기 어려운 문제 중의 하나이다. 노년기가 상실의 시기가 아니라 새로운 삶의 기회가 되도록 노후를 설계해야 한다. 체력과 건강이 악화되지 않도록 운동과 영양섭취에 주의하고, 퇴직으로 인해 경제적 수입의 상실이 일어나지 않도록 신체·심리적 어려움에 대처해야 한다. 노년기는 새로운 삶의 기회이다. 노인교육의 장이 새로운 친구를 사귀는 만나고 교제하는 장소, 자아발전 및 성취의 기회를 제공하는 장이 되어 상실에서 오는 불안을 극복하고 행복한 노후가 되는 활동적인 삶의 공간이 되어야 할 것이다.

2 노인교육 프로그램 개발의 방향

1) 공공시설 프로그램

공공시설이 제공하는 프로그램은 아래와 같이 건강 프로그램은 농어민문화체육센터를 중심으로, 문화 프로그램은 문화의 집 등에서, 복지 프로그램은 노인복지회관을 중심으로 이루어지고 있다. 그러나 이러한 기능별 분류는 엄격하게 구분된다기 보다는 상호보완적으로 이루어지는 경향이 강하다. 특히 노인복지회관에서 제공하는 프로그램들이 복지를 위한 것뿐만이 아니라 건강 및 문화, 의식 향상, 직업안내, 평생교육 등의 다양한 기능을 복합적으로 지원하고 있기 때문이다.

표 1 노인교육 프로그램을 제공하는 공공시설

건강 프로그램	문화 프로그램	복지 프로그램
농어민문화체육센터	문화의 집	노인복지회관
국민체육센터	문예회관	사회복지관
청소년수련관	박물관	
생활체육공원	주민자치센터	
	농협기술센터	

2) 노인복지관 교육 프로그램

노인의 요구가 다양해지고 있음에도 불구하고 교육 프로그램은 다양하지 않다. 따라서 노인들의 교육요구를 충족시킬 수 있도록 다양한 교육프로그램의 개발, 다양한 교육 방법 개발에 관한 노력이 필요하다. 또한 지역차를 고려하여 도시와 농촌, 교육수준에 따른 교육 프로그램을 개발하여 노인들의 요구와 특성에 맞는 교육이 이루어져야 한다.

노인복지관에서 수행하고 있는 노인교육 프로그램의 내용을 안양시 비산사회복지관(www.bisansw.or.kr)의 사례를 중심으로 보면 정신 및 신체 건강 유지

영역, 취미학습 영역, 교양 및 상식 영역, 가족관계 영역, 봉사 및 체험학습 등으로 나눌 수 있다. 노인복지관에서는 지역사회문제를 예방하며 지역사회주민의 연대감을 조성하여 각종 고통과 어려움에 처해있는 지역주민들의 요구에 기반한 복지를 지원하고자 노력하고 있다.

표 2 안양시 비산사회복지관 노인교육 프로그램 사례

내용	노인 교육 및 복지
정신 및 신체 건강 유지 및 안전	건강관리, 정신위생, 요가지도, 체육, 위생, 병리학, 공중보건, 노인병의학, 약학, 식품위생
취미 학습	여가선용, 서예, 음악, 오락, 무용, 영화감상, 시, 농악, 원예, 무도 오락, 음악, 특활, 서예, 시조
교양 및 상식	인생과 종교, 일반교양, 역사, 정치경제, 사회문화, 윤리, 지리교육, 동서고전, 철학, 상식, 다산사상
가족 관계	가족관계, 노인생활, 사회학, 심리학, 노인의 역할, 가정관리
봉사 및 체험 학습	산업시찰 및 견학, 시청각 교육, 봉사활동, 위안잔치, 협의회 활동

자료 : 안양시 비산사회복지관 홈페이지에서 재정리(2014).

각 노인교육기관이 교육 과정을 운영할 때 핵심적으로 강조하는 교육 내용과 교육방법은 다양하다. 이처럼 각 기관마다 교육목표가 서로 다르고 지원하는 문제해결의 영역이 다른 것은 노인복지관 등, 각 노인교육기관을 이용하는 노인들의 경제적, 문화적 특성, 지역사회의 조건, 관심, 요구 등이 상이하고 교육을 지원하는 강사의 교육내용이 다르기 때문이다. 현재의 노인층은 교육수준이 다양하고 여가에 대한 요구가 매우 대양하므로 교육프로그램을 실시할 때는 노인들의 특성과 요구를 설문조사 등을 통하여 정확히 파악해 내고, 교육 목표를 성취시킬 수 있는 역량있는 교육 강사를 섭외해야 할 것이다. 노인층의 경제력, 사회문화적 수준 등이 다양하므로 교육프로그램을 개발할 때는 인문학, 봉사, 재취업, 사회통합, 환경 교육, 명상, 삶의 의미 만들기 등 다양한 프로그램을 개발하는 것도 중요하다. 그러나 프로그램을 통하여 교육의 요구를 충족시켜 주는 것은 한계가 있으므로 이들이 자기주도적으로 학습할 수 있도록 여행, 견학 및 역사체험 동아리, 외국어 학습동아리, 독서 동아리 등 등 각종 학습동아리 활동을 지원해 주는 것도 좋은 방법이라고 하겠다.

3) 교육 프로그램 개발 영역

노인교육의 내용은 노인들의 요구에 기반한 것으로 구성되어야 한다. 노인에게 필요한 교육내용은 사회변화 및 새로운 지식 습득 영역, 자신의 삶을 성찰해 보고, 노화의 과정을 이해하고, 심리적인 안정을 도모하는 정의적 영역, 사회참여와 취업에 필요한 지식과 기술을 제공하여 노인들의 경제적 자립을 지원하는 경제적 영역, 자원봉사와 같이 사회참여를 지원하는 사회참여 영역, 그리고 건강 및 신체 영역 등 5가지로 나누어 볼 수 있다.

(1) 지식 습득 영역

노년기에는 세대차와 사회변화 이해하기, 현대사회의 정치, 경제, 사회, 문화 및 인문학적 이해, 건강 증진에 관한 지식, 컴퓨터 등 새로운 디지털 매체 사용 능력, 국제화 시대의 이해 등에 관한 지식을 알려주는 것이 좋다.

(2) 정의적 영역

정의적 영역은 인간의 흥미, 태도, 가치관, 신념 등과 같은 주로 정서 및 의지와 관련된 부분이므로 취미를 살리고 여가를 즐겁게 보내기, 정년퇴직과 수입 감소에 적응하기, 소외감과 허무감을 극복하고 인생의 의미 찾기, 배우자 사망 후 생활에 적응하기, 동료 또는 자신의 죽음을 긍정적으로 수용하기 등이 속한다.

죽음에 대한 심리적 준비뿐만 아니라, 유산분배, 유산기증 그리고 시신 기증 등의 의지를 담은 유서쓰기와 유서 공증, 그리고 부고시 연락해야 할 대상자 명단 정리하기, 장례 형식 등을 건강할 때 준비하도록 안내해야 한다. 사람과 사람이 사귀거나 서로 관계를 맺는데 있어서 반드시 배워야 할 사회적 영역의 발달과업으로는 동년배 노인들과 친교 유지하기, 가정과 직장에서 일과 책임을 다하기 가정이나 사회에서 어른 역할하기, 자녀 또는 손자들과 원만한 관계 유지 등이 있다. 특히 모든 인간관계에서 필요한 언어의 사용법에 주의하여 어른답게 다양성을 인정하고 배려하며, 다른 사람의 말을 끝까지 경청하기, 내 생각 말하기, 교훈을 남기는 품위있는 대화 방법을 익히도록 지원한다.

(3) 경제 영역

적극적으로 일하고 생활하려는 자립적인 태도 갖기를 안내해야 한다. 국가 고령화와 고용정책(Ageing and Employment Policies)에 관한 OECD 보고서(2004)가 유럽경제협력기구에 속한 국가의 고령화 사회 진입을 경고하였고, 2005년 유럽 고용 전략 보고서(2005)가 2010년 이후에 노동자의 50%가 55세~64세에 이를 것을 추정하였다. 이에 정년 연장 및 노동시장 이탈 방지를 위한 고용정책과 직업능력개발 지원 정책 마련에 회원국들이 고심하고 있다. 공동체의 개념을 중시한 나트롭(Natorp)은 경제와 정치적 모순으로 발생되는 사회격차를 완화시키는 교육학의 역할은 사회변화나 개조가 아니라 공동체적 삶을 위해 개인에게 일자리를 만들어주고 인간다운 삶이 가능하도록 지원하는 교육임을 강조하였다.

그림 1 근로능력 향상 교육을 위한 3가지 차원의 방안

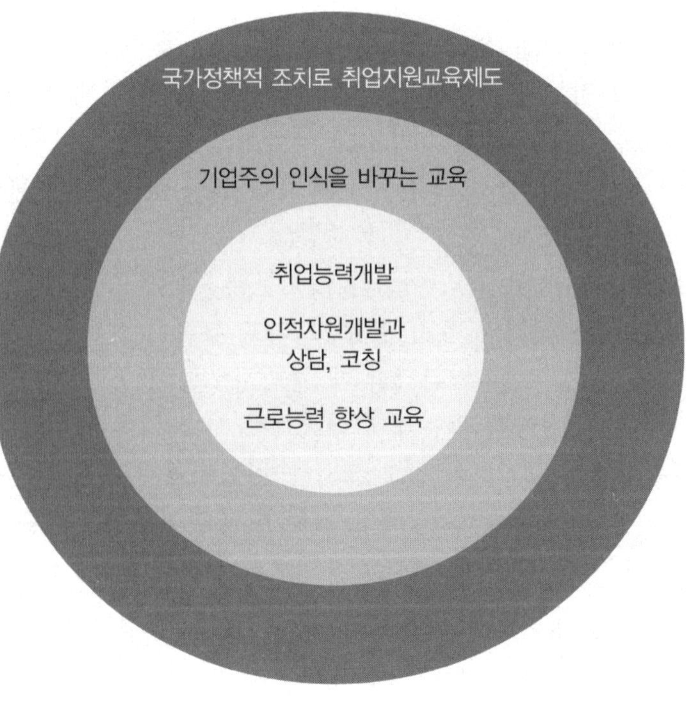

노인교육은 단순히 노년기 학습자들을 대상으로 현재의 욕구를 충족시키는 교육활동뿐 아니라 앞으로의 노화에 긍정적으로 적응하고 자아를 실현하며 노년기에 필요한 생활능력 및 직업능력을 갖추도록 돕는 것이다.

유럽에서는 OECD가 제창한 '액티브 에이징'이 국가전략으로 강조된 후에, 각 나라는 생산적 노화를 위하여 3가지 차원의 방안을 강구하고 있다. 거시적 차원에서 국가의 정책적 조치로서 취업지원교육제도를 기반으로 만들어진 교육과 시민단체에 의한 취업정책, 능력개발 프로그램, 의식 교육 및 상담, 코칭 등을 지원하고 있다. 그리고 중간 영역인 일상생활의 영역 차원으로 적극적 노화전략이 성공하도록 기업주의 인식을 바꾸는 교육도 실시하고 있다. 또한 미시적 차원에서 일하는 노인을 위해 취업능력 개발, 재취업을 위한 인적 자원 개발과 상담, 코칭 및 중개라는 지원전략을 사용하고, 다양한 프로그램 개발을 통하여 근로능력향상을 지원하고 있다.

노인교육이 필요한 사례: 이웃에 흰머리가 많은 할아버지는 항상 택시를 운전하며 다니기 때문에 사람들은 할아버지를 기사님이라고 부르곤 한다. 그러나 올해 택시기사 할아버지에게 좋지 않는 이야기를 들었다. 회사에서 나이가 많다는 이유로 택시운전을 그만두라고 한다는 것이다. 비록 나이는 68세이지만 '한창 일할 수 있는데 그만두라고 하면 무얼 하면서 살아가야 하는 가'라며 고민하신다.

노인인구가 급증하면서 가장 심각한 문제는 노후경제활동의 중단으로 소득감소와 역할 상실로 인한 소외감이 증가하고 있다. 이러한 문제해결을 위하여 노인일자리사업이 추진되어 시니어클럽, 노인복지관, 노인복지센터, 사회복지관, 자치단체, 대한노인회 취업센터 등에서 다양한 노인일자리 사업을 수행하고 있다. 노인복지관에서는 일자리사업보다는 노인의 건강 및 여가활동에 중점을 둔 사업을, 시니어클럽에서는 노인일자리 사업을 전담하고 있어서 상대적으로 다른 기관보다는 경제활동 지원에 중점을 두고 있다.

① 대전지역 시니어클럽 사례

대전지역 노인일자리 사업에 참여하는 노인 중 30.6%인 344명을 대상으로 조사한 결과, 여성 80%, 남성 20%로 나타나 여성의 참여가 많은 것으로 나타났다. 연령은 65~70세가 32%로 가장 많으며 70~75세 31%, 76세 이상이 19%, 64세 이하는 18%의 순으로 나타났다. 교육수준은 초등학교 졸업이 45.5%로 가장 많고, 중학교 졸업이 18%, 고등학교 졸업이 15%, 글자를 아는 무학이 12%, 글자를 모르는 무학이 8%, 대학 이상 졸업자도 1.5%로 나타났다. 일을 하는 이유는 용돈 마련이 27%로 가장 많았고, 건강유지가 18.5%, 일을 통한 즐거움이 17.5%, 생계비 마련 17.4%, 여가 활용 10%, 자아실현 및 자기개발 5%, 동년배와 만남, 소외감 해소 4%, 기술 활용이 0.6%로 나타났다.

이들이 선호하는 근무 형태는 '용돈 수준의 돈을 벌 수 있는 시간제 근무'가 56.1%로 가장 높으며, '생활비 수준의 돈을 벌 수 있는 종일제 근무', 34.6%, '보수상관없이 소일거리로 하는 일' 8.4% 등으로 나타났다(장창수, 2012). 이같은 내용을 종합해 보면 일을 하는 이유는 용돈과 생활비 마련을 위해서 일하는 비율이 44.4%이며 94.2%가 계속 일하고 싶어하는 사실을 볼 때, 아직도 일을 하는 중요한 이유는 생계와 용돈 마련임을 알 수 있다. 또한 남성노인들보다 교육수준이 낮고 동산 및 부동산이 전무한 여성노인들은 더욱 빈곤한 노년기를 보내고 있다.

② 지자체 및 교육청 협력 사업

노년기 일자리가 중요한 시점에서 서울시 송파구가 추진하는 '이야기 할머니·할아버지' 사업은 노인 30명을 '이야기꾼'으로 만들어 가는 교육방송 독서문화진흥 추진 사업으로 서울시 교육청과 함께 하는 사업이다. 고령화사회를 맞아 지속적으로 증가하는 노인 세대가 옛이야기와 그림책, 전래동요 등을 들려주며 조손세대를 아우르는 교육·인성적 소통 기회를 마련하고 있다. 경쟁을 거쳐 선발된 첫 노인 이야기꾼들의 평균 연령은 64.7세이다. 전직 교사 11명을 포함해 간호사, 상담사, 복지사 등 다양한 경력을 가진 분들은 은퇴 후 전래놀이지도사나 생태해설사 주부기자 등 활동을 하다가 새로 일을 시작하였다. 송파구의 '할머니 할아버지 이야기꾼'들은 두 명이 한 조가 되어 구내 124개 유치원과 초등학교 돌봄교실 등을 방문해 동화구연을 하면서 소정의 활동비를 받고 있다.

4) 사회참여 영역

노인들의 사회참여를 지원해 주는 교육프로그램도 개발되고 있다. 정기연

주회 및 노인요양원 등을 방문하여 봉사활동을 실시하는 실버악단 등은 매우 바람직한 봉사활동이라고 할 수 있다. 구청 등에서 행사를 개최할 때에도 실버악단은 분위기를 돋구고 행사가 잘 진행되도록 돕고 있어 자신의 취미와 봉사활동을 적극적으로 활용하고 있다고 하겠다.

60세 이상의 자원봉사자가 늘어나 부산시에만 4만 5,000명의 자원봉사자가 일하고 있다. 부산시 남구 복지관은 2013년 19일 개관하였는데, 기장군의 어르신 나눔봉사대는 설날을 앞두고 지역 내 형편이 어려운 아이들이 모여 공부 등을 하는 아동센터를 찾아 50여 명의 아동에게 튀김과 부침개 등이 담긴 선물세트를 선물했다.

부산지역 '실버'들의 활약이 갈수록 활발해지고 있다. 은퇴 후 사회에서 물러나 조용히 소일하는 실버가 아니라 지역을 위해 자신의 '캐리어'와 '경륜'을 선사하며 제2의 인생을 즐기는 노인들이 늘고 있다. 이들은 자신의 손자손녀뿐만 아니라 부산 전체를 돌보는 배려의 역량을 발휘하고 있다.

- 부산 진구자원봉사센터 석정시니어봉사단: 60대 후반~70대 초반에 있는 100여 명이 모여 부산의 주요 행사의 분위기를 진작시키는 역할을 한다.
- 부산대 경헌실버아카데미 졸업생들은 풍물·무용·창·크로마하프·하모니카 등 다양한 장르의 연주단을 구성, 봉사활동에 참여한다. 기장군 효성요양건강센터 등을 격월로 찾아가 공연하고, 시민들을 위한 풍물 공연도 하고 있다.
- 부산진소방서 '119 실버봉사대'는 지역내 독거 노인들을 위해 '지킴이 봉사'를 한다. 거동이 불편하거나 건강이 좋지 않은 홀몸 노인을 위한 응급처지·화재예방·말벗하기 등의 봉사를 한다. 이를 위해 구급함과 소화기 사용법, 심폐소생술 등 응급처치 요령 등을 익히고 있다.

이처럼 사회와 지역, 이웃을 위한 자원봉사로 노년기를 보람차게 살고 있는 부산의 어르신들은 4만 5천여 명에 이르는데, 60세 이상자원봉사자 수는 2005년 3,000여 명에 비해 10배 이상 급증하였다.

노인들을 대상으로 하는 여가프로그램을 개발할 때는 무엇보다도 해당 노인의 연령, 성별, 생활수준, 교육정도, 건강상태, 취미의 성향이 각기 다르다는 점에 유의하여 가급적 다양한 프로그램을 제공하도록 노력해야 한다. 노인교육

프로그램 개발시 유의할 것은 지역사회의 특징이나 대상 노인의 특성과 유형에 따른 요구를 조사해 내고 요구에 맞는 프로그램을 개발해 가는 원칙을 지키는 것이다. 동년배 노인들과 교류를 넓혀 서로 돕는 노-노케어가 가능하도록 의사소통하는 방법, 청년들의 생활 유형과 가치관을 긍정적으로 받아들이고 원만한 관계 유지를 위한 방법 등을 지원해야 한다. 또한 생계유지를 위한 경제생활과 관계되는 재취업교육 및 자원봉사 등을 통해 사회에 참여할 수 있는 다양한 활동을 안내하고, 노후의 재무설계를 위한 교육 프로그램, 상속 및 유언 등에 관한 생활법률에 대한 교육도 시급하다.

5) 건강 영역

1997년에 창단한 노노 노인야구단의 평균나이는 64세이다. 전국 최초의 노인야구단으로 창단멤버 9명을 포함해 34명의 선수가 매우 일요일마다 양천구 갈산 초등학교에서 연습하고 있다. 2013년에는 11월 9일 전곡항에서 화성 시장배 전국 사회인 야구대회에 참가하여 좋은 성과를 나타내며 건강을 지키고 있다.

3 교육 기관 및 노후설계 서비스 지원

1) 노인복지관 및 사회복지관

노인복지관은 노인복지법에 노인의 교양·취미생활 및 사회참여활동 등에 대한 각종 정보와 서비스를 제공하고, 건강증진 및 질병예방과 소득보장·재가복지, 그 밖에 노인의 복지증진에 필요한 서비스를 제공함을 목적으로 하는 시설이다. 노인을 대상으로 특화된 서비스를 제공하는 노인복지관은 2012년 말 기준으로 전국에 300개가 설치, 운영되고 있다(보건복지부, 2013).

노인복지관은 만 60세 이상 복지관 회원을 대상으로 교육 프로그램을 운영하며 복지관에 따라 무료 또는 실비의 회비를 받는다. 노인장기요양보험제도가 시작되어 재가복지적 영역이 줄어들고, 대신 노인들의 문화 및 교육적 지원에 대한 영역이 늘어나 다양한 프로그램들이 운영되고 있다.

사회복지관은 사회복지사업법에 근거하여 설립되며, 지역사회 내에서 일정한 시설과 전문인력을 갖추고 지역사회의 인적·물적 자원을 동원하여 지역사회 문제를 해결하고 주민의 복지욕구를 충족시키기 위해 종합적인 사회복지사업을 수행하는 사회복지시설이다. 사회복지사업법 시행 규칙에 의하면, 사회복지관의 사업내용 중 교육문화사업 영역은 아동·청소년 방과후교실 운영, 성인기능교실, 노인여가·문화, 문화복지로 구분된다. 그 중 노인여가·문화 사업은 노인을 대상으로 제공되는 각종 사회교육 및 취미교실 운영 사업으로, 건강운동교실, 여가프로그램, 교양교육프로그램, 경로당 지원 사업 등을 하고 있다.

그러나 노인복지관 및 사회복지관에서는 노인의 계속적인 성장이나 역량개발을 중시하는 평생교육적 관점보다는 노래나 춤교실 등과 같은 단순 취미 중심의 여가 교육, 한글문해교육 및 저소득층의 자립능력을 지원하는 소외계층 중심적인 복지적 지원을 많이 하고 있다. 향후에는 노후설계전문가들이 인문학, 자원봉사, 삶의 의미 만들기 등의 질 높은 프로그램을 개발하고 운영, 평가하여 노인이 자기주도적으로 학습할 수 있도록 자기성장을 지원해야 할 것이다.

2) 노인교실

노인교실은 노인복지법 제36조에 의거하여 "노인들의 사회활동 참여 욕구를 충족시키기 위하여 건전한 취미생활, 노인건강유지, 소득 보장, 기타 일상생활과 관련된 학습프로그램을 제공"하는 시설이다. 노인교실은 1972년 종로 태화관의 서울평생교육원에서 시작되어, 1978년에는 지역사회 거주 노인들을 대상으로 초등학교로 확대, 실시되었다. 당시 문교부는 전국의 초등학교를 개방하여 지역사회 노인들을 위한 교양교육, 지역사회활동 참여 증진교육, 직업 기능교육 등을 목적으로 노인학교를 개설하여 운영하였다. 그러나 1987년 이후 노인교실에 대한 정부 재정 지원이 중단되어 줄어들기는 하였으나 아직도 2012년 1,335개의 노인교실이 지자체에 등록되어 있다(보건복지부, 2013). 현재 "노인교실" 시설들은 노인교육을 주요기능으로 하는 노인교육 관련 기관으로 지방자치단체에 등록되어 예산을 지원받고 있다. 현재 노인교실은 노인여가복지시설로 그 관리·감독 기능이 해당 지자체로 이양되어 시·도·군·구 사회복지과 또는 노인·가정복지과에서 담당하고 있다. 그러나 실제로는 기관들의 자발적인 등록에만 의존하며 예산을 지원하므로, 열악한 해당 지자체는 노인교실에 대한 실질적인 지도 및 감독을 하지 못하고 있다. 이에 노후설계전문가들의 적극적인 활동이 시급히 요구되고 있다.

3) 평생학습관

저출산 고령화사회를 맞아 100세를 살아가야 하는 노인에게 평생교육은 점차 중시되고 있다. 2012년 현재 각종 평생교육기관은 총 3,768개로 조사되었다(교육부, 국가평생교육진흥원, 2013).

그림 2 평생교육기관수

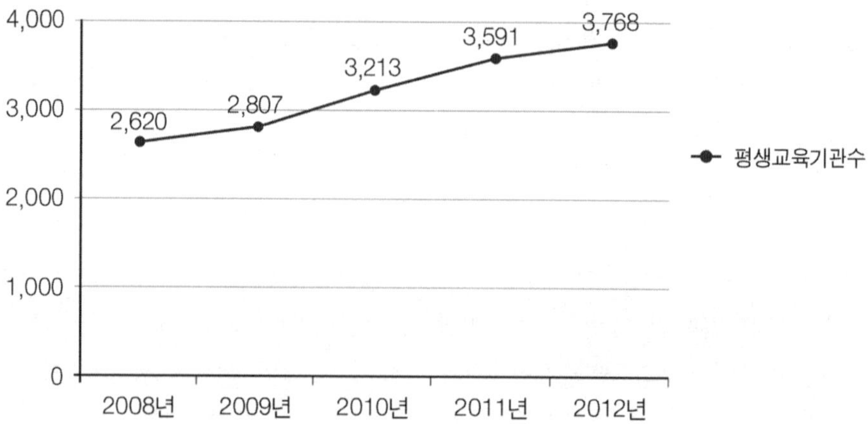

출처: 교육부, 국가평생교육진흥원, 2013.

평생학습관은 평생교육법 제21조에 따라 관할 지역 내 주민을 대상으로 평생교육프로그램을 운영하고 평생교육 기회 제공을 위하여 시·도교육감이 지정하여 운영한다. 지역특성에 따라 시·군·구 단위 또는 읍·면·동 단위로 도서관, 시·군·구민회관, 문화원 등 기존의 평생교육시설을 활용하거나 신설하여 지역단위의 평생학습관으로 지정·운영된다. 교육부·한국평생교육진흥원(2013)이 전국적으로 운영되고 있는 178,971개의 프로그램을 대상으로 조사한 결과,

노인을 대상으로 운영되는 프로그램은 단 2,348개로 어린이, 청소년, 성인 프로그램과 비교해 볼 때, 1.8% 밖에 되지 않아 노인의 평생교육 기회가 매우 불평등함을 보여주고 있다. 그러나 2011년보다 2012년에는 55~64세 까지의 평생교육 참여율이 21%에서 31.5%로 증가하여 평생교육 참여율이 증가하는 긍정적인 변화가 나타나고 있다.

특히 성인문해교육의 주 교육대상자는 노인들인데, 이들에게 문해교육을 지원한 결과 한글 미해독자가 2008년 25,579명에서 2012년에는 16,334명으로 급격하게 줄어드는 긍정적인 효과가 나타났다. 성인문해교육에 참여하는 개인 특성을 살펴보면 남자는 3,6%에 해당하는 543명, 여성은 96.4%에 해당하는 14,420명으로 나타나 여성노인인 경우는, 학교교육 기회에서 소외되어 온 것을 알 수 있다.

이들 학습자를 연령별로 살펴보면 20~40대는 총 12.1%를 차지하지만, 70대 32.5%, 60대가 31.8%로 고령층이 많은 것을 알 수 있다. 자세한 내용은 [그림 3]과 같다.

그림 3 연령별 성인문해교육 참여자 현황

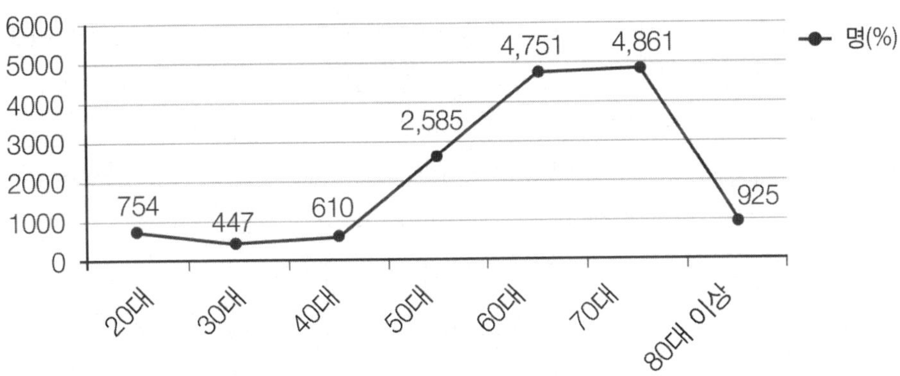

출처: 국가평생교육진흥원 (2013). 평생교육백서.

평생학습관이 짧은 시간에 급격히 늘어나는 추세에 있으나 노인들은 이러한 평생교육기관에 대하여 잘 모르고 있다. 따라서 앞으로 노인층이 교육권을 보장받을 수 있도록 평생교육기관에 대한 홍보 및 안내가 활성화되어야 할 것이다.

4) 대학부설 평생교육원

대학부설 평생교육원은 대학의 총·학장의 책임 아래 각 대학의 특성에 맞추어 대학의 평생교육 담당을 위해 자율적으로 설치·운영되는 기관으로 2012년 현재 전국에 403개가 있으며, 그 중 노인대상 관련 프로그램은 129개 정도가 운영되고 있다(교육부·국가평생교육진흥원, 2013).

대학부설 평생교육원은 평생교육법 제30조 제2항의 규정에 따라 대학의 장은 대학생 또는 대학생 외의 자를 대상으로 직업교육과정 자격취득을 위한 다양한 평생교육과정을 운영할 수 있다. 평생교육원을 통한 노인교육 외에도 경북대학교 '명예학생 프로그램'처럼 지역사회발전과 국가발전에 공헌한 정년퇴직자와 지역사회 주민들에게 새로운 학습의 기회를 무료로 제공하고 대학의 지역사회봉사성을 강조하는 취지에서 대학의 강좌를 노인들에게 공개강좌 형태로 개방하는 경우도 있다.

대학부설 평생교육원의 대표적인 노인교육은 실버넷 운동본부의 지원을 받아 전국 100여 개 대학을 중심으로 실시한 무료 정보화교육, 2000~2004년까지 교육부의 지원으로 진행된 노인교육담당자 및 전문가 양성 프로그램이 대표적이다. 또한 국립공주대학교 평생교육원과 충청남도 내의 태안, 청양, 예산, 부여, 서천 등의 지자체는 90시간 과정의 민간자격증 취득과정을 민관 협동으로 운영하여 노인생애설계상담사를 배출해 내고 있다. 이처럼 대학부설 평생교육원은 양질의 프로그램을 개발하여 운영하고 있음에도 불구하고 홍보 및 인식의 부족으로 노인교육프로그램의 참여자는 아직 적은 편이다.

5) 종교기관

가톨릭계, 기독교계, 불교계 등 다양한 종교계에서도 노년의 신도들을 위하여 다양한 교육을 제공하고 있다. 종교기관이 성인교육기관이 된 역사적 유래를 보면 성경이나 불경을 읽도록 글쓰기를 지도한 것, 찬송이나 찬불가를 부르도록 음악교육을 실시한 것, 빈곤하거나 병든 신도를 위로하기 위하여 자원봉사 등의 활동을 시작한 것에서 유래를 찾아볼 수 있다.

한국기독교목회자협의회(2012)가 글로벌리서치에 의뢰하여 전국 5,140명을 대상으로 '한국인의 종교생활에 관한 의식 조사'를 한 결과를 보면, 45%는 비종교인이며, 종교인은 55%로 나타났다. 이중 특이한 점은 종교인이 꾸준히 증가하는 점이다. 1984년에는 43.8%가 종교인이었으나, 1989년에는 49.0%, 1998년에는 52.8%에서 2004년 57%로 꾸준히 증가하다가, 2012년에는 55%로 약간 감소한 것으로 나타났다. 그러나 청년층은 전체 연령대의 15% 밖에 되지 않아 노인층은 다수를 차지하는데 종교기관에서의 노인교육 원칙을 살펴보면 다음과 같다.

① 기독교 노인교육: 교회에서 진행되는 노인교육 프로그램은 교회에 따라서 매우 상이하게 운영되고 있다. 그러나 자신의 고유한 삶을 살아가는 역량, 다음 세대를 돌보는 역량, 또래를 돌보는 역량, 이웃, 교육, 자신의 주위를 돌보는 역량, 민주사회를 만들어가려는 문화적 역량 등이 보충되어야 할 것이다.

② 가톨릭 노인교육: 노인이 위기를 극복하도록 노인복지적 측면에서 지원, 종교적 의미에서 삶을 긍정하는 법, 삶의 의미 만들기, 행복한 노년 만들기를 지원, 상황에 맞는 문제 해결을 위한 지원이 강조되고 있다.

③ 불교계의 노인교육: 절사에서 행해지는 노인교육도 다른 종교기관의 교육과 거의 동일하게 운영되고 있다. 그러나 향후에는 불교사상인 자비, 보시, 복전, 보은 사상이 담긴 프로그램을 개발하여 노년기의 심리적인 안정을 지원하고 불교의 실천적 복지사상인 사무량심(자, 비, 희, 사)의 습득을 지원해야 할 것이 강조되고 있다.

6) 경로당

경로당은 지역노인들이 자율적으로 친목 도모, 취미 활동, 공동 작업장을 운영하고 각종 정보교환과 기타 여가활동을 하는 장소이므로 현재 65세 이상이면 누구나 이용이 가능하다. 2012년 현재 경로당은 전국에 62,442개가 있는 것으로 조사되었다(보건복지부, 2013). 그러나 경로당은 현재 80세가 넘은 고령자의 이용이 많으며 혼자서 차를 타고 노인복지관을 이용하기 어려운 분들이 집에서 쉽게 이용할 수 있어서 선호되고 있다. 경로당은 지역에 위치하고 있는 노인복지관이 관리를 담당하고 있어 일부 교육프로그램이 제공되고는 있으나 아직도

화투나 장기 등의 단순 오락 활동 등이 이루어지고 있어, 노후설계전문가들은 경로당을 이용하는 노인들을 위해서 자기 성장적 프로그램이나 자원봉사 등의 활동을 안내해야 할 것이다.

7) 국민연금공단

국민연금공단은 국민연금법에 근거하여 상담, 교육, 연계, 사후 관리 등의 기본서비스를 제공하고 있다. 공단본부의 행복노후설계센터에서는 국민연금가입자, 과거의 가입자, 연금가입자, 현재 수급권자 등 총 3,450만명을 대상으로 교육을 지원하고 있다(국민연금공단 홈페이지).

8) 민·관 협동에 의한 교육

KT, 포스코, 한국자산관리공사, 현대중공업, 대학의 노화관련 연구소, 생명보험 협회, 부산광역시 등의 유관 단체와 KBS 등은 국민연금공단과 협동하여 노후설계교육 및 프로그램 개발을 위해 협동하고 있다(보건복지부, 2013).

4 인생 2모작을 위한 인생 설계

노후에는 고령이라는 나이에 연연해하지 말고 무엇이든 배우고 싶은 것을 당장에 시작해 보도록 해야 한다. 나를 다른 사람과 비교하지 말고, 나의 특징과 장점을 자신의 고유한 특성으로 인정해야 한다. 또한 자기 성격을 분석하고 숨어 있는 잠재력을 개발하도록 노력해야 한다. 따라서 자신이 거주하는 곳에서 가까운 곳, 교통이 편리한 평생교육 및 노인교육기관, 도서관 등에서 학습을 시작해야 한다. 자신이 좋아하는 일, 사회가 필요로 하는 일에 적극 참여하면서 인생 100세를 설계해야 한다.

변화하는 사회 속에서 노년기의 적응과 자립, 자기 개발 및 성장을 지원하는 노인교육은 점차 중요성이 증가하고 있다. 노인교육은 노인들의 자율적인 노년기의 삶을 지원하고 사회변화에 대한 시각의 변화 및 삶의 의미를 창출해 내도록 지원되어야 한다.

고령화 및 노인인구가 급격하게 증가하고 있어 100세를 살아가는 장수노인을 위한 다양한 교육 프로그램이 개발되고 실천되어야 한다. 노인교육의 영역은 노년기 자신의 삶의 의미를 만들어 내는 정체성 교육 영역, 늘어나는 노년기를 경제적으로 윤택하게 살 수 있도록 은퇴 후 재무 설계 영역, 건강한 노년을 위한 건강 설계, 내적인 자기성장의 요구와 삶의 의미를 만들어 내는 생애사교육적 영역, 은퇴 후 여가 시간을 사회에서 배제되지 않고 민주시민으로서 사회에 참여할 수 있도록 자원 봉사 영역, 늘어나는 노년기의 문제 및 갈등을 줄여나갈 수 있도록 가족관계, 1~3세대간 관계 향상을 위한 문제해결능력 향상을 위한 교육 등이 제공되어야 한다.

평생학습사회란 노인과 함께 지속발전가능이 가능한 사회를 교육을 통하여 만들어가는 사회이다. 노인교육은 단순한 복지 차원이 아닌 전 생애에 걸친 학습자들을 위한 자기 성장 교육으로 정립되어야 한다. 인류 역사상 처음으로 대부분의 인간들이 노년기를 보낼 수 있게 되었다. 축복받은 장수사회가 되려면 노인들 스스로가 노년기가 새로운 삶의 기회가 되도록 인식하고, 사회활동에 참여하여, 성공적인 노년기가 되도록 자기 개발 및 자기 성장에 참여해야 할 것이다.

정책적으로는 다양한 기관에서 양질의 노인교육에 참여할 수 있도록 학습권을 보장하여, 인생 2모작을 위한 재무 설계, 여가 및 건강 설계, 사회참여에 대한 설계, 소통능력 향상을 통한 가족 간의 관계 개선, 인문학적 역량 향상을 지원해야 할 것이다.

토의 거리

행복한 노후를 위해 삶의 의미를 설정하고, 재무 설계, 여가 및 건강 설계, 자원봉사 설계 가족, 친구관계의 증진, 인문학적 역량 개발을 위한 평생학습 방법을 설계해 보자.

삶의 의미

재무 설계

여가 설계

건강 설계

자원봉사 설계

친구 관계 설계

평생학습 방법 설계

참고문헌

고민석, 서인균(2011). 노인의 건강상태가 스트레스와 우울에 미치는 영향과 사회적 지의 조절효과. **대한보건연구** 37(1), 1-14.

곽삼근, 박성희, 박소연(2007). 노인기 양성평등의식 교육프로그램 개발 보급. 여성가족부.

곽삼근, 박성희, 김은경(2008). 여성노인의 젠더불평등 경험과 인식전환에 대한 연구. **한국여성학** 24(4), 141-172.

권석만, 민병배(2000). 노년기 정신장애 : 품위 있는 노년기의 장애물. 서울: 학지사.

김경신, 이선미(2003). 노년기부부의 갈등과 생활만족도. **대한가정학회지** 41(1), 통권 179. 139-153.

김기태, 박경일(1998). 자원봉사관련자원봉사활동에 있어서 노인 인적자원의 효과적 관리운영에 관한 연구. **사회복지연구** 통권 8, 211-243. 부산대학교사회복지연구소.

김미숙, 정경희(2010). 2010년 복지서비스정책의 변화와 전망, **보건복지포럼** 통권 159. 54-65. 한국보건사회연구원.

김미혜(2004). 노인학대의 이해, 노인학대상담센터, 사회복지공동모금회.

김미혜(2008). 한국노년학의 복지분야 연구 동향, **한국노년학** 28(4), 733-752.

김병수, 강내영, 최정한(2012). **지역의 재구성**. 서울: 알트.

김봉환(2014). 은퇴상담의 현황과 전망. **상담학연구** 15(1), 301-320.

김봉환, 김병석, 정철영(2000). **학교진로상담**. 서울: 학지사.

김성오 외 5인(2013). 우리, **협동조합 만들자**. 고양: 겨울나무.

김영호 외(1996). 사회복지시설에 있어서의 자원복지활동의 필요성과 육성방향. **동광** 통권 88, 한국복지재단.

김재엽(1998). 한국노인부부의 부부폭력실태와 사회인구학적 변인과의 관계. **한국노년학** 18(1), 170-183.

김태현, 한희선(1995). 노년기의 부부관계. **생활문화연구** 9(1), 15-28, 성신여자대학교 생활 문화연구소.

김혜경(1996). 노년기 부부관계에 따른 생활만족도 조사. 성신여자대학교 석사학위논문.

나윤경, 박성희(2004). 중년기 남성공무원의 부부갈등에 대한 질적 연구 및 평생교육학적 제안. **평생교육학연구** 10(4), 129-152.

나항진, 강갑원, 권희완, 김경미, 박성희, 송선희(2012). **성인학습 및 상담**. 파주: 양서원.

노병일, 모선희(2007). 사회적 지지수준과 차원이 노인우울에 미치는 영향. **한국노년학** 27(1), 53-69.

류기형, 남미애, 박경일, 홍봉선, 이경희, 장중탁(2005). **자원봉사론**. 파주: 양서원.

모선희, 김형수, 유성호, 윤경아(2006). **현대노인복지론**. 서울: 학지사.

박성희(2002). 한국여성의 노년과 세대관계로 살펴본 여성노인의 현대화 과정. 게오르그 아우구스트 괴팅겐 대학교 박사학위논문.

박성희(2003). 평생교육으로서의 연구방법론: 생애사 분석법. **안드라고지 투데이** 6(1), 29-58.

박성희(2004a). **질적 연구 방법의 이해**. 서울: 원미사.

박성희(2004b). 노인교육방법으로서 생애사 학습사례연구, 2004년 한국노년학회 추계 학술대회 자료집, 80-92.

박성희(2004c). 노인교육과정에 대한 참여관찰 및 포커스 인터뷰. **노인복지연구** 23(1), 107-126.

박성희(2006a). 독일의 노인취업정책과 노인교육. **인하교육연구** 12, 67-90.

박성희(2006b). 독일교육의 이해. 한정란 외. **세계의 노인교육**, 145-185. 서울: 학지사.

박성희(2006c). 노년기부부의 관계향상을 위한 교육프로그램에 참가한 노년기부부의 학습과정에 대한 질적 연구. **노인복지연구** 31(1), 161-179.

박성희(2007). 프랑크푸르트 노인대학사례를 통한 대학 확장교육으로서의 노인교육활성화 방안. **교육의 이론과 실천** 12(1), 141-156.

박성희(2008). 생애사 연구와 노인교육의 의의. 59-79. **노인교육의 이해**: 노인과의 교육적 만남. 한국교육인류학회, 노년교육연구회 추계학술대회.

박성희(2009a). 농촌여성노인의 생애사 분석을 통한 성공적 노화에 관한 지역사회교육 전략. **평생교육학연구** 15(4), 217-244.

박성희(2009b). 직업생애사에 기반한 고령층여성의 고용가능성 지원을 위한 교육복지 방안. **안드라고지 투데이** 12(4), 61-82.

박성희(2010). 노년기의 자기정체성 만들기와 비판적 제라고지의 의의. **평생교육학연구** 16(4), 55-79.

박성희(2011a). **노인교육론**. 파주: 양서원.

박성희(2011b). **생애사에 기초한 질적 연구방법**. 서울: 원미사.

박성희(2013). 노인생애설계상담사 자료집(미간행), 공주대학교 평생교육원.

박성희, 송영선, 나항진, 황치석, 문정수, 박미숙(2013). **평생교육방법론**. 서울: 학지사.

박재규, 최원규(2005). 노인의 자원봉사 활동참여 실태조사와 개선방안. 전라북도 여성

발전연구원.
박차상(2002). **노인복지론**. 서울: 양서원.
박차상, 김옥희, 배창진, 엄기욱, 이경남, 정상양(2003). **한국노인복지론**. 서울: 학지사.
박효영(2012). 노인과 자원봉사활동. **도시와 빈곤**, 제 98호.
변화순(1999). 여성노인의 부부관계. **노인복지정책연구** 통권 14, 한국노인문제연구소.
배석영 박성희, 박경호, 황치석(2009). **평생교육개론**. 파주: 양서원.
백재현(2011). 1인가구시대, 주거복지 향상 위해 코하우징 활성화 필요. 백재현 의원실.
서병숙, 김영나(2000). 노년기 부부적응에 대한 문헌 고찰. **한국생활과학연구** 18(2), 21-36. 한양대학교 한국생활과학연구소.
서진아(2007). 청년구직자의 직업진로 특성에 따른 취업상담 방안에 관한 연구. 광주종합고용지원센터를 중심으로. 조선대정책대학원 석사학위논문.
셀던 B. 콥(1994). **절망이란 없다**. 김훈 역(origin. 1991). 서울: 고려원미디어.
신수진(1998). 한국의 가족주의 전통: 근본사상과 정착과정에 관한 문헌고찰. **한국가족관계학회지** 3(2), 127-152.
안이환, 박성희, 명화숙(2013). 소통리더십 강의안 개발. 한국양성평등교육진흥원.
양병찬, 박성희 외(2013). 학습도시의 평생학습네트워크 실천 사례분석. **평생교육학 연구** 19(2), 187-216.
양희복(2005). 여성노인의 자아통합을 위한 집단지도 프로그램 사례연구. 서울여자대학교 석사학위논문.
에리히 프롬(1989). **소유냐 존재냐**. 장현수 역(origin. 1976). 서울: 청목문화사.
윤가현, 김문수, 김정희 외(1993). **심리학의 이해**. 서울: 학지사.
윤진(1985). **성인노인심리학**. 서울: 중앙적성출판.
이광규(1990). **한국의 가족과 종족**. 서울: 민음사.
이경희, 박성희(2007). 평생학습의 새로운 패러다임으로서의 생애사연구. **평생교육학연구** 12(3), 73-95.
이경희, 박성희(2008). 의미구성학습과 노인자서전쓰기 교육의 의의. **안드라고지투데이** 11(1), 179-199.
이경희, 박성희(2009). 노인의 학습경험에서 도출한 노인완성학습으로서의 노인 학습개념에 대한 질적 연구. **평생교육학연구** 15(1), 1-29.
이대중(2013). **협동조합, 참 쉽다**. 서울: 푸른지식.
이소정(2008). 성공적인 제3기 인생준비를 위한 사회적 기반조성. 한국보건사회연구원, 보건복지가족부.
이신숙(1997). 노인의 성역할 태도와 부부적응에 관한 연구. **한국노년학** 17(2), 70-85.

이은혜(2012). 외국인 며느리를 둔 시어머니의 문화적응스트레스가 시어머니의 정신건강에 미치는 영향. 서울여자대학교 석사학위 논문.

이호선(2005). 노인상담. 서울: 학지사.

장창수(2012). 대전지역 시니어클럽 활성화 방안. 대전발전연구소.

전길양, 임선영(1998). 노년기 부부갈등과 우울에 관한 연구. **대한가정학회지** 124, 1-12.

지행중, 한정란, 박성희(2011). 노인자서전쓰기 교육 프로그램 사례 연구. **한국노년학** 31(2). 223-241.

지행중, 박성희, 한정란(2012) 노인 자서전에 나타난 생애사적 의미, **안드라고지 투데이** 15(3), 115-142.

최명균(2011). 노인상담에서 상담자의 역전이 경험. 백석대학교 박사학위 논문.

최은영(2007). **약물중독**. 서울: 학지사.

최정신, 폴손(2006). **스칸디나비아 노인용 코하우징의 계획과 적용**. 서울: 집문당.

페스트라이쉬, 임마누엘(이만열, 2013). **한국인만 모르는 다른 대한민국**. 21세기 북스.

한정란, 원영희, 박성희, 최일선(2009). 중년층과 노년층의 노인교육 연구. **평생교육학연구** 15(4). 131-161.

한정란, 박성희, 최일선, 원영희(2011). 한국노인교육의 현황 및 발전방안. **안드라고지 투데이** 14(1), 121-149.

한정란, 박성희 외. 노년교육연구회(2012). **은퇴수업**. 서울: 학지사.

현외성, 조추용 외(1998). **노인상담이론과 실제**. 서울: 학지사.

교육부, 국가평생교육진흥원(2013a). 2011, 2012 평생교육백서.

국민연금관리공단(2013b). 2012년 국민연금통계연보.

국민연금연구원(2013c). 2012년도 국민연금 생생통계.

대법원(2013d). 2013년도 사법연감.

법무부 보도자료(2008a). 상속과 노인복지 법률상식, 행복한 실버의 필수입니다

법원행정처(1998). 사법연감.

보건복지가족부(2008b). 노인보건복지사업안내.

보건복지부(2013). 노인복지시설 현황.

보건사회연구원(2011). 노인실태조사.

시립노원노인종합복지관(2004). 사회교육, 소집단 프로그램 사례집.

여성가족부(2013). 청소년 통계.

통계개발원 사회통계실(2007). 노인자살의 현황과 원인분석.

통계청(2003). 이혼 통계.

통계청(1989, 1994, 1999, 2003, 2004). 인구동태 통계연보.

통계청(2013). 2012년 노후 준비실태조사.

한국기독교목회자협의회(2013). 2012 한국인의 종교생활과 의식조사 요약보고서.

한국노인인력개발원(2011). 100세 시대 대비 노인사회참여 활성화 포럼.

한국노인인력개발원(2013). (2012) 노인일자리 통계현황.

한국생물과학협회(2007). **영광의 얼굴들**. 서울: 아카데미 서적.

한국재가노인복지협회(1998). **가정봉사원 핸드북**. 서울: 동인.

환경부(2004). 지속가능한 지역발전을 위한 환경 거버넌스 구축방안.

구립영등포 노인복지관 www.silverwelfare.or.kr

국민연금공단 www.nps.or.kr

대한상공회의소 www.korcham.net

독일 노인인권 재단(Stiftung für die Rechte zukünftiger Generationen) www.srzg.de

독일 괴팅겐 노인주택 www.freiealtenarbeitgoettingen.de

실종노인상담지원센터 www.elder119.or.kr

장래인구추계: 2010~2060년 www.kostat.go.kr(통계청)

한국가정법률상담소 www.lawhome.or.kr

Beck, U.(1986). *Risikogesellschaft*. Shurkamp: Frankfurt a. M.

Birren, J. & Hedlund, E.(1987). Contribution of autobiography to developmental psychology. In: Einsenberg, N.(Eds.), *Contemporary Topics in Developmental Psychology*. New York, 394-415.

Bochner, A. P. & Kelly, C. W.(1974). Interpersonal competence: Rational Philosophy and Implementation of a conceptual framework. *Speech Teacher* 23, 279-301.

Branden, N.(1983). *Honoring the Self: Self-Esteem and Personal Transformation*. Bantam Books: N.Y. Toronto, London, Auckland.

Brissett, D.(1972), Toward a clarification of self-esteem, *Psychiatry* 35, 255-262.

Brussing, M.(2005). Die Nachfrage des arbeitsmarktes. Hans-Böckler-

Stiftung.
Bruyn, S. T.(1966). *The Human Perspective in Sociology. The Methodology Participant Observation.* Englewood Cliffs, N. J.: Prentice Hall.
Burleson, B. R., & Mac George, E. L.(2002). Supportive communication: In: Knapp, M. L. & Daly, J. A.(Eds.). *Handbook of interpersonal communication,* 374-424. Thousand Oaks, CA: Sage.
Burleson, B. R. & Planalp, S.(2000). Producing emotional messages. *Communication Theory* 10, 221−250.
Butler R. N.(1969). Ageism: another form of bigotry. In: Maddox, G. (ed.). The *Encyclopedia of Aging,* New York: Springer, 1995; 38-39.
Coopersmith, S.(1967). *The antecedents of self−esteem.* San Francisco: W. H. Freeman & Co.
Dörnyeiz(1995). On the teachability of Communication Strategies, TESOL Quarterly 29(1), 55−85.
Erikson, E.(1959). *Identity and the Life Cycle.* New York: International Universities Press.
Festinger, L.(1957). *A Theory of Cognitive Dissonance.* Stanford, CA: Stanford University Press.
Gorbatschow, M.(2013). 선택. 이기동 역(Original. 2012). 서울: 프리뷰.
Imhof, A.(1981). *Die gewonnenen Jahre.* Muenchen: Beck.
Kade, S.(1994). *Altersbildung.* Frankfurt a.M.:DIE
Lowenstein, A. & Ogg, J.(2003). *Old Age and Autonomy: The Role of Service Systems and Intergenerational Family Solidarity.* Center for Research and Study of Aging. The University of Haifa, Israel.
Mader, W.(1989). Autobiographie und Bildung. In: Hoerning, E. M. & Tietgens, H.(Eds), *Erwachsenenbildung.* Bad Heilbrunn, 145−154.
Martin, M. & Kliegel, M.(2005). *Psychologische Grundlagen der Gerontologie.* Stuttgart: Kohlhammer.
McCament, K. M, Durrett, C. & Hertzman, E.(1994). *Cohousing: A Contemporary Approach to Housing Ourselves.* New York: Ten Speed Press.
McCroskey, J. C. & Richmond, V. P.(1996). *Fundamentals of human communication: An interpersonal perspective.* Prospect Heights, IL: Waveland Press, Inc.

McMahon, A. W. & Rhudidc, P. J.(1964). reminiscing: adaptional Significance in the aged. *Archives of General Psychiatry*, 10, 292-298.

Miller, C. R. & Steinberg, M.(2000). Between people: A new analysis of interpersonal communication. In: Trenholm, S. & Jensen, A.(2000). *Interpersonal Communication*. Chicago: Science Research Associates.

Monge, P. R., Bachman, S, G., Dillard, J. P. & Eisenberg, E.(1982). Communicator competence in the workplace: Model testing and scale development. In: Burgoon, M.(Ed.). *Communication Yearbook* 5, 505-527.

Nies, H. & Munnichs, J.(1986). *Sinngebung und Altern*. Berlin: DEA

Reutter, G.(2002). Lernende Regionen. Deutsche Institut fuer Ewachsenenbildung.

Rosenberg, M.(1979). *Conceiving the self*. New York: Basik Books.

Rossiter, M.(2002). Narratives and Stories in Adult Teaching and Learning. *ERIC Digest* No. 241.

Rubin, D. L.(1991). Ways of talking about talking and learning. In: S. Hyrds and D. Rubin(Eds.). Perspectives on talk and learning. *Urbanai National Council of Teachers*. 1-17.

Satir, V.(2001). *Self Esteem*. Berkeley, Calif: Celestial Arts.

Schäuble, G.(1995). *Sozialization und Bildung der jungen Alten vor und nach der Berufsaufgabe*. Stuttgart: Enke.

Schuetze, F.(1983). *Biographieforschung und narratives Interview*, In: *Neue Praxis* 13(3), H.3, 283-293.

Schuetze, F. (1984). Kognitive Figuren des autobiographisches Stegreiferzaehlens, M. Kohli & G. Robert (Ed.), *Biographie und soziale Wirklichkeit. Neue Beitraege und Forschungsperspektiven*, Stuttgart: Metzler, 78-117.

Schütze, F.(1987). Das narrative Interview in Interaktionsfeldstudien: Erzähltheoretische Grundlagen. Studienbrief der Fernuniversität Hagen. Teil I. Merkmale von Alltagserzählungen und was wir mit ihrer Hilfe erkennen können. Hagen.

Spitzberg, B. H. & Cupach, W. R.(1989). *Handbook of interpersonal competence research*. New York: Springer-Verlag.

Tews, H. P.(1993). Neue und alte Aspekte des Strukturwandels des Alters. In: Naegele, G. & Tews, H. P.(Hrsg.). *Lebenslagen im Strukturwandel des Alters*. Opladen: Westdeutscher Verlag, 15–42.

Trenholm, S.(1991). *Human communication theory*. Englewood Cliffs, N. J.: Prentice Hall.

사항색인

(ㅇ)

(ㅈ)

인명색인

저자소개

박성희(朴星姬)

학력
서울여대 졸업
독일 게오르그-아우구스트 괴팅겐 대학교 평생교육으로 교육학 석사, 교육학박사 학위 취득

경력
국립강원대학교 교수학습개발원 연구교수, 국립공주대학교 BK 21 연구교수로 재직함
현재 국립공주대학교 사범대학 교육학과, 이화여자대학교 대학원, 인하대학교, 대진대학교 등에 출강

학회활동
한국성인교육학회 이사, 한국지역사회교육협의회 제3지구 이사, 한국평생교육학회, 한독교육학회 회원, 한국노년학회 회원

저서
질적 연구 방법의 이해(2004), 평생교육론(2010), 교육사회학(2011), 노인교육론(2011), 생애사에 기초한 질적 연구방법(2011), 성인학습 및 상담(2012), 은퇴수업(2012), 평생교육방법론(2013), 교육복지의 이해(2013), 독일교육 왜 강한 가(2014) 등이 있음

논문
생애사 분석법(2003), 평생학습의 새로운 패러다임으로서의 생애사 연구(2006), 프랑크푸르트 노인대학사례를 통한 대학 확장 교육으로서의 노인교육 활성화방안(2007), 의미구성학습과 노인자서전쓰기 교육의 의의(2008), 직업생애사에 기반한 고령층여성의 고용가능성 지원을 위한 교육복지 방안(2009), 노인의 자기정체성 만들기와 비판적 제라고지의 의의(2010), 아동청소년 행복권 보장을 위한 독일 교육복지와 부모교육방법의 의의(2010), 아동청소년의 행복보장을 위한 독일의 교육복지 개념고찰(2011), 농촌 지역아동센터의 아동행복 위협에 관한 질적 연구 및 부모교육의 필요성(2012), 좋은 농촌학교 특성에 관한 사례 연구(2012), 학습도시의 평생학습네트워크 실천 사례 분석(2013), 유로존의 위기와 유럽통합을 위한 독일성인계속교육의 의미(2013), 독일 학교폭력 예방 교육의 의의(2014) 등 다수가 있음

노후설계전문가 핸드북

초판인쇄 2014년 9월 10일
초판발행 2014년 9월 15일

지은이 박성희
펴낸이 안상준

편 집 김선민 · 우석진
기획/마케팅 서원주
표지디자인 홍실비아
제 작 우인도 · 고철민

펴낸곳 (주) 박영story
서울특별시 금천구 가산디지털2로 53
등록 2014. 2. 12. 제2014-000009호
전 화 02)733-6771
f a x 02)736-4818
e-mail pys@pybook.co.kr
homepage www.pybook.co.kr
ISBN 979-11-85754-31-4 93330

정 가 18,000원